轨道电路设备原理及维护

林瑜筠　主编

中国铁道出版社

2017年·北京

内 容 简 介

本书涵盖了铁路信号的主要轨道电路制式，系统介绍轨道电路的基本概念、轨道电路的基本原理以及轨道电路的基本维护方法。

本书供铁路信号施工、维护、设计人员学习之用，也可供铁路职业院校师生参考。

图书在版编目(CIP)数据

轨道电路设备原理及维护/林瑜筠主编. —北京：中国铁道出版社，2017.12

ISBN 978-7-113-24058-5

Ⅰ.①轨… Ⅱ.①林… Ⅲ.①轨道电路-设备-原理②轨道电路-设备-维修 Ⅳ.①U284.2

中国版本图书馆 CIP 数据核字(2017)第 293729 号

书　　名：轨道电路设备原理及维护

作　　者：林瑜筠　主编

责任编辑：徐　清　　**编辑部电话：**010-51873147　　**电子信箱：**357716058@qq.com

封面设计：王镜夷

责任校对：孙　玫

责任印制：高春晓

出版发行：中国铁道出版社(100054，北京市西城区右安门西街 8 号)

网　　址：http://www.tdpress.com

印　　刷：三河市宏盛印务有限公司

版　　次：2017 年 12 月第 1 版　2017 年 12 月第 1 次印刷

开　　本：787 mm×1 092 mm　1/16　印张：8.75　字数：212 千

书　　号：ISBN 978-7-113-24058-5

定　　价：32.00 元

前　言

轨道电路是重要的信号基础设备，用来监督列车或调车车列对轨道的占用和传递行车信息。轨道电路的正常使用，是信号系统发挥其效能的主要保证。掌握轨道电路的工作原理，正确地维护好轨道电路，是信号工作者的基本功。为了帮助广大信号工作者充分理解和掌握轨道电路的基本概念、轨道电路的基本原理以及轨道电路的基本维护方法，我们编写了本书。

本书涵盖了中国铁路信号的主要轨道电路制式。全书共三章。第一章介绍轨道电路概况、轨道电路的基本组成、轨道电路的基本工作状态和基本参数，以建立对于轨道电路的基本概念。第二章介绍 25 Hz 相敏轨道电路、不对称高压脉冲轨道电路、移频轨道电路（包括用于普速铁路的继电编码 ZPW-2000A 型移频轨道电路和用于高速铁路的列控中心编码 ZPW-2000A 型移频轨道电路）、驼峰轨道电路的电路原理，以掌握各种主要轨道电路的工作原理。第三章介绍轨道电路的调整、轨道电路的维修、轨道电路的电气特性的测试、轨道电路故障及处理，以掌握轨道电路的基本维护方法。

本书由南京铁道职业技术学院林瑜筠主编。信阳电务段赖卫华、华东交通大学涂序跃、济南电务段张韫斌副主编，上海铁路局洪福庆、南昌铁路局熊五利、济南铁路局廉兴奎审阅。林瑜筠策划并对全书进行统稿，赖卫华编写第一章，涂序跃编写第二章，张韫斌编写第三章。

由于编者水平所限，时间仓促，资料搜集不全，教材中不免有错误、疏漏，恳请读者提出批评及改进意见，以不断提高教材质量。

编者

2017 年 10 月

目 录

第一章 轨道电路概述

第一节　轨道电路概况

轨道电路是利用钢轨线路和钢轨绝缘构成的电路。它用来监督线路的占用情况，以及将列车运行与信号显示等联系起来，即通过轨道电路向列车传递行车信息。轨道电路是铁路信号的重要基础设备，其性能直接影响行车安全和运输效率。

一、轨道电路基本原理

轨道电路是以铁路线路的两根钢轨作为导体，两端加以机械绝缘（或电气绝缘），接上送电和受电设备构成的电路。最简单的轨道电路如图 1-1 所示。

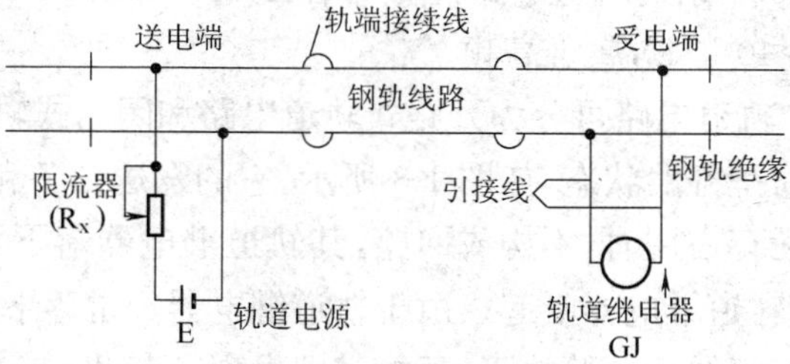

图 1-1　最简单的轨道电路

轨道电路的送电设备设在送电端，由轨道电源 E 和限流电阻 R_x组成。限流电阻的作用是保护电源不致因过负荷而损坏，同时保证列车占用轨道电路时，轨道继电器可靠落下。接收设备设在受电端，一般采用继电器，称为轨道继电器，用来接收轨道电路的信号电流。

送、受电设备放在轨道旁的变压器箱或电缆盒内，轨道继电器设在信号楼机械室内。送、受电设备由引接线（钢丝绳或等阻连接线）直接接向钢轨或通过电缆过轨后由引接线接向钢轨。

钢轨是轨道电路的导体，为减小钢轨接头的接触电阻，增设了轨端接续线。钢轨绝缘是为分隔相邻轨道电路而装设的。两绝缘节之间的钢轨线路，称为轨道电路的长度。

当轨道电路内钢轨完整，且没有列车占用时，轨道继电器吸起，表示轨道电路空闲。轨道电路被列车占用时，被列车轮对分路，轮对电阻远小于轨道继电器线圈电阻，流经轨道继电器的电流大大减小，轨道继电器落下，表示轨道电路被占用。

二、轨道电路作用

轨道电路第一个作用是监督线路是否被列车占用。利用轨道电路监督列车在区间或列车和调车车列在站内的占用，是最常用的方法。由轨道电路反映该段线路是否空闲，为建立进路、开放信号或构成闭塞提供依据，还利用轨道电路的被占用关闭信号，把信号显示与轨道电路是否被占用结合起来。

轨道电路的第二个作用是传递行车信息。例如，移频自动闭塞利用轨道电路中传递的不同频率的电流来反映前行列车的位置，决定各通过信号机的显示，为列车运行提供行车命令。轨道电路中传送的行车信息，还为列车运行自动控制系统直接提供控制列车运行所需要的前行列车位置、运行前方信号机状态等有关信息，以决定列车运行的目标速度，控制列车在当前运行速度下是否停车或减速。即轨道电路广泛作为传递行车信息的通道。

三、轨道电路分类

轨道电路有较多种类，也有多种分类方法。

1. 按动作电源分类，轨道电路可分为直流轨道电路和交流轨道电路

轨道电路电源采用直流供电，称为直流轨道电路，如图 1-2 所示。它用于交流电源不可靠的非电力牵引区段。采用蓄电池浮充供电方式，交流有电时，由整流器供电；交流停电时，由蓄电池供电。该轨道电路电源设备安装较困难，检修不方便，易受迷流影响，现已很少采用。

采用交流供电的轨道电路，称为交流轨道电路。交流轨道电路的种类很多，频带用得很宽，大体可分为三段：低频，300 Hz 以下；音频 300～3 000 Hz；高频 10～40 kHz。一般交流轨道电路专指工频 50 Hz 的轨道电路。25 Hz 轨道电路也属于交流轨道电路，但必须注明电源频率，以示区别。ZPW-2000 系列轨道电路的频率在 1 689～2 611 Hz，属音频范围。道口用轨道电路，频率则在 14～40 kHz，属于高频。

2. 按工作方式分类，轨道电路可分为开路式轨道电路和闭路式轨道电路

开路式轨道电路平时呈开路状态，如图 1-3 所示，它的发送设备和接收设备安装在轨道电路的同一端。轨道电路无车占用时，不构成回路，其轨道继电器落下。有车占用时，轨道电路通过车辆轮对构成回路，轨道继电器吸起。由于轨道继电器经常落下，不能监督轨道电路的完整，遇有断轨或引接线、接续线折断等故障，不能立即发现。若此时有车占用，轨道继电器也不能吸起，很不安全。因此，极少采用。

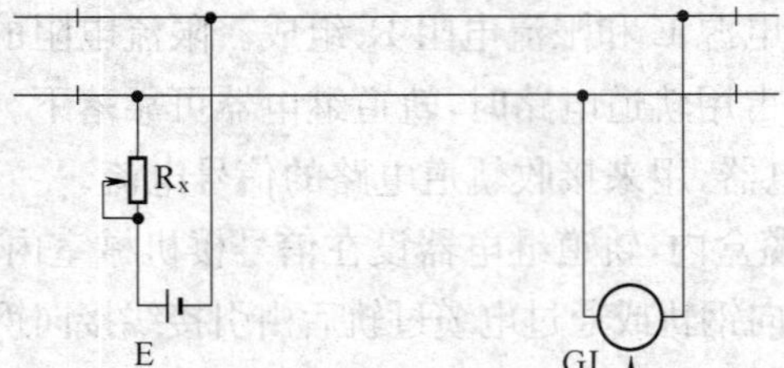

图 1-2　直流轨道电路

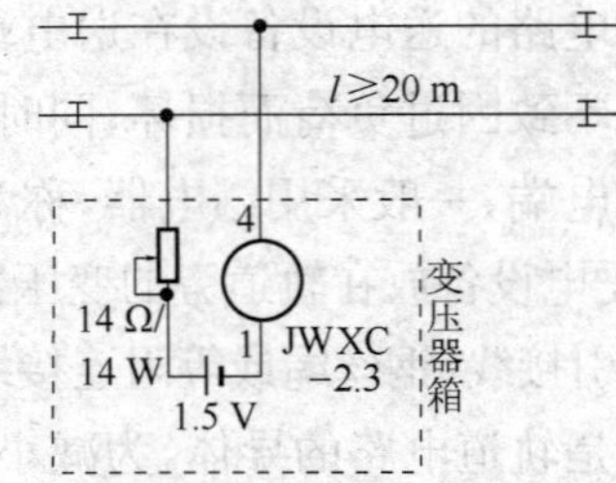

图 1-3　开路式轨道电路

闭路式轨道电路平时构成闭合回路，如图 1-2 所示，其发送设备（电源）和接收设备（轨道继电器）分别装设在轨道电路的两端。轨道电路上没有车占用时，轨道继电器吸起。有车占用时，因车辆分路，轨道继电器落下。当发生断轨、断线等故障时，轨道继电器落下，能保证安全。所以几乎所有轨道电路都采用闭路式。

3. 按所传送的电流特性分类，轨道电路可分为连续式和移频式

连续式轨道电路中传送连续的交流或直流电流。这种轨道电路的唯一功能是监督轨道的

占用与否，不能传送更多信息。

移频轨道电路在钢轨中传送的是移频电流，在发送端用低频（几赫至几十赫）作为行车信息去调制载频（数百赫至数千赫），使移频频率随低频作周期性变化。在接收端将低频解调出来，去动作轨道继电器。移频轨道电路可传送多种信息的信号。

4. 按分割方式，轨道电路可分为有绝缘轨道电路和无绝缘轨道电路

有绝缘轨道电路用钢轨绝缘将轨道电路与相邻的轨道电路互相隔离，大部分轨道电路是有绝缘的。一般的轨道电路即指有绝缘轨道电路。

钢轨绝缘在车辆运行的冲击力、剪切力作用下很容易破损，使轨道电路的故障率较高。绝缘节的安装，给无缝线路带来一定的麻烦，有时需锯轨，降低线路的轨道强度，增加线路维护的复杂性。电气化铁路的牵引回流不希望有绝缘节，为使牵引回流能绕过绝缘节，必须安装扼流变压器。因此有绝缘的轨道电路不理想。无缝线路和电气化铁路要求采用无绝缘轨道电路。

无绝缘轨道电路在其分界处不设钢轨绝缘，通常采用电气隔离式。

电气隔离式又称谐振式，利用谐振槽路，采用不同的信号频率，谐振回路对不同频率呈现不同阻抗，来实现相邻轨道电路间的电气隔离。ZPW-2000 系列轨道电路即采用此种方式。

5. 按使用处所分类，轨道电路分为区间轨道电路和站内轨道电路

区间轨道电路主要用于自动闭塞区段，不仅要监督各闭塞分区是否空闲，而且要传输有关行车信息。一般来说，区间要求轨道电路传输距离较长，要满足闭塞分区长度的要求，轨道电路的构成也比较复杂。

站内轨道电路，用于站内各区段，一般只有监督本区段是否空闲的功能，不能发送其他信息。为了使机车信号在站内能连续显示，要对站内轨道电路实现电码化，即在列车占用本区段或占用前一区段时用预叠加方式转为能发码的轨道电路。站内轨道电路除了股道外，一般传输距离不长。

6. 按轨道电路内有无道岔分类，站内轨道电路分为无岔区段轨道电路和道岔区段轨道电路

无岔区段轨道电路内钢轨线路无分支，构成较简单，一般用于股道、尽头调车信号机前方接近区段、进站信号机内方、两差置调车信号机之间。

在道岔区段，钢轨线路有分支，道岔区段的轨道电路就称为分支轨道电路或分歧轨道电路。在道岔区段，道岔处钢轨和杆件要增加绝缘，还要增加道岔连接线和跳线。当分支超过一定长度时，还必须设多个受电端。

7. 按适用区段，轨道电路分为非电气化区段轨道电路和电气化区段轨道电路

非电气化区段轨道电路，没有抗电化干扰的特殊要求，一般的轨道电路指非电气化区段轨道电路，不必说明。

电气化区段轨道电路，既要抗电化干扰，又要保证牵引回流的畅通无阻。因钢轨中已流有 50 Hz 的牵引电流，轨道电路就不能采用 50 Hz 电源，而必须采用 50 Hz 以外的频率。对于有绝缘的轨道电路，必须安装扼流变压器，使牵引回流能顺利越过绝缘节。

我国电气化铁路目前站内多采用 25 Hz 相敏轨道电路，区间多采用无绝缘移频轨道电路。

8. 按轨道电路利用钢轨作为通道的方式，轨道电路分为双轨条和单轨条轨道电路

多数轨道电路均利用同一线路的两根钢轨作为传输通道。一般的轨道电路均为双轨条轨道电路，不必说明。

单轨条轨道电路是利用线路的一条钢轨作为传输通道，另一通道由电缆构成。例如，在南

方一些长大隧道路内，非常潮湿，无法构成双轨条轨道电路，只能采用计轴器检查列车的占用，另用单轨条轨道电路发送移频信息，供机车信号接受。

四、轨道电路的技术要求

轨道电路必须满足以下技术条件：

(1)必须满足铁路信号安全设备的故障—安全原则，出现故障后，分路时应有可靠的分路检查。

(2)在最不利条件下，受电端的接收设备在调整状态时应可靠工作，分路状态时应可靠不工作。如送电端的发送设备兼作机车信号发码电源时，其入口电流应满足机车信号接收灵敏度的要求。

(3)在最不利条件下，用 0.06 Ω(ZPW-2000 系列轨道电路、不对称高压脉冲轨道电路为 0.15 Ω)标准分路线在轨道电路内的任何一处轨面可靠分路时，均应使受电端的接收设备可靠地停止工作。

(4)各种制式的轨道电路，在规定的技术性能范围内均应实现一次调整。

(5)为保证轨道电路能安全、可靠、正常地使用，任何制式的轨道电路均应进行完整的理论分析和计算。

(6)分路时，轨端绝缘破损、电路内任一元件故障，轨道电路不应失去分路检查或造成防护该轨道电路区段的信号机及机车信号机显示升级。

(7)适用于电力牵引区段的轨道电路，应能防护连续或断续的不平衡牵引电流的干扰。当不平衡电流在规定值以下时，应保证调整状态时稳定工作，分路状态时可靠不工作。

(8)电力牵引区段的轨端接续线应采用焊接式钢轨接续线。

(9)各型站内轨道电路，其间传递的信息均应和与其相配实现电码化的机车信号信息不同，其送、受电端均应能适应电码化的要求。

(10)轨道电路调整时，送电端选择的供电电压应有一定的余量，以满足其电压调整余量的要求。

(11)计算轨道电路时，受电端接收器应取以下数值：

①可靠工作值

a. 连续式轨道电路采用的电磁继电器，取其工作值。

b. 电子、微电子轨道电路应有可靠工作的安全系数。

②可靠不工作值

a. 连续式轨道电路采用的电磁继电器，取其释放值的 60%；二元感应式继电器，取其释放值的 90%。

b. 电子、微电子轨道电路应有可靠不工作的安全系数。

(12)轨道电路设备应能长期工作而不过载。

(13)计算轨道电路时，钢轨阻抗和道床电阻应参照有关标准执行。

(14)一送多受的轨道电路，在任意地点分路时，必须保证至少有一个受电端的轨道继电器可靠落下。

(15)轨道电路应考虑防雷。

(16)新研制的轨道电路应有可靠性指标。

(17)轨道电路制式不应存在影响行车和调车作业安全的死区段。

(18)轨道电路的动作时间应考虑站内联锁和机车信号等的需要。

(19)开路式轨道电路不能单独使用，特殊情况下使用时，应采取相应的安全措施。

五、轨道电路的应用

轨道电路主要用于区间和站内。

区间的轨道电路通常是与自动闭塞制式相一致的轨道电路，按照自动闭塞通过信号机的设置划分闭塞分区，每个闭塞分区设置轨道电路。在半自动闭塞区段，区间一般不设轨道电路，只有在进站信号机的外方设有接近区段的轨道电路，以通知列车的接近以及构成接近锁闭。在提速半自动闭塞区段，进站信号机外方设第一接近区段和第二接近区段轨道电路。在半自动闭塞区段，为了监督区间是否空闲，也有装设长轨道电路的。位于区间的道口，其接近区段必须装设轨道电路。

站内轨道电路应用更为广泛。对于集中联锁来说，列车进路和调车进路都必须安装轨道电路，牵出线、机待线、出库线、专用线及其他用途的尽头线入口处和调车信号机前方，虽不在进路之内，也应装设一段长度不小于 25 m 的轨道电路，用来保证信号开放后机车车辆接近时完成接近锁闭，及时了解上述线路是否有车接近或占用。

对于机车信号来说，区间轨道电路和站内电码化以后的轨道电路，就是其地面发送设备，也就是信息来源。对于列车自动控制系统来说，带有编码信息的轨道电路是其车地之间传输信息的通道之一。

六、站内轨道电路的划分和命名

1. 站内轨道电路的划分

轨道电路之间采用钢轨绝缘把两个轨道电路隔离成互不干扰的独立的电路单元。每个轨道电路单元称为轨道电路区段。轨道电路要划分为许多区段，以保证轨道电路可靠工作，满足排列平行进路的需要和便于车站作业。

轨道电路划分的原则是：

①信号机的内外方应划分为不同的区段。

②凡是能平行运行的进路，应用钢轨绝缘将它们隔开，形成不同的轨道电路区段。

③在一个轨道电路区段内，单动道岔最多不超过 3 组，复式交分道岔不得超过 2 组。否则，道岔组数过多，轨道电路难以调整。

④有时为了提高咽喉使用效率，把轨道电路区段适当划短，使道岔能及时解锁，立即排列其他进路。但列车提速以后，为了保证机车信号的连续显示，又不希望轨道电路区段过短。

2. 轨道电路区段的命名

道岔区段和无岔区段采用不同的命名方式。

道岔区段轨道电路是根据道岔编号来命名的。在图 1-4 所示站场中，只包含一组道岔的，用其所包含的道岔编号来命名，如 1DG、3DG。包含两组道岔的，用两组道岔编号连缀来命名，如 11-13DG、9-15DG。

无岔区段命名有不同的情况。对于股道，以股道号命名，如ⅠG、ⅡG。进站信号机内方及双线单方向运行的发车口处的无岔区段，根据所衔接的股道编号加 A(下行咽喉)及 B(上行咽喉)来表示。如图 1-4 中，上行发车口处的无岔区段衔接股道为ⅡG，该无岔区段即称为ⅡAG。半自动闭塞区间进站信号机外方的接近区段，用进站信号机名称后加 JG 来表示。差

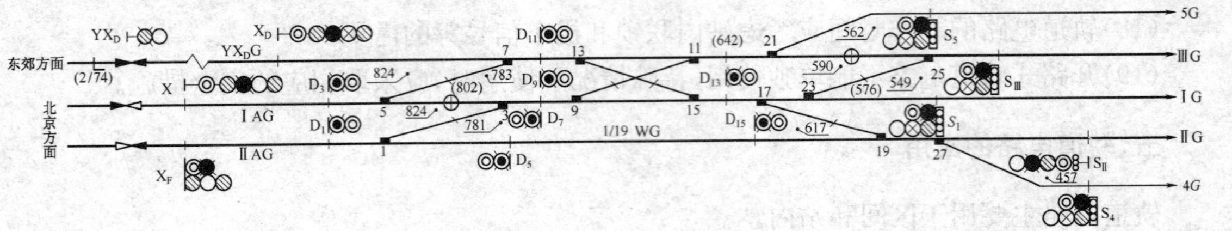

图 1-4 轨道电路命名示意站场

置调车信号机之间的无岔区段，以两端相邻的道岔编号写成分数形式来表示。D_5、D_{15}间的1/19WG。牵出线、机待线、机车出入库线、专用线等调车信号机外方的接近区段，用调车信号机编号后加G来表示。

第二节 轨道电路基本组成

一、轨道电路的基本部件

轨道电路由送电设备、接收设备、钢轨绝缘、连接线组成。各型轨道电路的送电设备、接收设备各不相同，但钢轨绝缘、连接线是共同的（只是无绝缘轨道电路不需要轨端绝缘）。

1. 钢轨绝缘

钢轨绝缘安装在轨道电路分界处，以保证相邻轨道电路之间的可靠的电气绝缘，使它们互不影响。

除了钢轨绝缘外，轨道电路区段的轨距杆、道岔连接杆、道岔连接垫板、尖端杆、转辙机的安装装置以及其他有导电性能的连接两钢轨的配件，均应装设绝缘并应保持绝缘良好。否则，任一连接杆件绝缘不良，都会破坏轨道电路的正常工作。

(1)对钢轨绝缘的要求

钢轨绝缘受机车车辆的频繁冲压，又处于日晒雨淋、酷暑严冬的环境中，是轨道电路的薄弱环节，因此要求：

①钢轨绝缘的结构，应能保证在钢轨爬行的情况下，以及在列车运行中产生的压力、冲击力和气温变化时产生的膨胀力的作用下，不致被损坏。

②钢轨绝缘应采用机械强度高的、具有可靠电气绝缘性能的绝缘材料，以保证绝缘性能和使用寿命。

③钢轨绝缘的材料：制作钢轨绝缘的材料很多，主要有钢纸板、玻璃布板、尼龙塑料板等。

玻璃布板钢轨绝缘用环氧酚醛树脂或改性树脂玻璃布绝缘材料压制而成，它比钢纸板绝缘耐潮、耐磨，不易损坏。

尼龙塑料板钢轨绝缘用尼龙制成，它比钢纸板绝缘耐潮、耐磨，且成本低，但低温下有脆性。

胶接钢轨绝缘是新型结构，用胶结剂及纤维布组成胶结层，将钢轨连接夹板（俗称鱼尾板）与钢轨胶接牢固。

(2)钢轨绝缘的形式

钢轨绝缘由轨端绝缘、槽形绝缘、绝缘管、绝缘垫圈等组成，槽形绝缘按分段形式，可分为一段(整体)、二段、三段三种,按轨型分为 P-43 kg/m、P-50 kg/m 和 P-60 kg/m 三种。

①整体槽型钢轨绝缘

整体槽型钢轨绝缘安装总图如图 1-5 所示,钢轨断面及接头夹板各部尺寸表 1-1 所列。需一段式槽型绝缘 2 块,轨端绝缘 1～2 片,绝缘垫圈 12 个,绝缘管 12 个,及相应垫圈、螺栓、螺母和弹簧垫圈。

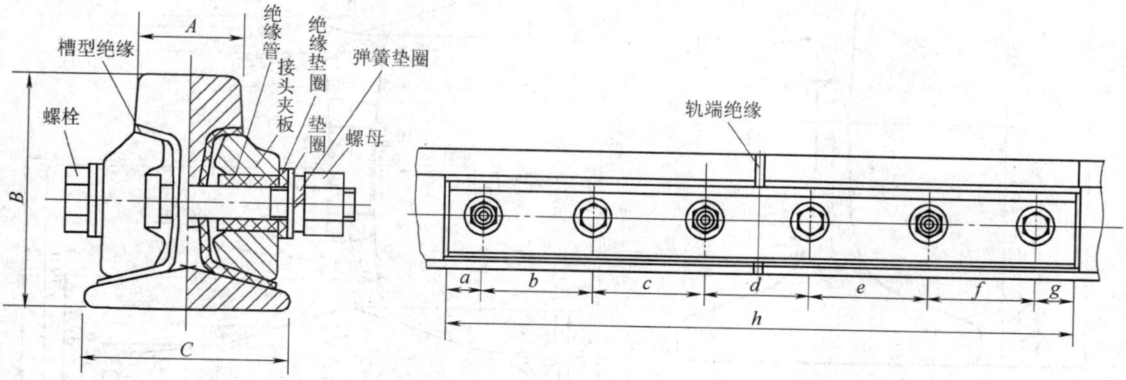

图 1-5　整体槽型钢轨绝缘安装总图

表 1-1　钢轨断面及接头夹板各部尺寸

钢轨绝缘种类(kg/m)	钢轨断面(mm)			接头夹板螺栓孔距(mm)							
	A	B	C	a	b	c	d	e	f	g	h
43	70	140	114	65	160	110	120	110	160	65	790
50	70	152	132	50	140	150	140	150	140	50	820
60	73	176	150	50	140	140	160	140	140	50	820

整体槽形绝缘如图 1-6 所示,轨端绝缘如图 1-7 所示。

②二段槽型绝缘

二段槽型绝缘将槽型绝缘分成两块,可互换使用。分段后钢轨接缝处正好是槽型绝缘的接缝处,使该处处于自由状态,从而减小了对槽型绝缘的破坏,延长了使用寿命。

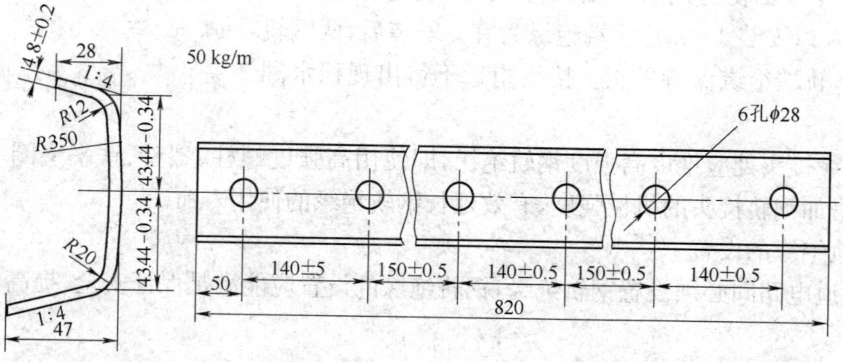

图 1-6　整体槽型绝缘(单位:mm)

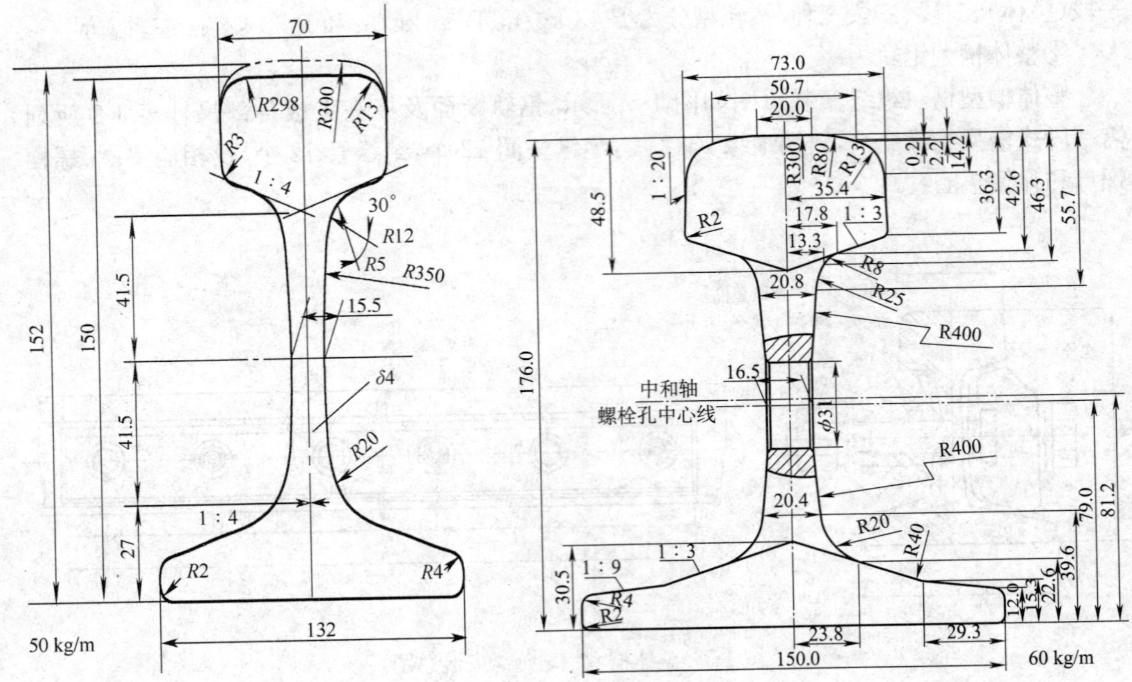

图 1-7　轨端绝缘(单位:mm)

配套采用宽腰轨端绝缘。加宽了轨端绝缘相应于轨腰的部分。分为两种:A 型和 B 型。如图 1-8 所示,A 型为带自锁腰型(图中腰部实线者)。凸出部分插入接头夹板凹槽内,改善了整个轨端绝缘的受力情况;B 型为不带自锁腰型(图中腰部虚线者)。

③三段槽型绝缘

三段槽型绝缘将绝缘分为左、中、右三块。50 kg/m、60 kg/m绝缘三块均可互换。43 kg/m 的只有左右两块可互换。

除槽型绝缘外,二段、三段式其他部件数量同前述整体槽型绝缘方式。

为保证绝缘接头的机械强度和电气绝缘的良好,槽型绝缘的型号必须与安装的钢轨断面尺寸相符,轨缝尽量大些(6～10 mm),以安装 1～2 片轨端绝缘为宜。安装后,两钢轨头部应水平,轨端绝缘保持平正。接头附近不得出现积水翻浆现象。

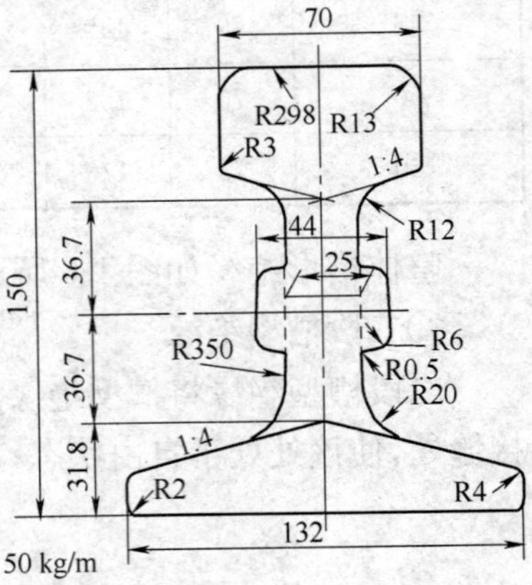

图 1-8　宽腰轨端绝缘(单位:mm)

钢轨绝缘接头处应推广高强度钢轨绝缘,即使用高强度螺柱、螺母、铁平垫圈和高强度绝缘垫圈,以增加钢轨接头的机械强度,有效延长钢轨绝缘的使用寿命。

(3)钢轨绝缘的设置

相邻轨道电路间必须设置钢轨绝缘,钢轨绝缘的设置应能满足保证安全、提高作业效率的要求。

①道岔区段警冲标内方的钢轨绝缘

在道岔区段,设于警冲标内方的钢轨绝缘,除双动道岔渡线上的绝缘外,其他安装位置距警冲标不得小于 3.5 m 处,如图 1-9(a)所示。这是考虑到车辆最外方的车轴至车钩的最大距离 3.5 m，为保证列车进站后，其车钩应进入警冲标内方，否则可能造成侧面冲突。若钢轨绝缘距警冲标不足 3.5 m，则有可能造成列车未全部进入警冲标内方，道岔区段提前解锁，这很不安全。但若钢轨绝缘距警冲标过远，则影响到发线有效长。

当不得已必须装于警冲标内方小于 3.5 m 处，即构成了“侵限绝缘”，如图 1-9(b)所示，将该绝缘符号外画上圆圈。在联锁电路中就要充分考虑“侵限绝缘”的防护问题。

②两钢轨绝缘应设于同一坐标处

为保证安全，轨道电路的两钢轨绝缘应设于同一坐标处，避免产生死区段（有车占用不能反映出来，称为死区段）。死区段多发生在弯道上或道岔区段。当两钢轨绝缘不能设在同一坐标时，其错开的距离（死区段）应不大于 2.5 m，如图 1-10(a)所示。即当不得已发生死区段时，应防止由于车辆停留在死区段得不到检查而错误转换道岔，开放信号，导致严重的行车事故。

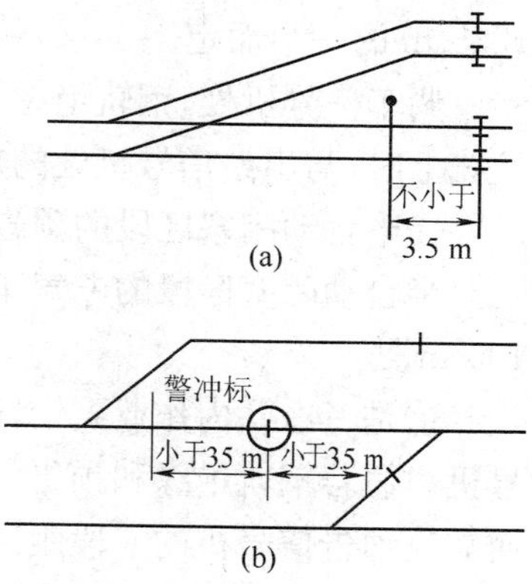

图 1-9　钢轨绝缘与警冲标

③两相邻死区段间隔

为了防止两个转向架之间轴距大的车辆跨入两相邻死区段内或一个转向架车轴在相邻轨道电路区段内，而另一个转向架车轴跨入死区段内，出现有车占用不能分路的严重情况，规定轨道电路两相邻死区段或死区段与相邻轨道电路的间隔，一般不小于 18 m，如图 1-10(b)、(c)所示；当死区段长度小于 2.1 m 时，其与相邻死区段间的间距或与相邻轨道电路的间隔允许 15～18 m。这是考虑死区段间隔或与相邻轨道电路的间隔，必须大于车辆两轴间的最大距离。车辆中以 SRZ 型客车内轴距最大，为 15.2 m，留有一定余量，所以规定为 18 m。

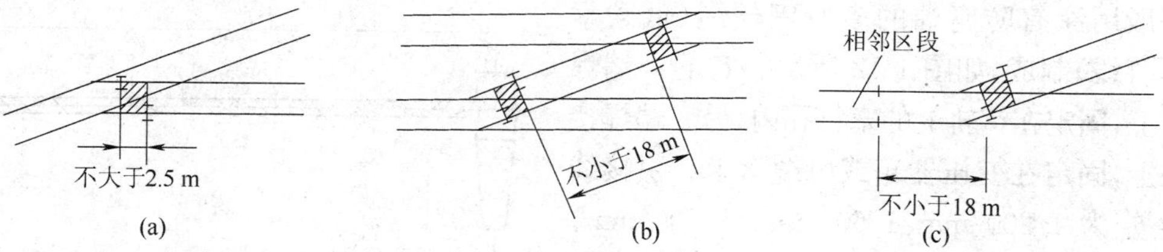

图 1-10　死区段

④信号机处的钢轨绝缘

设于信号处的钢轨绝缘，应与信号机坐标相同。当不可能设于同一坐标时，为避免安装信号机时造成串轨、换轨等，在不影响行车的条件下，允许钢轨绝缘和信号机有一定距离。

进站、接车进路信号机（以及自动闭塞区间并置的通过信号机）处的钢轨绝缘可设在信号机前方 1 m 或后方 1 m 的范围内。因车钩至机车车辆最外方车轴有一段距离，因此信号机与钢轨绝缘间的距离必须小于车钩至机车车辆最外方车轴的距离，否则，车停住时，车钩要越出信号机。若钢轨绝缘设在信号机前方大于 1 m 处时，列车虽停在信号机前方，但轮对已分路相邻轨道电路，使信号机不能开放。

出站或发车进路信号机（以及自动闭塞区间单置的通过信号机），钢轨绝缘可设在信号机前方 1 m 或后方 6.5 m 的范围内，如图 1-11 所示。前方之所以 1 m 原因同进站信号机；后方 6.5 m 是为了避免串轨、换轨以及尽量少影响站内到发线有效长，根据短轨不少于一根钢轨

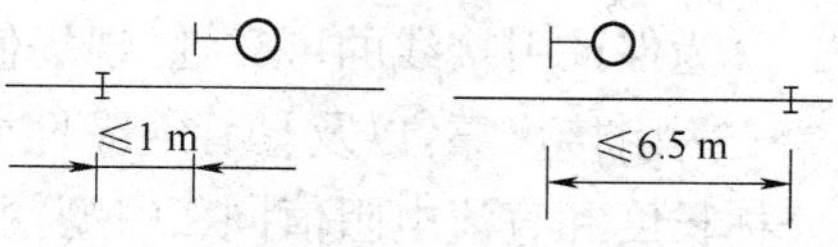

图 1-11　出站信号机处的钢轨绝缘

12.5 m 的一半而定。

调车信号机处，钢轨绝缘可设在信号机前方或后方各 1 m 的范围内。调车信号机设在到发线上时，与出站信号机处的规定相同。

⑤半自动闭塞区段的预告信号机处

半自动闭塞区段的电气集中车站，预告信号机处的钢轨绝缘，宜安装在预告信号机前方 100 m 处。

这是考虑站内作业繁忙，改变进路机会较多。由于改变进路，不得不关闭已开放的进站信号机。假若钢轨绝缘和预告信号机在同一坐标处，又司机在远处已看到预告信号机显示绿灯，而靠近预告信号机的一段距离内看不见其显示。此时，如果车站因故关闭进站信号机，进路立即解锁，这对于已见到预告信号机显示绿灯而未减速的列车来说，可能招致列车冒进进站信号机，尤其对进站信号机显示距离较近的车站更危险。若将绝缘节设置在预告信号机前方大于 100 m 处，当列车在预告信号机附近看不到信号显示时，接车进路已构成接近锁闭，即可避免上述危险。但当机车上设有机车信号时，司机可通过机车信号机的显示发现进站信号机显示的变化，因此绝缘节可以安装在与预告信号机并列的位置。

⑥异型钢轨接头处

异型钢轨接头处，因槽型绝缘等尺寸不一样，不得安装钢轨绝缘。

2. 轨道电路连接线

轨道电路连接线包括引接线、钢轨接续线(以及道岔跳线)。

(1)钢轨引接线

YG 型钢轨引接线(简称引接线)是连接轨道电路送受端变压器箱或电缆盒与钢轨的导线。一般用涂有防腐油的多股钢丝绳(低碳素钢镀锌绞线)制成，如图 1-12 所示。它的一端焊在塞钉上，固定在钢轨上的塞钉孔内；另一端焊接在螺柱上，固定在变压器箱或电缆盒上。引接线按长度分为 1 200 mm、1 600 mm、2 700 mm、3 600 mm 四种，最大电阻值分别为 0.016 Ω、0.021 Ω、0.035 Ω、0.045 Ω。

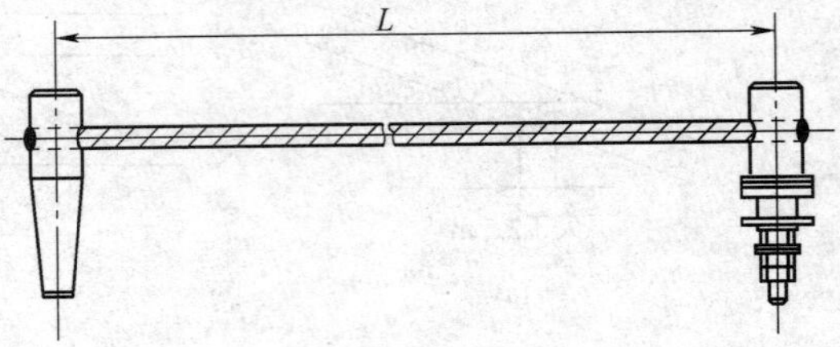

图 1-12　YG 型钢轨引接线

在变压器箱、电缆盒与异侧钢轨连接时，采用 2 700 mm 或 3 600 mm 的引接线，将其用卡钉钉在枕木上或用卡具固定在混凝土枕上。

引接线电阻的大小，影响着轨道电路多种状态的工作。过大，会使轨道电路工作不稳定；过小，会降低轨道电路分路灵敏度。

引接线长度要满足连接设备之间的直线距离，并留有适当余量。引接线与周围金属应保持适当间隙，以免短路。运用中的引接线应不生锈，断根不超过 1/5，以免增加电阻值。

变压器箱、电缆盒与钢轨间，应设置埋设牢固的小混凝土枕，将引接线的余量部分盘成圆圈固定在小混凝土枕上。

为保证引接线的可靠性，现场使用单位多采用双引接线：一根断裂，另外一根仍起作用。

为引接可靠，以及具有绝缘性能，采用 FYG 型防腐蚀综合绝缘护套钢轨引接线，它们的公称长度和直流电阻值同 YG 型钢轨引接线。

(2)钢轨接续线

钢轨接续线用于轨道电路接缝处的连接，以减小接触电阻。钢轨接续线分塞钉式和焊接式两种。

①塞钉式钢轨接续线

JS 型塞钉式钢轨接续线的外形及安装如图 1-13 所示。它由两根直径 5 mm 的镀锌钢线与两端的圆锥形塞钉焊接而成，铁线两端绕成螺旋形。钢轨接续线一般装在钢轨外侧，并与鱼尾板密贴，高度不得超过轨头底部。安装时，塞钉孔内不得有锈。安装后，塞钉与塞钉孔缘应涂漆封闭。为减小塞钉与钢轨之间的接触电阻，塞钉打入塞钉孔应保持最大的接触面，以打紧后露出钢轨 2～3 mm 为宜。

塞钉式钢轨接续线的缺点是它与钢轨间的接触电阻较大且不稳定，为了保证轨道电路的稳定工作，推出焊接式钢轨接续线。

②焊接式钢轨接续线

焊接式钢轨接续线采用多股镀锌钢绞线，截面积不小于 25 mm^2，长 200 mm，接头间的距离为 110 mm，用铝热剂法或电弧焊钎焊、冷挤压焊接、爆压速焊技术等，将其焊在钢轨两端，如图 1-14 所示。

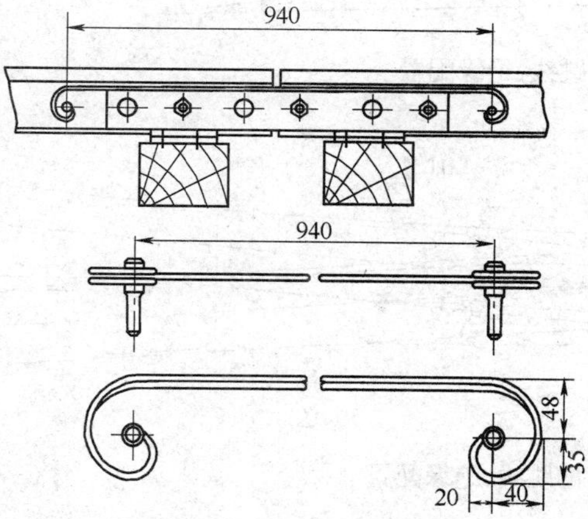

图 1-13　塞钉式钢轨接续线及其安装（单位：mm）

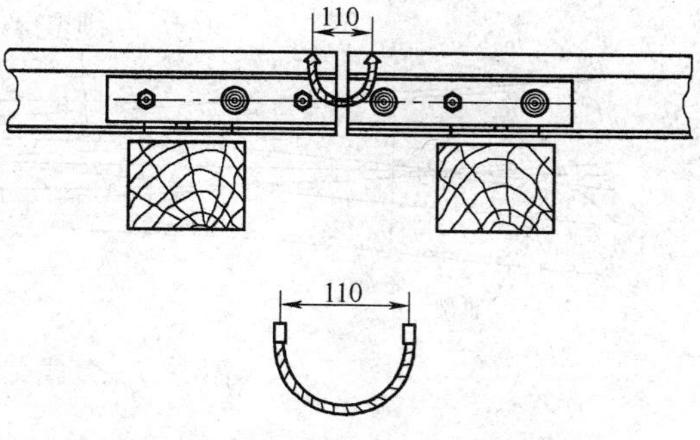

图 1-14　焊接式钢轨接续线（单位：mm）

两焊头中间距离应在 70～150 mm 范围内，焊头应低于钢轨面 11 mm。

焊头外观应光滑饱满，焊接牢固，焊位正确。导线无损伤，无漏焊、假焊，焊接后焊接线应涂防锈涂料，油润无锈，断根不超过 1/5。

为保证钢轨接续线的可靠性，现场使用中多采用双塞钉式钢轨接续线或一塞一焊接续线。

二、道岔区段轨道电路

道岔区段轨道电路与无岔区段轨道电路不同之处在于钢轨线路被分开产生分支，为此需增加道岔绝缘和道岔跳线，还有一送多受的问题。

1. 道岔绝缘和道岔跳线

道岔绝缘和道岔跳线的配置，单开道岔的如图 1-15 所示，交叉渡线的如图 1-16 所示，复式交分道岔的如图 1-17 所示。

(1)道岔绝缘

道岔区段除各种杆件、转辙机安装装置等要加装绝缘外，还要加装切割绝缘，称为道岔绝缘，以防止辙叉将轨道电路短路。道岔绝缘视需要，可设在道岔直股钢轨上，也可设在道岔侧

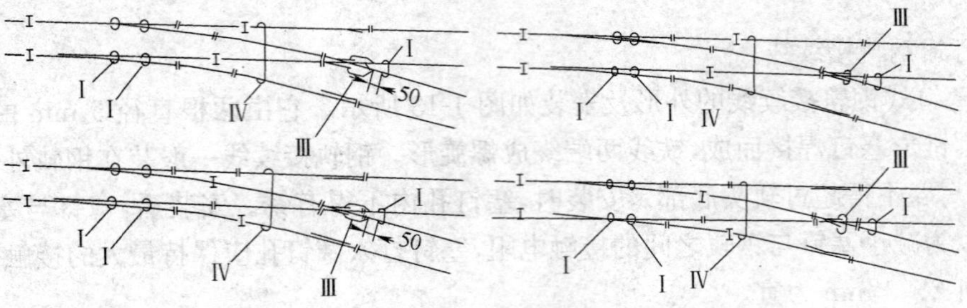

图 1-15　单开道岔的跳线、绝缘配置

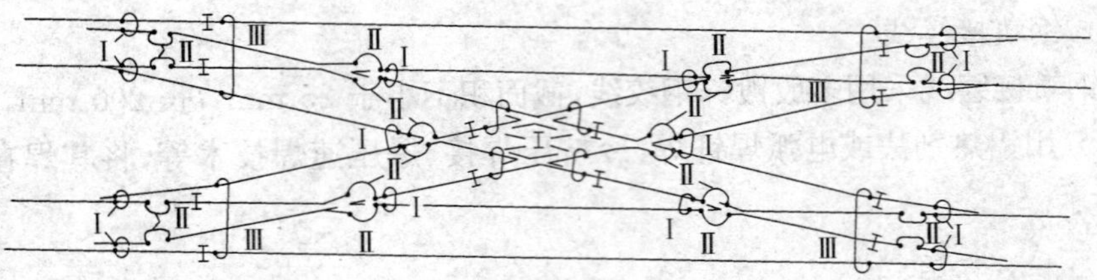

图 1-16　交叉渡线的跳线、绝缘配置

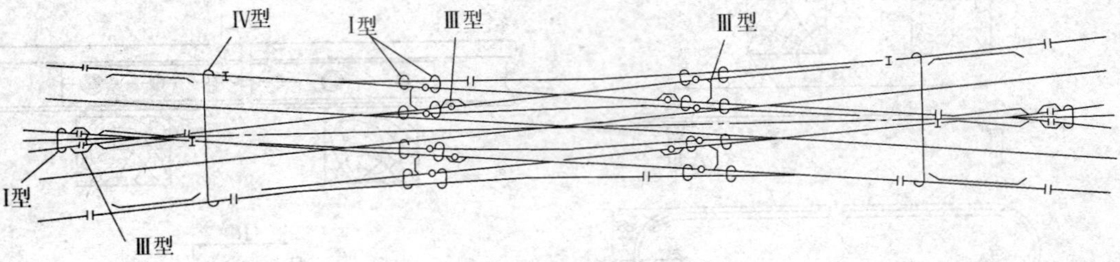

图 1-17　复式交分道岔的跳线、绝缘配置

股钢轨上。

(2)道岔跳线

为了保证信号电流的畅通,道岔区段除轨端接续线外,还需装设道岔跳线。道岔跳线由塞钉和镀锌低碳钢绞线组成,两端焊在圆锥形塞钉上。FAD 型、FYG 型防腐蚀免维护综合绝缘护套道岔跳线的外形如图 1-18 所示,规格如表 1-2 所列。

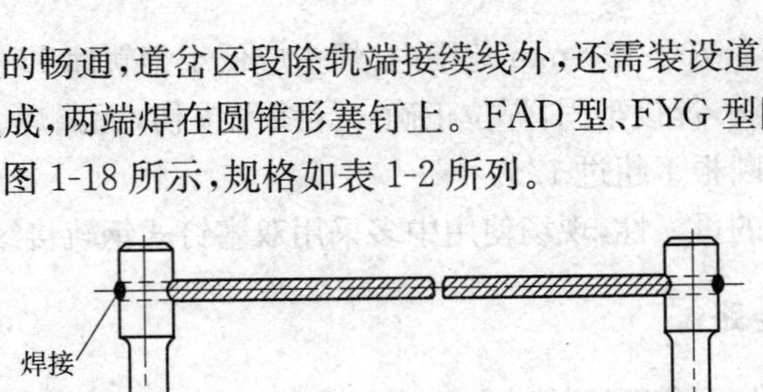

图 1-18　AD 型道岔跳线(单位:mm)

表 1-2　跳线规格

道岔跳线型号	公称长度(mm)	非电气化区段直流电阻值不大于(20℃)(Ω)	非电气化区段单根拉力(N)	电气化区段直流电阻值不大于(20℃)(Ω)	电气化区段单根拉力(N)
FAD-900	900	0.012	3 000	0.006	5 000
FAD-1200	1 200	0.016	3 000	0.008	5 000
FAD-1500	1 500	0.020	3 000	0.010	5 000
FAD-3000	3 000	0.039	3 000	0.020	5 000
FAD-3300	3 300	0.043	3 000	0.022	5 000
FYG-1200	1 200	0.016	3 000	0.008	5 000
FYG-1600	1 600	0.021	3 000	0.011	5 000
FYG-2700	2 700	0.035	3 000	0.017	5 000
FYG-3600	3 600	0.045	3 000	0.025	5 000

注：本规格适用于非电化区段轨道电路。

各类道岔所用道岔跳线类型和数量如表 1-3 所列。

表 1-3　各类道岔跳线组成

跳线型号 / 数量(根) / 道岔种类	AD-900	AD-1500	AD-3000	总　计
单开	5	2	1	8
交叉渡线	30	10	4	44
复式交分	18	12	2	32

2. 道岔区段轨道电路的连接方式

道岔区段轨道电路的连接方式有串联式和并联式两种。图 1-19 所示为串联式道岔区段轨道电路，这种轨道电路的电流要流经整个区段的所有钢轨，可以检查所有跳线和钢轨的完整，因此比较安全。但结构较复杂，增加了一组道岔绝缘，且在直股和弯股两根钢轨间加装两根用电缆构成的连接线，或用长跳线，给施工和维修带来不便，所以它在我国未被广泛采用。

并联式道岔区段轨道电路如图 1-20 所示。这种电路较简单。直股或弯股有车占用时，轨道继电器因分路均能落下。但在分支线路上只有电压检查没有电流检查，当跳线、连接线折断，列车进入弯股时，因弯股未设受电设备，轨道继电器不会落下，这是非常危险的。解决的方法是用双跳线来防护，即增加第二跳线，以减少跳线折断的概率。(为提高可靠性，现场使用中也将所有跳线改为双跳线)。另外，当弯股钢轨折断或弯股钢轨表面不洁或分支线路过长，列车占用时，轨道继电器也不落下，所以这种轨道电路不符合故障—安全的要求。鉴于这一严重缺陷，提出了一送多受轨道电路，使各分支线路都得到检查。

3. 一送多受轨道电路

一送多受轨道电路设有一个送电端，在每个分支的另一端各设一个受电端。各分支受电端轨道继电器的前接点，串联在主轨道继电器电路中。当任一分支分路，分支轨道继电器落下，主轨道继电器也落下，将主轨道继电器接点用在联锁电路中。

在受电端均串接可调电阻器，是为了提高轨道电路的分路灵敏度，以及使同一轨道电路内各轨道继电器的电压基本平衡。

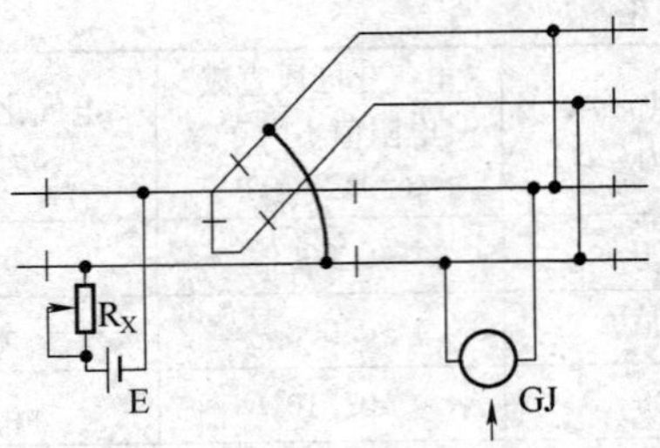

图 1-19　串联式道岔区段轨道电路

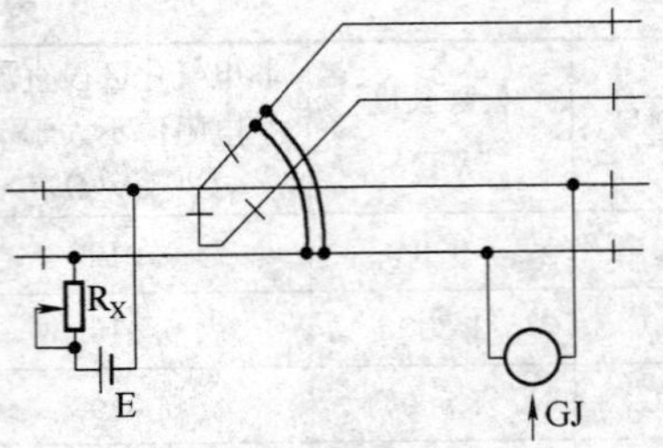

图 1-20　并联式道岔区段轨道电路

采用一送多受轨道电路时，应注意以下各点：

①与到发线（包括场间列车走行线、外包线）相衔接（无其他道岔区段隔开）的道岔轨道电路的分支末端，应设受电端。

②所有列车进路上的道岔区段，其分支长度超过 65 m 时（自并联起点道岔的叉心算起），在该分支末端应设受电端。

③个别分支长度小于 65 m 的分支线末端，当分路不良而危及行车安全时，亦应增设受电端。

④一送多受轨道电路最多不应超过三个受电端。一送四受轨道电路，因维修调整困难，不再使用。遇有此种情况应分成两个轨道电路。

⑤一送多受轨道电路任一地点有车占用时，必须保证有一个受电端被分路。

三、轨道电路的极性交叉

1. 极性交叉

有钢轨绝缘的轨道电路，为了实现对钢轨绝缘破损的防护，要使绝缘节两侧的轨面电压具有不同的极性或相反的相位，这就是轨道电路的极性交叉，如图 1-21 所示。图中，粗线表示接电源正极，细线表示接电源负极。

2. 极性交叉的作用

极性交叉可防止在相邻轨道电路间的绝缘节破损时引起轨道继电器的错误动作。如图 1-22 所示。1G 和 3G 是两个相邻的轨道电路，它们没有实现极性交叉。当 1G 有车占用而绝缘破损的情况下，流经轨道继电器 1GJ 的电流等于两个轨道电源所供的电流之和，1GJ 有可能保持吸起，这危及行车安全。若按极性交叉来配置，绝缘破损时，轨道继电器中的电流就是两者之差，只要调整得当，1GJ 和 3GJ 都会落下，从而实现了故障—安全原则。

对于交流供电来说，只要两相邻轨道电路的电流相位相反，它们的瞬间极性也相反，就得到极性交叉的效果。

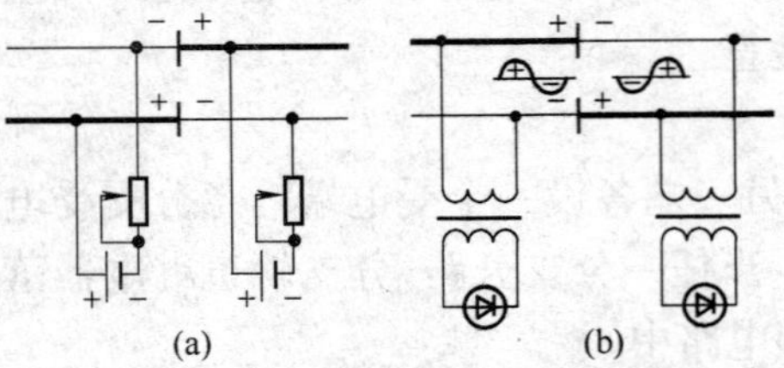

图 1-21　轨道电路的极性交叉

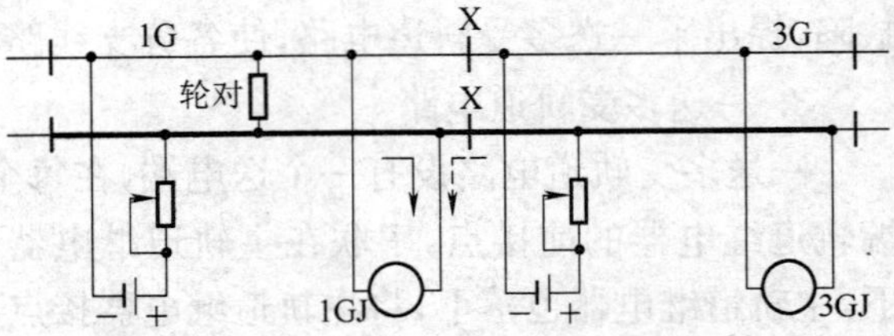

图 1-22　极性交叉的作用分析

而对于频率电码轨道电路来说，因相邻区段的编码不同，无法实现极性交叉，必须采用频率防护的方法，即相邻区段采用不同的频率。

3. 极性交叉的配置

在无分支线路上，极性交叉配置比较容易，只要依次变换轨道电路供电电源的极性。而在有分支线路上，即有道岔处，极性交叉的配置就要复杂一些。因为道岔绝缘节可以设在道岔直股，也可设在弯股，不同的设置，就将影响整个车站极性交叉的配置。

第三节　轨道电路基本工作状态和基本参数

一、轨道电路基本工作状态

轨道电路的基本工作状态分为调整状态、分路状态和断轨状态三种。轨道电路在各种工作状态下，要受到许多外界因素的影响，其中受道床电阻、钢轨阻抗和电源电压的影响最大。这三个参数的影响，对各种工作状态造成的影响又各不相同。

1. 轨道电路的调整状态

轨道电路的调整状态，就是轨道电路完整和空闲，接收设备(如轨道继电器)正常工作时的状态。

在调整状态，对轨道继电器来说，它从钢轨上接收到的电流越大，它的工作就越可靠。但这个电流值将随着道床电阻、钢轨阻抗、发送电压的变化而变化。调整状态的最不利条件是：发送电压最低、钢轨阻抗最大、道床电阻最小，同时轨道电路长度为极限长度。在最不利条件下，轨道电路接收设备应能可靠工作，反映轨道电路的空闲状态。

2. 轨道电路的分路状态

轨道电路分路状态，就是当轨道电路区段有车占用时，接收设备(如轨道继电器)应被分路而停止工作的状态。

当列车占用轨道时，它的轮对在两钢轨之间形成的电阻，按一般电路的分析，可看成是短路作用。但轨道电路是低电阻电路，所以列车占用时，只能看成两钢轨间跨接了一个分路电阻，故称分路状态。

分路状态的最不利条件是：发送电压最高、钢轨阻抗最小、道床电阻最大、列车分路电阻也最大(车轻、轮对少、车轮与钢轨接触面不洁)。在分路状态的最不利条件下，轨道电路接收设备应能可靠地停止工作，反映轨道电路区段有车占用。

3. 轨道电路的断轨状态

轨道电路的断轨状态，是指轨道电路的钢轨在某处折断时的情况，此时钢轨虽已折断，但轨道电路仍可通过大地构成回路，接收设备中还会有一定值的电流流过。为了确保安全，断轨时，接收设备应不能工作。

断轨状态的最不利条件是，断轨时轨道电路的参数变化使轨道接收设备中获得最大电流。它除了与钢轨阻抗模值最小、发送电压最大有关外，断轨地点和道床电阻的大小也有一定的影响。有一个使接收设备中电流最大的最不利数值——临界断轨地点和临界道床电阻。

二、有关轨道电路分路的几个术语

1. 列车分路电阻

列车占用轨道电路时，轮对跨在两根钢轨上形成的电阻，就称为列车分路电阻。它由车轮和车轴本身的电阻，以及轮缘与钢轨顶部的接触电阻组成。由于轮缘与钢轨的接触面很小，因此车轮和车轴的电阻比接触电阻小得多，可忽略不计。所以列车分路电阻，实际上就是轮缘与钢轨的接触电阻。列车分路电阻的大小与轨道上分路的车轴数、车辆的载重情况、列车的运行状态、轮缘的装配质量和磨损程度、钢轨顶部的洁净程度等因素有关。它的变化范围很大，从千分之几欧到 0.06 Ω。

2. 分路效应

由于列车分路使轨道电路接收设备中电流减小，并处于不工作状态，称为有分路效应。在分路状态最不利条件下，有列车分路时，对于连续式轨道电路，要保证轨道继电器的端电压不大于它的可靠释放值；对于脉冲式轨道电路，要保证轨道继电器的端电压不大于它的可靠不吸起值。分路效应在很大程度上决定了轨道电路的质量。

3. 分路灵敏度

分路灵敏度指在轨道电路的钢轨上，用一电阻在某点对轨道电路分路，若恰好能使轨道继电器线圈中的电流减小到释放值(脉冲式轨道电路为不吸起值)，则这个分路电阻值就叫做该点的分路灵敏度。轨道上各点的分路灵敏度不一样。分路灵敏度用电阻值(Ω)来表示。

4. 极限分路灵敏度

对某轨道电路来说，各点的分路灵敏度中的最小值，就是该轨道电路的极限分路灵敏度。

5. 标准分路灵敏度

标准分路灵敏度是衡量轨道电路分路效应优劣的标准。我国规定一般的轨道电路标准分路灵敏度为 0.06 Ω。对于一轨道电路，在分路状态最不利的条件下，用 0.06 Ω 的标准电阻线，在任何地点分路时轨道电路的接收设备必须停止工作，该轨道电路的分路效应才符合标准。

ZPW-2000 系列无绝缘轨道电路、不对称高压脉冲轨道电路标准分路灵敏度为 0.15 Ω。

三、轨道电路的基本参数

轨道电路的基本参数指的是它的一次参数和二次参数。

1. 轨道电路的一次参数

轨道电路是通过钢轨传输电流的，钢轨铺设在轨枕上，轨枕置于道砟中，所以轨道电路是具有低绝缘电阻的电气回路。钢轨阻抗(钢轨电阻 R 和钢轨电抗 ωL 的向量和)和漏泄导纳(漏泄电导 G 和漏泄容抗 $1/\omega C$ 的向量和)是轨道电路固有的电气参数。轨道电路的一次参数是 Z、Y、R、L、G、C 的总称。

(1)道床电阻

如图 1-23 所示，轨道电路的漏泄电流是由一根钢轨经轨枕和道床流往另一根钢轨的，其大小由钢轨线路的绝缘阻抗，即道床电阻决定的。道床电阻是一个分布参数，通常以每千米钢轨线路所具有的漏阻值表示，称为单位道床电阻，简称道床电阻(也称道砟电阻率)，用 r_d 表示，单位是 Ω · km。

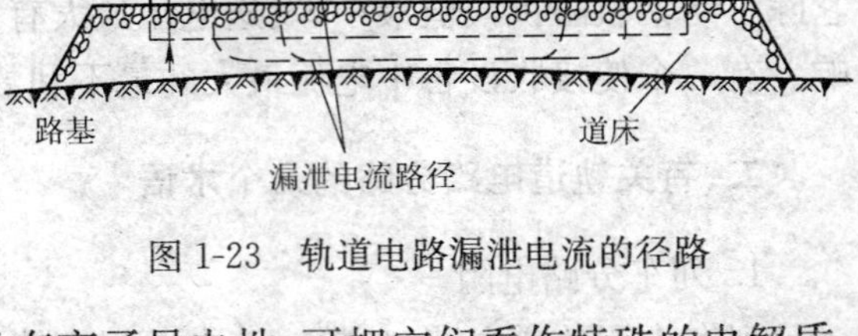

图 1-23　轨道电路漏泄电流的径路

由于漏泄电流是通过不同性质的导电介质流过的，钢轨和线路上的其他金属配件都有电子导电性；道床、轨枕均会有水分，它们都具有离子导电性，可把它们看作特殊的电解质。

道床电阻的大小，一方面取决于道床的材料、道床层的厚度、轨枕的材质和数量；另一方面还取决于温度、湿度的变化，以及道床土壤的电导率等因素。

可以用作道砟的材料很多，我国大部分地区用碎石作为道砟，它不易吸收水分，又不易导电，有利于提高道床电阻。但当其中混有炉渣、煤屑、盐质溶液、金属粉末（列车制动时产生的）等杂质时，道床电阻值就会下降。

我国使用的轨枕有木枕和钢筋混凝土轨枕。木枕经绝缘的防腐剂处理后，可提高道床电阻值。当木枕有裂缝和腐朽等情况时，道床电阻值要降低。每根木枕的绝缘电阻值约在几十千欧，每千米铺设 1 600～2 400 根时，每千米轨枕绝缘电阻在 20 Ω 左右。

钢筋混凝土轨枕，钢轨底部有绝缘垫板，它的好坏对道床电阻值有较大的影响。其电导率受环境影响比木枕显著，而且钢轨之间呈现的电容性要增强，会使漏泄电流增大。但信号电流频率较低，电容的作用很小。每根钢筋混凝土轨枕的绝缘电阻值约为 70～80 Ω，则每千米仅有 0.04～0.05 Ω，垫上绝缘垫板后可达 50～150 Ω。

但实际的道床电阻值远低于上述数值，是因为漏泄电流是经轨枕、道床和大地三条并联径路构成回路的。

在电子性和离子性导电元件的交界处，必然发生电化学反应，形成一种过渡层电阻，其大小与两钢轨的电位、环境温度湿度有关。温度、湿度升高时，电化学反应增强，使钢轨线路的绝缘阻抗降低。所以，夏季暴雨后 8～10 min 会出现道床电阻的最小值。冬季，气温在零下时，道床电阻值可达最大。道床电阻的最大值和最小值会相差十几倍，甚至上百倍。

道床电阻愈小，两钢轨间的漏泄电流就愈大，轨道电路消耗电能就会增多。而且道床电阻值变化的范围越大，轨道电路的工作就越不稳定。因此，要保证轨道电路的稳定工作，必须尽量提高最小道床电阻值。工务部门应积极采取措施，提高道床排水能力，定期清筛道床，及时更换腐朽及破裂的轨枕，努力改善道床质量。

(2)钢轨阻抗

每千米两根钢轨（回路）的阻抗，称为单位钢轨阻抗，简称钢轨阻抗，用 Z 表示，单位是 Ω/km。它包括钢轨本身的阻抗及钢轨接头处的阻抗。钢轨接头处的阻抗则包括接头夹板及导接线的阻抗和它们的接触电阻。接头夹板和钢轨间的接触电阻的大小和接头夹板、钢轨端部表面的污垢及锈蚀程度、螺栓的松紧、气候条件有关。它的变化范围很大。安装了钢轨接续线后，该接触电阻与接续线阻抗及接续线和钢轨间的接触电阻所并联，因此，钢轨接头处的总阻抗就显著降低，且比较稳定。

当轨道电路中通以直流电流时，钢轨阻抗就是纯电阻，称为钢轨电阻。而当轨道电路中通以交流电流时，由于钢轨的磁导系数大，集肤效应明显，使有效截面减少，有效电阻增大。它在很大程度上取决于信号电流的频率，还与钢轨断面形状、电导率、磁导率有关。除了有效电阻外，还存在感抗。这样，交流时的总阻抗就比直流时大很多。

2. 轨道电路的二次参数

轨道电路的二次参数包括特性阻抗 Z_C 与传输常数 $\dot{\gamma}$，它们是一次参数（钢轨阻抗 Z 和道床电阻 r_d）的函数，所以称为二次参数。

轨道电路的钢轨阻抗和道床电阻是均匀分布的，属于均匀分布参数传输线，可以用分布参数传输线的基本方程来反映轨道电路送、受电端的电压、电流的关系：

$$\begin{cases}\dot{U}_S=\dot{U}_Z\operatorname{ch}\dot{\gamma}l+\dot{I}_Z\dot{Z}_C\operatorname{sh}\dot{\gamma}l\\ \dot{I}_S=\dfrac{\dot{U}_Z}{\dot{I}_C}\operatorname{sh}\dot{\gamma}l+\dot{I}_Z\operatorname{ch}\dot{\gamma}l\end{cases}$$

式中 $\dot{U}_S$——轨道电路始端(送电端)电压；

$\dot{I}_S$——轨道电路始端(送电端)电流；

$\dot{U}_Z$——轨道电路终端(受电端)电压；

$\dot{I}_Z$——轨道电路终端(受电端)电流；

$\dot{\gamma}$——轨道电路的传输常数；

l——轨道电路长度；

$\dot{Z}_C$——轨道电路的特性阻抗。$\dot{Z}_C$ 值为

$$\dot{Z}_C=\left|\sqrt{Z\cdot r_d}\right|e^{j\varphi_z/2}\quad(\Omega)$$

式中 Z——单位钢轨阻抗值，Ω/km；

r_d——单位道床电阻，Ω·km；

φ_z——钢轨阻抗的幅角，rad。

对交流轨道电路来说，传输常数 $\dot{\gamma}=\beta+j\alpha$，是复数。$\beta$ 为轨道电路的衰耗常数，它反映轨道电路电压、电流每千米的衰耗程度，单位为 1/km。α 为轨道电路的相移常数，它反映轨道电路的电压、电流每千米的相移情况，单位为 rad/km。

$$\dot{\gamma}=\left|\frac{Z}{r_d}\right|e^{j\varphi_z/2}\quad(1/\text{km})$$

对于直流轨道电路来说，$\alpha=1$，$\gamma=\beta=\sqrt{\dfrac{Z}{r_d}}$。

在测算轨道电路一次参数时，通常的方法是从轨道电路始、终端电压、电流的关系中，先求出二次参数，再根据二次参数求得一次参数。

第二章 轨道电路原理

第一节　25 Hz 相敏轨道电路

一、电气化牵引区段轨道电路

1. 电气化牵引区段对轨道电路的要求

电气化牵引区段的轨道电路必须满足以下要求：

(1)必须采用非工频制式的轨道电路

我国铁路电气化铁路均采用工频 50 Hz 交流供电，钢轨既是牵引电流的回流通道，又是轨道电路信号电流的传输通道。因此轨道电路必须采用非工频制式，且该制式对 50 Hz 牵引电流的基波及其谐波干扰应具备有效可靠的防护措施，以保证轨道电路安全可靠地工作。

(2)必须采用双轨条式轨道电路

双轨条轨道电路用扼流变压器沟通牵引电流成双轨条回流，轨道电路处于平衡状态，便于实现站内电码化。而单轨条由一根轨条沟通牵引电流，对牵引电能损耗较大，轨道电路仅一根轨条通过信号电流，且易造成站内电码化串码、掉码，故不能采用。

(3)交叉渡线上两根直股都通过牵引电流时应增加绝缘节

为了确保交叉渡线上轨道电路和机车信号设备能正常工作，当交叉渡线上两根轨道都通过牵引电流时，该交叉渡线上应增加绝缘节，如图 2-1 所示。由于交叉渡线道岔型号及铺设处所线路间距的不同，在辙叉处增设绝缘节的位置也不尽相同。

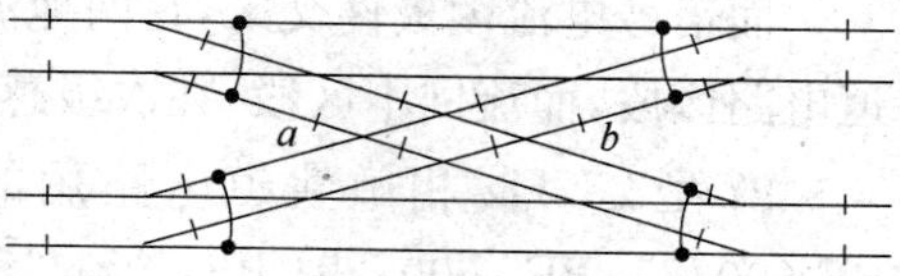

图 2-1　交叉渡线上增设绝缘节

(4)加大钢轨接续线截面

电气化区段的钢轨接续线，除应保证通过一定电流外，还要尽量减小钢轨接头的接触电阻，使两根钢轨阻抗平衡，减小牵引电流对轨道电路的干扰及牵引电能的损耗，以及保证设备和人身安全。因此，要求钢轨接续线有一定的截面积，且必须双套。

塞钉线接续线因受振松动和氧化作用，使接触电阻增大，造成两根钢轨阻抗不平衡。因此，要求采用铜焊接线或冷挤压式焊接线。鉴于铜材较缺及施工工艺尚存在一些问题，暂准使用塞钉式接续线，但应逐步淘汰。冷挤压焊接线接触电阻为微欧级，可重复使用，便于维修。当采用多股铜焊接线，其截面不小于 50 mm^2 时，可不再加设塞钉式接续线。

(5)道岔跳线和钢轨引接线截面加大，引接线等阻

为了减小钢轨阻抗，道岔跳线和钢轨引接线应采用截面积不小于 42 mm^2 的多股镀锌钢绞线。为了减小两根钢轨引接线因长度不同、阻抗不等对轨道电路不平衡度的影响，钢轨接续线宜采用等阻连接线。

横向连接线用于相邻股道之间的连接，扼流变压器中心连接线或连接板用于相邻轨道电路的连接。

2. 电化区段站内轨道电路制式

我国电气化铁路采用的轨道电路曾用过：75 Hz 交流计数电码轨道电路、25 Hz 交流计数电码轨道电路、移频轨道电路、不对称脉冲轨道电路等制式。现普速铁路均采用 25 Hz 相敏轨道电路，高速铁路采用与区间相同制式的列控中心编码的 ZPW-2000A 型移频轨道电路。

以上各种制式除了选用 50 Hz 以外的信号电流频率，均采用了相应的技术措施来防干扰，以保证轨道电路的可靠工作。

二、扼流变压器

在电气化牵引区段站内，为保证牵引电流顺利流过绝缘节，在轨道电路发送端、接收端设置扼流变压器，轨道电路设备通过扼流变压器接向轨道，并传递信号信息，扼流变压器示意图如图 2-2 所示。

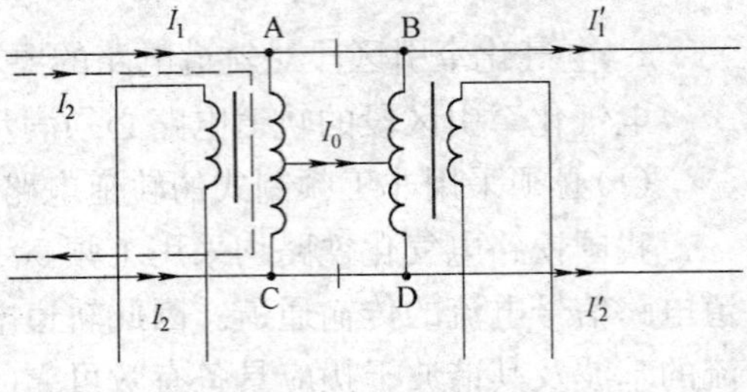

图 2-2 扼流变压器示意图

扼流变压器对牵引电流阻抗很小，而对信号电流阻抗较大，沿着两根钢轨流过的牵引电流在轨道绝缘处通过扼流变压器的上部和下部线圈，再经过其中心连接线流向另一扼流变压器的上部和下部线圈，然后又流向相邻轨道电路的两根钢轨中去。这样，牵引电流就越过了绝缘节。因为钢轨中的牵引电流大小相等，扼流变压器上、下部线圈的匝数也相同，因此牵引电流在上、下线圈中产生的磁通相等而方向相反，它们的总磁通等于零，所以对次级线圈的信号设备没有影响。但若两钢轨中流过的牵引电流不平衡时，扼流变压器铁芯中总磁通不为零，在次级线圈中将产生干扰，影响信号设备使用，故需增设防护设备。

而信号电流因极性交叉，在两扼流变压器中点处电位相等，故不会越过绝缘节流向另一轨道电路区段，而流回本区段，在次级感应出信号电流。

97 型 25 Hz 相敏轨道电路用的扼流变压器有 BE-400/25、BE_1-400/25、BE_2-400/25、BE-600/25、BE_1-600/25、BE_2-600/25、BE_1-800/25、BE_2-800/25、BE_1-1000/25、BE_2-1000/25、BE_1-1600/25、BE_2-1600/25 等类型。

BE_1-400/25 型扼流变压器的结构和接线如图 2-3 所示。各型扼流变压器的电气特性见表 2-1。

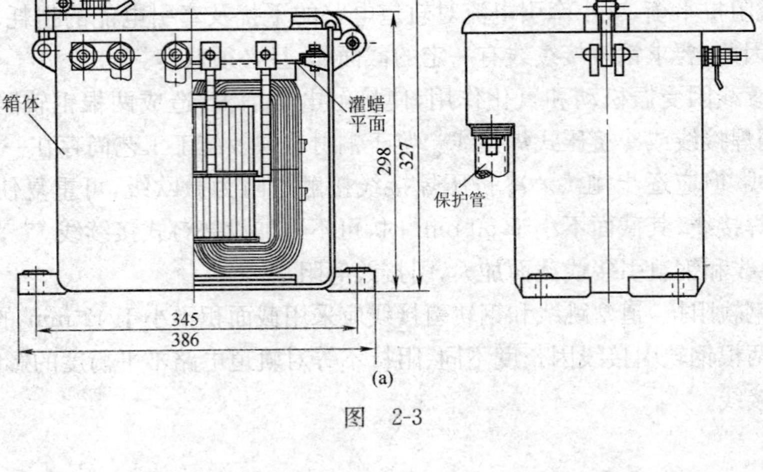

(a)

图 2-3

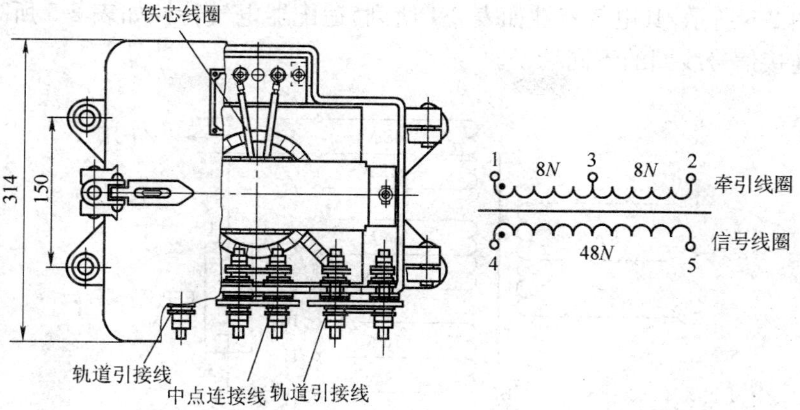

(b)

图 2-3　BE_1-400/25 型扼流变压器的结构和接线(单位:mm)

表 2-1　各型扼流变压器的电气特性

(a)

变压器类型		BE-400/25	BE-600/25
中点允许通过连续总电流(A)		400	600
同名端		1、4	1、4
匝比(牵引线圈 1-2/信号线圈 4-5)(N)		1∶3	1∶3
牵引线圈未经磁化阻抗	未经 50 Hz 电源磁化牵引线圈加 25 Hz、0.3 V 电压,其阻抗应不小于(Ω)	0.5	1.5
	未经 50 Hz 电源磁化牵引线圈加 25 Hz、3 V 电压,其阻抗应不小于(Ω)	1.5	—
牵引线圈经 50 Hz 电源磁化阻抗	经 50 Hz、7.5 V 电源磁化的加 25 Hz、4 V 电压,其阻抗应不小于(Ω)	0.7	—
	经 50 Hz、7.5 V 电源磁化的加 25 Hz、4 V 电压,其阻抗应不小于(Ω)	—	2.5
不平衡牵引电流不小于 50 A 时,信号线圈的开路电压不大于(V)		95	95
信号线圈加 50 Hz、30 V 电压,牵引线圈的开路电压(V)		10±0.5	—

(b)

变压器类型			BE_1-400/25 BE_2-400/25	BE_1-600/25 BE_2-600/25	BE_1-800/25 BE_2-800/25	BE_1-1000/25 BE_2-1000/25	BE_1-1600/25 BE_2-1600/25
中点允许通过连续总电流(A)			400	600	800	1000	1600
同名端			1、4	1、4	1、4	1、4	1、4
匝比(牵引线圈 1-2/信号线圈 4-5)			1∶3	1∶3	1∶3	1∶3	1∶3
牵引线圈未经磁化阻抗	牵引线圈加 25 Hz、0.4 V 电压	阻抗不小于(Ω)	0.8	0.8	0.8	0.9	0.9
		阻抗角不小于	75°	75°	75°	75°	75°
	牵引线圈加 25 Hz、2.5 V 电压,其阻抗应不大于(Ω)		1.2	1.2	1.2	1.3	1.3
牵引线圈经 50 Hz 电源磁化阻抗	经 50 Hz、15 V 电源磁化的牵引线圈加25 Hz、2.5 V 电压,其阻抗不小于(Ω)		1.0	1.0	1.0	1.0	1.0
不平衡系数应小于			0.5%	0.5%	0.5%	0.5%	0.5%

抗干扰扼流变压器在信号线圈输出端并联适配器,除具有一般扼流变压器的功能外,还具有抗干扰性能。BES_1、BES_2型抗干扰扼流变压器的线圈结构如图 2-4 所示,其电气特性如表 2-2 所列,适配器电气特性如表 2-3 所列。BES-600/25 、BES_1-800/25 型抗干扰扼流变压器的

线圈结构如图 2-5 所示，其电气特性如表 2-4 所列，适配器电气特性如表 2-5 所列。根据轨道电路的长度连接信号线圈的不同端子。

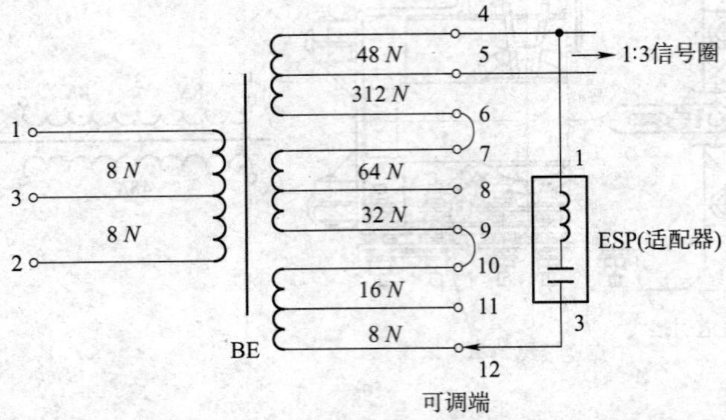

图 2-4　BES_1、BES_2 型抗干扰扼流变压器的线圈结构

表 2-2　BES_1、BES_2 型抗干扰扼流变压器电气特性

变压器类型		BES_1-400/25 BES_1-600/25	BES_2-400/25 BES_2-600/25
中点允许通过连续总电流(A)		400、600	400、600
同名端		1、4、7、10	1、4、7、10
匝比(牵引线圈 1-2/信号线圈 4-5)(N)		1∶3	1∶3
牵引线圈未经磁化阻抗	牵引线圈加 25 Hz、0.5～1.5V 电压，其阻抗值(误差±5%)(Ω)	0.327	0.218
不平衡系数应小于		0.5%	0.5%

表 2-3　ESP_1、ESP_2 适配器电气特性

类　型	ESP_1	ESP_2
适配器槽路谐振动品质因数(Q)	＞20	＞18
电容 C：容量/耐压(μF/V)	20/450	30/630
电感线圈：电感量/饱和电流(H/A)	0.506 6/2	0.337 7/3
谐振阻抗(Ω)	8	5.6

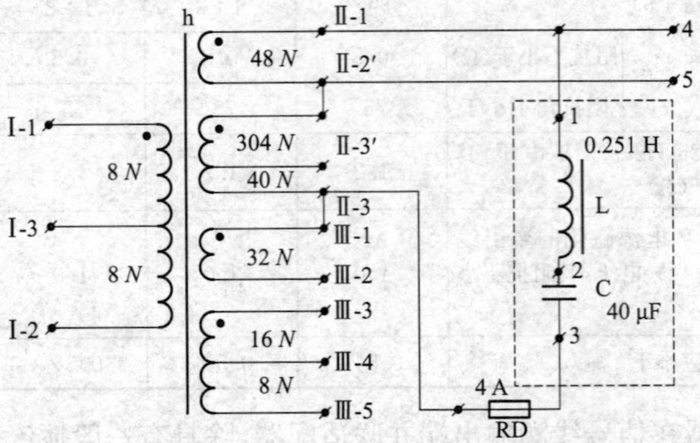

图 2-5　BES-600/25、BES_1-800/25 型抗干扰扼流变压器的线圈结构

表 2-4　BES-600/25、BES_1-800/25 型抗干扰扼流变压器电气特性

变压器类型		BES-600/25	BES_1-800/25
中点允许通过连续总电流(A)		600	800
匝比(牵引线圈 1-2/信号线圈 4-5)(N)		1∶3	1∶3
牵引线圈未经磁化阻抗	牵引线圈加 25 Hz、0.3～6.5 V 电压,其阻抗值(Ω)	0.22±0.02	0.16±0.02
不平衡系数应小于		0.5%	0.5%

表 2-5　BES-600/25、BES_1-800/25 适配器电气特性

类　　型	BES-600/25 适配器	BES_1-800/25 适配器
适配器槽路谐振动品质因数 Q	>20	>20
电容 C:容量/耐压(μF/V)	30/630	30/630
电感线圈:电感量/饱和电流(H/A)	0.251/4	0.377/4
谐振阻抗(Ω)	5.6	5.6

三、97 型 25 Hz 相敏轨道电路

1. 25 Hz 相敏轨道电路技术要求

(1)适用于钢轨内连续牵引总电流不大于 800 A,钢轨内不平衡电流不大于 60 A 的交流电气化牵引区段的站内及预告区段的轨道电路。

(2)无电力机车行驶的区段可采用无扼流变压器的轨道电路。

(3)电源应采用集中调相方式。

(4)在最不利条件下,轨道继电器轨道线圈上的电压应不大于 50 V,调整和分路时的有效电压分别为不小于 15 V 和不大于 7.4 V。

(5)在频率为 50 Hz、电源电压为 160～260 V 范围内、道床电阻最小值不小于 0.6 Ω · km,钢轨阻抗不大于 $0.62\angle 42^\circ$ Ω/km 时,极限长度范围内能可靠地满足调整和分路检查的要求,并能实现一次调整。当每段轨道电路的轨道变压器兼作机车信号发码电源时,应可靠地满足机车信号入口电流的要求。

(6)一送一受和一送多受轨道电路的电压调整余量 K 应不少于 8.0%。

(7)一送一受的双扼流和无扼流变压器的轨道电路,其极限长度应达 1.5 km。

(8)凡装有空扼流的轨道电路,对空扼流阻抗进行的补偿措施,应兼顾电码化时机车信号信息的传输。

(9)采用电子设备时,应采取相应的防雷措施。

2. 97 型 25 Hz 相敏轨道电路

原 25 Hz 相敏轨道电路,曾在现场大量使用,逐步暴露出一些亟待克服的技术缺陷,于是研制新型 25 Hz 相敏轨道电路,称为 97 型 25 Hz 相敏轨道电路。97 型 25 Hz 相敏轨道电路除保留原 25 Hz 相敏轨道电路工作稳定可靠、维修简单、故障率低的优点外,还提高了抗冲击干扰能力,并延长了轨道电路的极限长度。

(1)97 型 25 Hz 相敏轨道电路的改进

①提高绝缘破损防护性能

钢轨牵引引接线改用焊接方式,减小接触电阻,以提高绝缘破损防护性能。

②取消不设扼流变压器的送、受电端的单扼流轨道电路

不设扼流变压器时,轨道继电器所受干扰远大于设扼流变压器的区段,产生误动的机会也较多。为此将有回归电流的轨道电路送、受电端(不包括其上无接触网的区段)一律设扼流变压器。

③改变扼流变压器的连接方式

将连向钢轨的一长一短引接线设计成等阻线，使扼流变压器外部连接方式得以改善，不平衡系数控制在1%以内，从而使牵引电流回归系统的不平衡系数得以降低。

④优化电源屏的配置

改进后的轨道电路，每一区段的平均功率为20 W，每个继电器的局部线圈加电容补偿后的功率为6.5 W。考虑单受和多受区段的比例，一个车站的轨道电路数和轨道继电器数，按1∶2计算，就相当于轨道分频器和局部分频器供给每一段轨道电路分别耗电20 W和13 W。将分频器容量由原300 W、600 W、1 400 W改为400 W、800 W、1 200 W，组成Ⅰ型(PXT-800/25)、Ⅱ型(PZT-1600/25)、Ⅲ型(PZT-2000/25)、Ⅳ型(PDT-4000/25)四种电源屏，分别供小站(20个区段以内)，中站(20～40、40～60个区段)、大站(60～120个区段)使用。

⑤改进交流二元继电器

经优化磁路设计和提高工艺设计水平后，新型交流二元继电器的性能有所提高，即后接点压力由0.147 N(15 gf)增加到0.196 N(20 gf)；返还系数由0.5增到0.55；消除了因翼板碰撞外罩，而造成卡阻的可能故障。

⑥增加扼流变压器的类型

由原来的仅400 A一种，增加了600 A和800 A两种。400 A、600 A、800 A分别供侧线、正线和靠近牵引变电所的区段使用。

⑦改善电码化发送条件

固定送电端供电变压器的变比，使之和受电端匹配变压器的变比相同。由于此变比比原变比大大减小，从而改善了移频发送时的匹配特性。原供电变压器的变比高达220/7～220/4，现改为固定变比220/15。此方法除克服了原移频机车信号有时不稳定的缺点外，而且在不增加器材数量的基础上，将室内原隔离变压器改为兼有隔离和供电双重功能的变压器，调整它的输出电压即可进行轨道电路的调整。它使25 Hz轨道电路电码化的调整和测试均能集中在室内进行，极大地方便了现场调整测试和维修。

⑧延长极限长度

提高送电端输入阻抗，将送电端限流电阻由原2.2 Ω增加到4.4 Ω；将受电端匹配变压器的变比由17降为15。改进分频器的设计，将25 Hz分频器的25 Hz输出电压的允许波动范围，由原来的±5%减少到±3%。通过以上措施，最终能将极限长度由原1 200 m提高到1 500 m。

⑨提高系统的抗干扰能力

采用综合治理方式对该制式进行改进，首先设法尽量减少干扰电流的侵入量，其次在干扰电流侵入后，设法降低其干扰作用。另外，侵入的干扰电流若能造成轨道继电器误动，则设法使其误动的后果不影响其他信号设备或电路。这样达到提高系统抗冲击干扰的目的。

(2)97型25 Hz相敏轨道电路的组成

97型25 Hz相敏轨道电路采用交流25 Hz电源连续供电，受电端采用交流二元轨道继电器，其电路原理如图2-6所示。

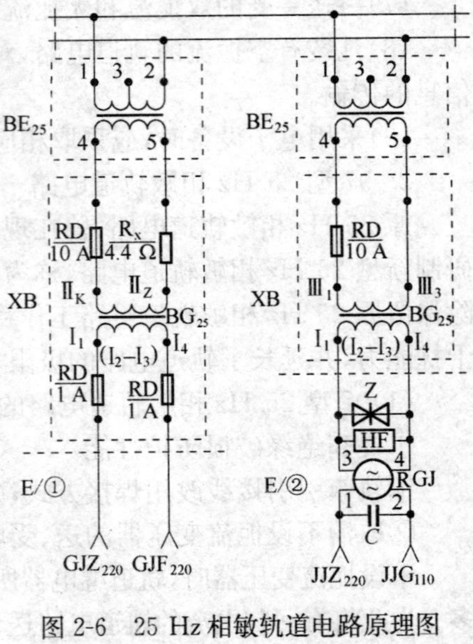

图2-6 25 Hz相敏轨道电路原理图

25 Hz 电源屏分别供出 25 Hz 轨道电源和局部电源。轨道电源由室内供出，通过电缆供向室外，经送电端 25 Hz 轨道电源变压器(BG_{25})、送电端限流电阻(R_X)、送电端 25 Hz 扼流变压器(BE_{25})、钢轨线路、受电端 25 Hz 扼流变压器(BE_{25})、受电端 25 Hz 轨道中继变压器(BG_{25})、电缆线路，送回室内，经过防雷补偿器(Z)、25 Hz 防护盒(HF)给交流二元轨道继电器(RGJ)的轨道线圈供电。局部线圈的 25 Hz 电流由室内供出。当轨道线圈和局部线圈电源满足规定的相位和频率要求时，RGJ 吸起，轨道电路处于调整状态，表示轨道电路空闲。

列车占用时，轨道电源被分路，RGJ 落下。若频率、相位不符合要求时，RGJ 也落下。这样，25 Hz 相敏轨道电路就具有相位鉴别能力，即相敏特性，抗干扰性能较高。

25 Hz 相敏轨道电路只能用以检测轨道电路区段是否空闲，不能传输其他信息。因电源频率较低，传输损耗较低，故传输距离长。

(3) 97 型 25 Hz 相敏轨道电路的部件

①防护盒

防护盒 HF 有 HF_2-25 型、HF_3-25 型和 HF_4-25 型，它们的电路分别如图 2-7(a)、图 2-7(b)和图 2-7(c)所示。

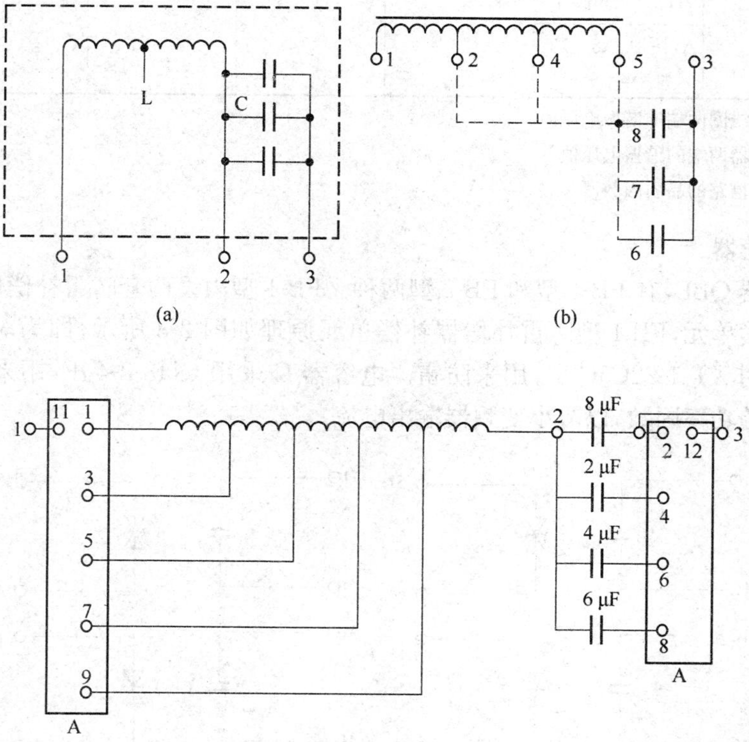

8 μF	1.266 5 H	A11−1
10 μF	1.013 2 H	A11−3, A4−12
12 μF	0.844 3 H	A11−5, A6−12
14 μF	0.723 7 H	A11−7, A8−12
16 μF	0.633 3 H	A11−9, A8−12, A2−4

(c)

图 2-7 防护盒电路图

HF_2-25 型，由电感、电容串联而成，线圈电感为 0.845 H，电容为 12 μF。它并接在轨道继电器的轨道线圈上，对 50 Hz 呈串联谐振，相当于 15 Ω 电阻，以抑制干扰电流。对 25 Hz 信号电流相当于 16 μF 电容，对 25 Hz 信号电流的无功分量进行补偿，起着减小轨道电路传输衰耗和相移的作用。

HF_3-25 型的电感线圈有两个中间抽头，可选择不同的电感量。HF_4-25 型的电感线圈和电容器各有五挡供选择，可根据需要予以调整。

各型防护盒的电气特性见表 2-6。

表 2-6　防护盒的电气特性

型号	测试端子	连接端子	输入电压(V)	输入频率(Hz)	$\lvert U_L—U_C\rvert$(V)	Q	备　注
HF_2-25	1—3						
HF_3-25	1—3 3—8	2—6—7—8				≥18	同 HF_2
		4—7—8					可调 15°～20°
		5—8					可调 30°～40°
HF_4-25	1—3	A11—1	10	50	≤3		上调相位 0°～30°
		A11—3、A4—12					上调相位 0°～15°
		A11—5、A6—12				≥15	同 HF_2-25
		A11—7、A8—12					下调相位 0°～15°
		A11—9、A8—12、A2—4					下调相位 0°～30°

注：U_L——电感线圈两端的谐振电压值。

U_C——电容器两端的谐振电压值。

Q——谐振槽路的品质因数。

②防雷补偿器

防雷补偿器 QBF，有 FB-1 型和 FB-2 型两种。FB-1 型内设两套防雷补偿单元，FB-2 型内设一套防雷补偿单元，FB-1 型防雷补偿器补偿单元原理如图 2-8 所示，即为对接的硒片和电容器。硒片采用 XT-1-22C5C 型，用来防雷。电容器 C 采用 CJ48-2-4μF，用来提高轨道电路局部线圈电路的功率因数，以减小变频器输出电流。

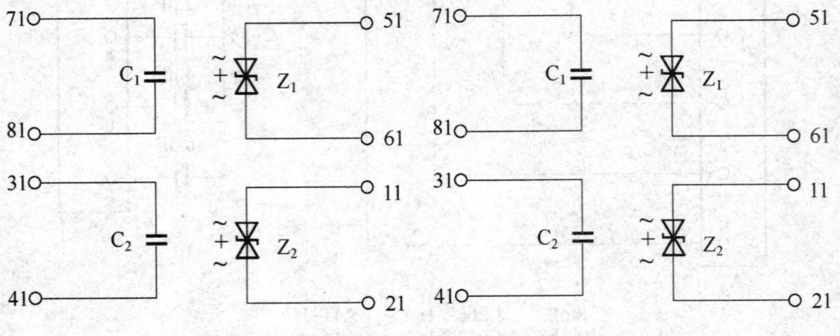

图 2-8　FB-1 型防雷补偿器补偿单元原理图

其电气特性应符合下列要求：局部耐压为 250 V，接收工作电压为 90 V。

③25 Hz 轨道变压器

25 Hz 轨道变压器用于 25 Hz 相敏轨道电压中作为供电电源和阻抗匹配用，送电端和受电端用的是同一型号。

25 Hz 轨道变压器如图 2-9 所示。25 Hz 轨道变压器的各线圈电压如图 2-10 所示。

BG_2-130/25 型Ⅱ次线圈使用端子连接见表 2-7。各型轨道变压器电气特性见表 2-8。

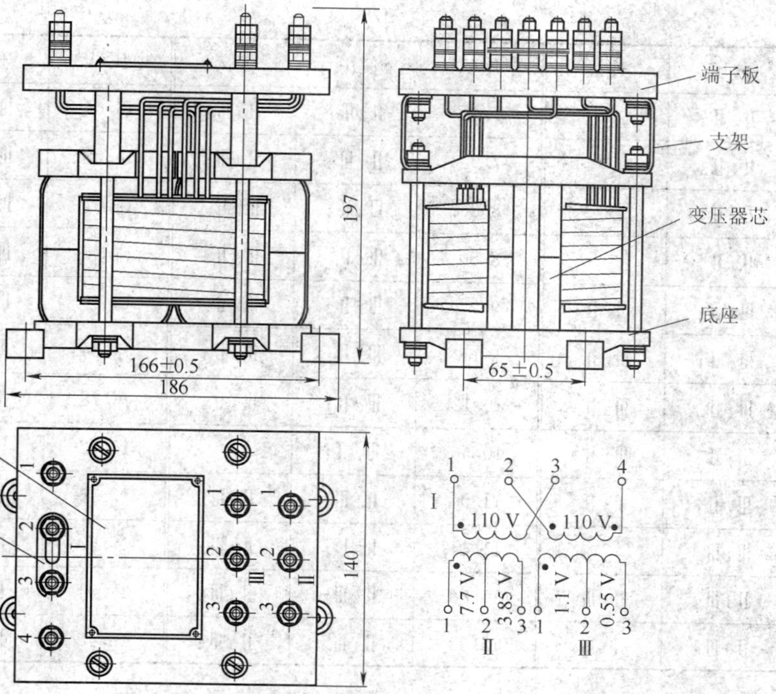

图 2-9　25 Hz 轨道变压器(单位:mm)

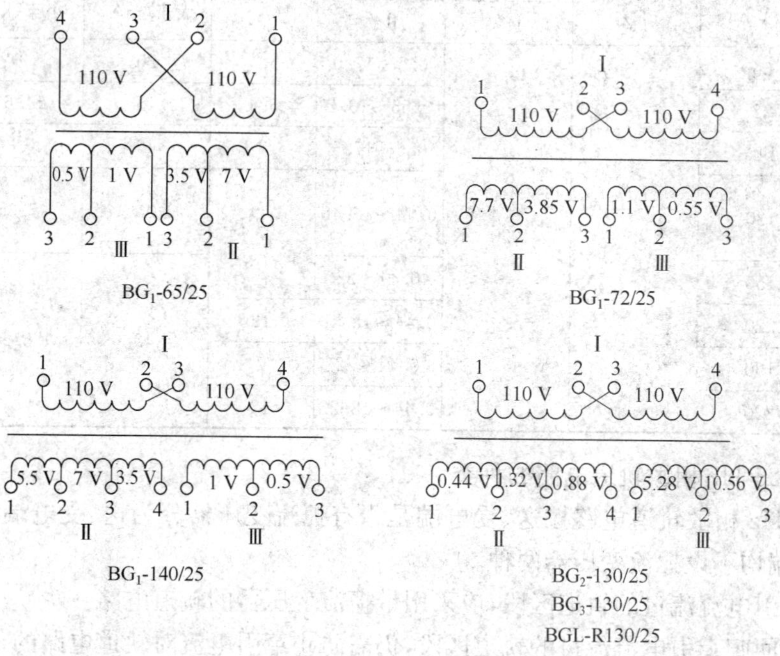

图 2-10　25 Hz 轨道变压器的各线圈电压

表 2-7　BG$_2$-130/25 型Ⅱ次线圈使用端子连接表

电压(V)	使用	连接	电压(V)	使用	连接	电压(V)	使用	连接
0.44	Ⅱ$_1$Ⅱ$_2$		6.60	Ⅱ$_2$Ⅲ$_2$	Ⅱ$_3$Ⅲ$_1$	12.76	Ⅱ$_2$Ⅲ$_3$	Ⅱ$_4$Ⅲ$_2$
0.88	Ⅱ$_3$Ⅱ$_4$		7.04	Ⅱ$_1$Ⅲ$_2$	Ⅱ$_3$Ⅲ$_1$	13.20	Ⅱ$_1$Ⅲ$_3$	Ⅱ$_4$Ⅲ$_2$

续上表

电压(V)	使用	连接	电压(V)	使用	连接	电压(V)	使用	连接
1.32	$\mathrm{II}_2\mathrm{II}_3$		7.48	$\mathrm{II}_2\mathrm{III}_2$	$\mathrm{II}_4\mathrm{III}_1$	13.64	$\mathrm{III}_1\mathrm{II}_2$	$\mathrm{III}_3\mathrm{II}_4$
1.76	$\mathrm{II}_1\mathrm{II}_3$		7.92	$\mathrm{II}_1\mathrm{III}_2$	$\mathrm{II}_4\mathrm{III}_1$	14.08	$\mathrm{III}_1\mathrm{II}_1$	$\mathrm{III}_3\mathrm{II}_3$
2.20	$\mathrm{II}_2\mathrm{II}_4$		8.36	$\mathrm{III}_2\mathrm{II}_2$	$\mathrm{III}_3\mathrm{II}_4$	14.52	$\mathrm{III}_1\mathrm{II}_2$	$\mathrm{III}_3\mathrm{II}_3$
2.64	$\mathrm{II}_1\mathrm{II}_4$		8.80	$\mathrm{III}_2\mathrm{II}_1$	$\mathrm{III}_3\mathrm{II}_3$	14.96	$\mathrm{III}_1\mathrm{II}_3$	$\mathrm{III}_3\mathrm{II}_4$
3.08	$\mathrm{III}_1\mathrm{II}_2$	$\mathrm{III}_2\mathrm{II}_4$	9.24	$\mathrm{III}_2\mathrm{II}_2$	$\mathrm{III}_3\mathrm{II}_3$	15.40	$\mathrm{III}_1\mathrm{II}_3$	$\mathrm{III}_3\mathrm{II}_2$
3.52	$\mathrm{III}_1\mathrm{II}_1$	$\mathrm{III}_2\mathrm{II}_3$	9.68	$\mathrm{III}_2\mathrm{II}_3$	$\mathrm{III}_3\mathrm{II}_4$	15.84	$\mathrm{III}_1\mathrm{II}_3$	
3.96	$\mathrm{III}_1\mathrm{II}_2$	$\mathrm{III}_2\mathrm{II}_3$	10.12	$\mathrm{III}_2\mathrm{II}_1$	$\mathrm{III}_3\mathrm{II}_2$	16.28	$\mathrm{II}_1\mathrm{III}_3$	$\mathrm{II}_2\mathrm{III}_1$
4.40	$\mathrm{III}_1\mathrm{II}_3$	$\mathrm{III}_2\mathrm{II}_4$	10.56	$\mathrm{III}_2\mathrm{II}_3$		16.72	$\mathrm{II}_3\mathrm{III}_3$	$\mathrm{II}_4\mathrm{III}_1$
4.84	$\mathrm{III}_1\mathrm{II}_1$	$\mathrm{III}_2\mathrm{II}_2$	11.00	$\mathrm{II}_1\mathrm{III}_3$	$\mathrm{II}_2\mathrm{III}_2$	17.16	$\mathrm{II}_2\mathrm{III}_3$	$\mathrm{II}_3\mathrm{III}_1$
5.28	$\mathrm{III}_1\mathrm{III}_2$		11.44	$\mathrm{II}_3\mathrm{III}_3$	$\mathrm{II}_4\mathrm{III}_2$	17.60	$\mathrm{II}_1\mathrm{III}_3$	$\mathrm{II}_3\mathrm{III}_1$
5.72	$\mathrm{II}_1\mathrm{III}_2$	$\mathrm{II}_2\mathrm{III}_1$	11.88	$\mathrm{II}_2\mathrm{III}_3$	$\mathrm{II}_3\mathrm{III}_2$	18.04	$\mathrm{II}_2\mathrm{III}_3$	$\mathrm{II}_4\mathrm{III}_1$
6.16	$\mathrm{II}_3\mathrm{III}_2$	$\mathrm{II}_4\mathrm{III}_1$	12.32	$\mathrm{II}_1\mathrm{III}_3$	$\mathrm{II}_3\mathrm{III}_2$	18.48	$\mathrm{II}_1\mathrm{III}_3$	$\mathrm{II}_4\mathrm{III}_1$

表 2-8　25 Hz 轨道变压器的电气特性

类型	额定容量(V·A)	额定频率(Hz)	额定电压(V)		额定电流(A)	空载电流不大于(mA)	激磁阻抗不小于(kΩ)	铁芯频率(Hz)
			Ⅰ次	Ⅱ次				
BG_1-65/25	65	25	220	0.5～12.0	5.4	20	—	—
BG_1-72/25	72			0.55～13.2	5.4	15	14.67	50 Hz
BG_1-140/25	140			0.5～17.5	8	40	—	—
BG_2-130/25	130			0.44～18.48	7	30	7.35	400 Hz
BG_3-130/25								50 Hz
BG_4-150/25	150			0.44～22		40	5.5	400 Hz
BG_4-220/25	220			0.44～18.48	12			400 Hz
BG_5-150/25	150			0.44～22	7			50 Hz
BG_5-220/25	220			0.44～18.22	12			50 Hz

(4)97 型 25 Hz 相敏轨道电路的种类

97 型 25 Hz 相敏轨道电路按送、受电端是否有扼流变压器分为送、受电端均设扼流变压器和送、受电端均不设扼流变压器两种。

有回归牵引电流流过的轨道区段，应采用带扼流变压器的轨道电路。

对于没有回归牵引电流流过的轨道区段，仍需防止牵引电流对轨道电路的干扰，可采用无扼流变压器的轨道电路。无扼流变压器的轨道电路也可用于非电化区段。根据受电端的设置情况可分为一送一受、一送两受和一送三受轨道电路。

①25 Hz 相敏轨道电路单元

25 Hz 相敏轨道电路单元如图 2-11 所示。

图中，E/①、E/②、E/③、/④、/⑤分别为 25 Hz 相敏轨道电路的五种单元类型，E 代表设扼流变压器，/①为送电端，/②为受电端，/③为一送多受的分支受电端；/④、/⑤分别为不带扼

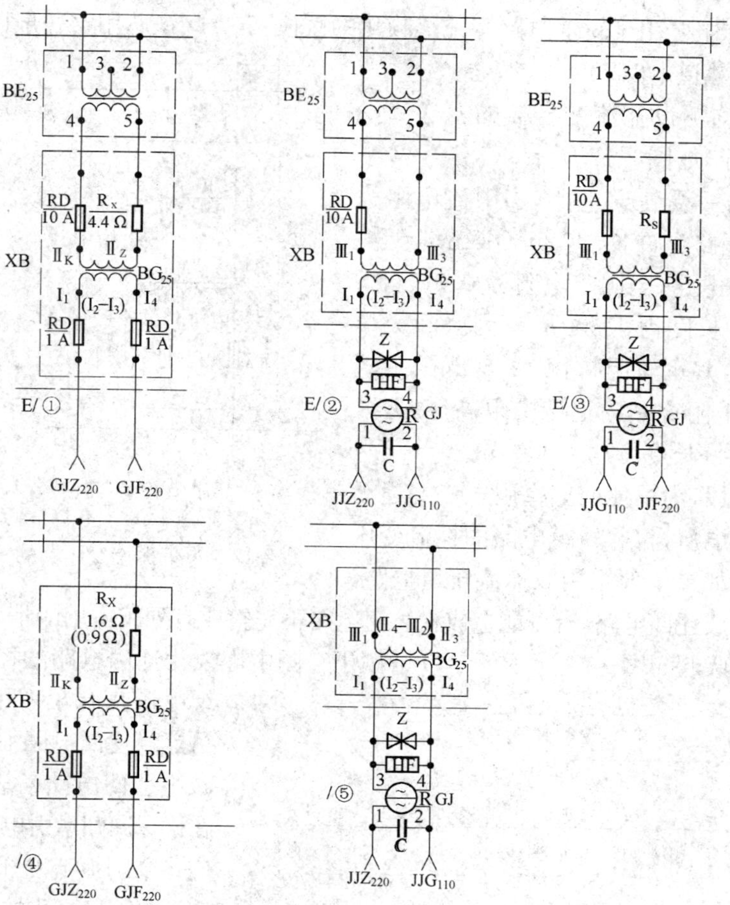

图 2-11　25 Hz 相敏轨道电路单元图

流变压器的送电端、受电端。XB 为变压器箱。25 Hz 相敏轨道电路原理图代号说明见表 2-9。

表 2-9　25 Hz 相敏轨道电路原理图代号说明

序号	名称	代号	产品型号	备注
1	轨道变压器	BG_{25}	BG_2-130/25	400 Hz 铁芯
			BG_3-130/25	50 Hz 铁芯
2	交流二元继电器	RGJ	$JRJC_1$-70/240	
3	防护盒	HF	HF_2-25 或 HF_3-25 或 HF_4-25	
4	扼流变压器	BE_{25}	BE_1-400/25 BE_1-600/25 BE_1-800/25	400 Hz 铁芯
			BE_2-400/25 BE_2-600/25 BE_2-800/25	50 Hz 铁芯
5	电阻器	R_X	R_1-4.4/400	
6	电阻器	R_S	R_1-4.4/400	
7	防雷补偿器	QFB	FB-1、FB-2	

400 Hz 铁芯主要用于轨道电路实施移频化的区段，50 Hz 铁芯用于一般区段。

②一送一受轨道电路

送、受电端均不设扼流变压器的一送一受轨道电路(无扼流)如图 2-12 所示。

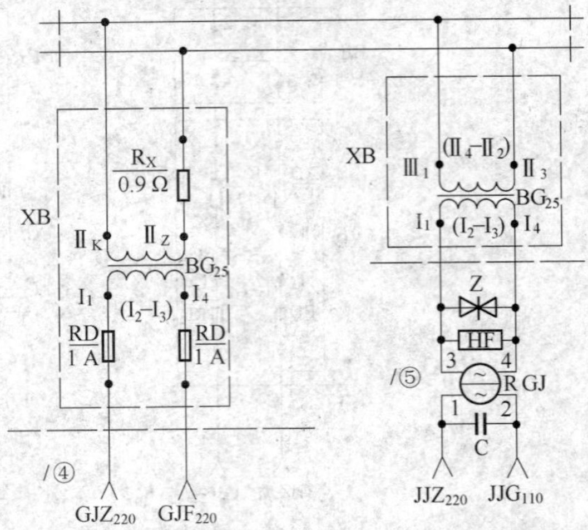

图 2-12　不带扼流变压器的一送一受轨道电路

双扼流一送一受轨道电路，当限流电阻为 4.4 Ω 时，轨道电路允许长度为 1 500 m。无扼流一送一受轨道电路，当限流电阻为 0.9 Ω 时，其轨道电路允许长度为 1 500 m。因区间大多采用 25 m 钢轨，其钢轨阻抗比 12.5 m 的钢轨低，且区间道床电阻比站内道床电阻高，接近区段轨道电路的允许长度可达 2 000 m。

在电气化区段，为了使回归牵引电流畅通无阻地流回牵引变电所，相邻轨道电路的扼流变压器中点需相连。如果全部采用双扼流轨道电路，中点相连后易构成迂回电路，有可能造成在轨道电路不完整或有列车占用的情况下失去检查，使轨道继电器错误吸起。图 2-13 所示就是一个例子。图中虚线为迂回电路的径路，1G 区段轨道继电器在有车占用或断轨情况下，可能经迂回电路而错误吸起。为了减小迂回电路对轨道电路的影响，在确保回归牵引电流畅通的条件下，应将个别扼流变压器的中点连线不连，以断开迂回电路。但必须注意，正线(包括正线上的道岔区段和无岔区段)装设的扼流变压器中点连线必须相连。

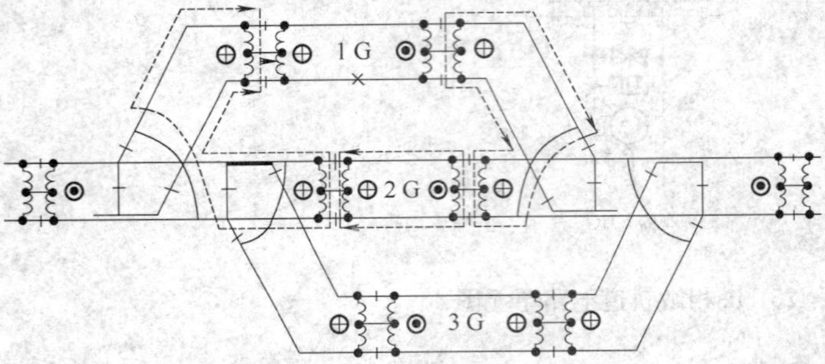

图 2-13　轨道电路的迂回电路径路示意图

一送一受轨道电路可以设长度不大于 65 m 的三个或三个以上的无受电分支，为了沟通牵引电流的回流道路，可以在其中一个分支上设置一个空扼流变压器。为连接吸上线或有些车站内接触网取电的馈电地线，也可在轨道电路区段内设置一个空扼流变压器。空扼流变压器即其既不连接发送设备，也不连接接收设备。

对于不连接轨道继电器的空扼流变压器，其信号线圈经 BG_2-130/25 型轨道变压器与补偿器相连，空扼流变压器设置如图 2-14 所示。

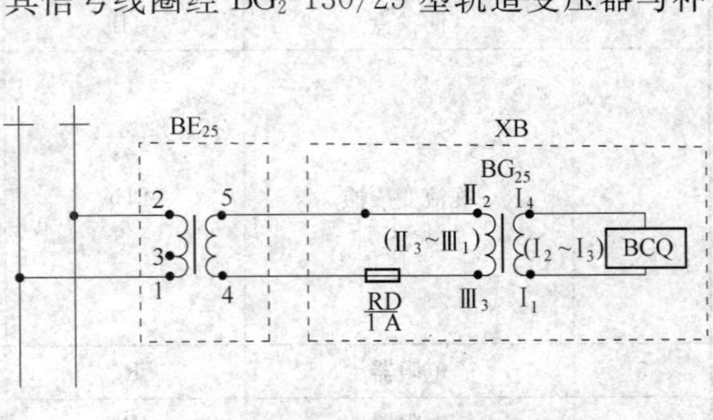

图 2-14　空扼流变压器设置电路图

补偿器的作用：对轨道电路的信号传输进行补偿，减少空扼流变压器对轨道电路信号能量的消耗，以减小轨道电路的总功耗，从而使轨道电路的供电变压器Ⅱ次电压不致因增设空扼流变压器后增高太多，因此当该空扼流变压器断线后不致因轨道电路的分路检查条件被恶化而影响轨道电路的允许长度；对机车信号的信息进行补偿，以减少空扼流变压器对机车信号信息的能量消耗，从而使机车信号的工作稳定可靠。对于不同机车信号制式，补偿器的种类不同。

在一送一受情况下，轨道电路带有无受电分支及有附加扼流变压器时的允许长度见表 2-10。

表 2-10　一送一受 25 Hz 相敏轨道电路的长度(m)

扼流方式 \ 长度 \ 分支数	一个分支		两个分支		三个分支		无分支但有附加扼流
	无附加扼流	有附加扼流	无附加扼流	有附加扼流	无附加扼流	有附加扼流	
双扼流	700	700	600	600	500	500	1 500
无扼流	1 000		900		800		

③一送两受轨道电路和一送三受轨道电路

邻接股道的道岔区段一般采用一送两受或一送三受轨道电路，以监督线路完整和有良好的分路检查。在一个区段内，所用扼流变压器总数应考虑轨道变压器供电电压和保证轨道电路分路检查的要求，一般不应超过 4 台。为提高分路灵敏度，带扼流变压器的轨道电路，其限流电阻采用 4.4 Ω；无扼流变压器的轨道电路，则采用 1.6 Ω。在受电端串有电阻器，是为了同时满足轨道电路的调整、分路和过载三种状态。

一送两受轨道电路根据有无受电分支的数量，可有 20 种不同布置：两个分支的 12 种，一个分支的 6 种，无分支的 2 种。在无受电分支末端允许设一个沟通牵引电流的附加空扼流变压器。不带分支的一送两受轨道电路原理分别如图 2-15 和图 2-16 所示。

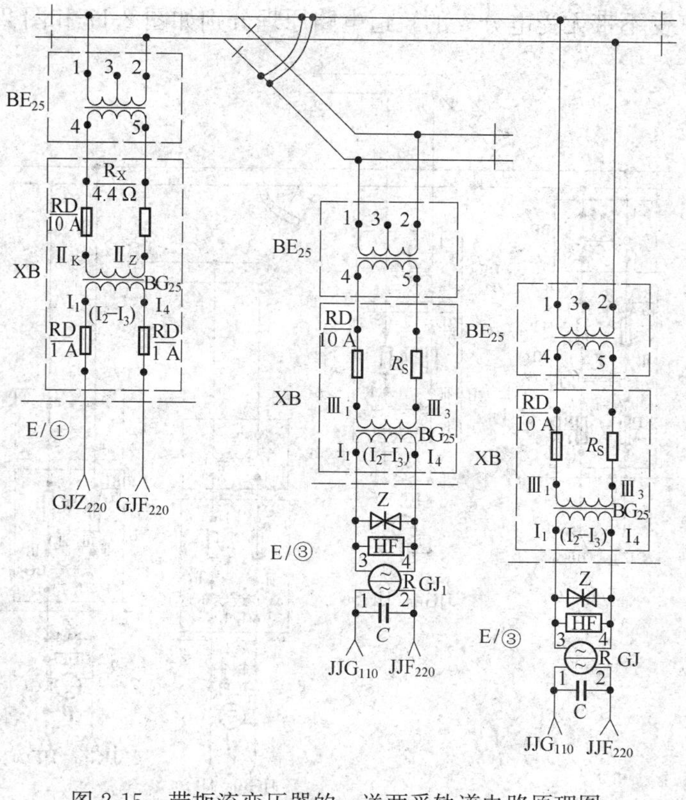

图 2-15　带扼流变压器的一送两受轨道电路原理图

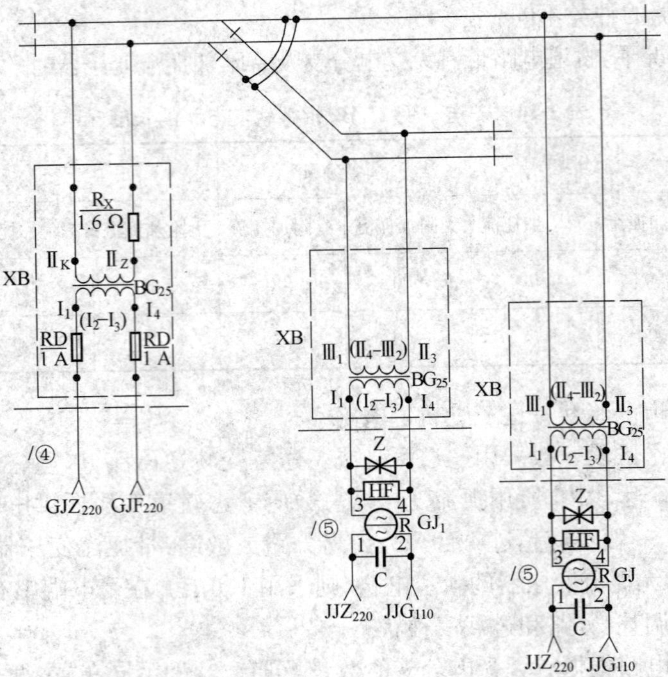

图 2-16　不带扼流变压器一送两受轨道电路原理图

一送三受轨道电路根据有无受电分支的数量，可以有 5 种不同布置：一个分支 3 种，无分支的 2 种。一送三受不带无受电分支的轨道电路原理分别如图 2-17 和图 2-18 所示。

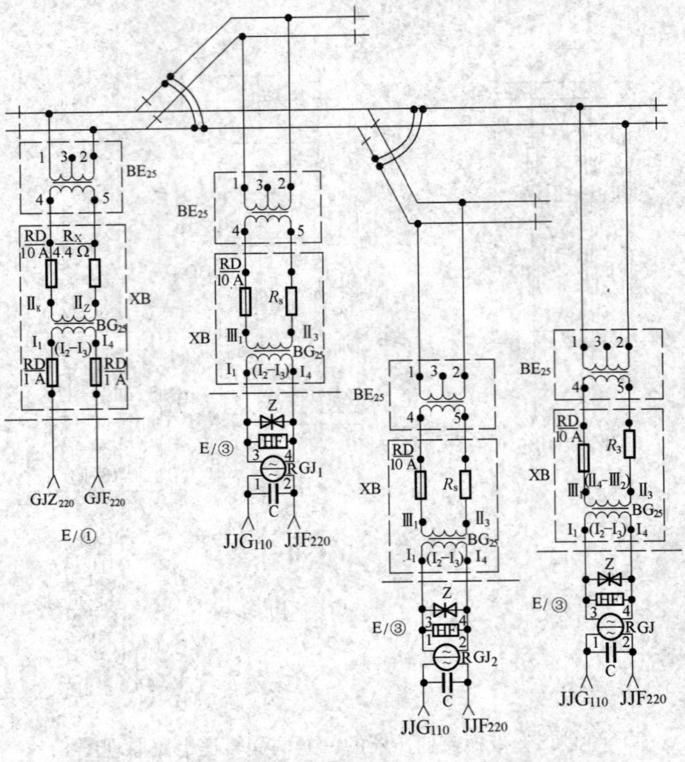

图 2-17　带扼流变压器的一送三受轨道电路原理图

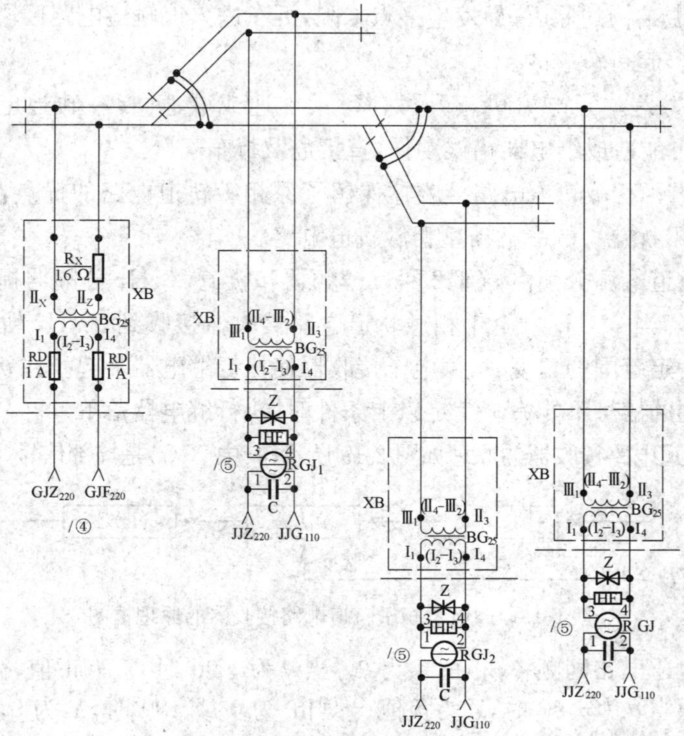

图 2-18 不带扼流变压器的一送三受轨道电路原理图

(5)97 型 25 Hz 相敏轨道继电器组合

采用 25 Hz 相敏轨道电路时,轨道继电器采用 $JRJC_1$-70/240 型交流二元继电器,需设专用的 25 Hz 相敏轨道继电器组合。

一个 25 Hz 相敏轨道继电器组合,内设三个受电端用防雷补偿器、防护盒和交流二元继电器。从正面看,25 Hz 相敏轨道电路组合内器材排列见表 2-11。

表 2-11 25 Hz 相敏轨道电路组合内器材排列

01-1	01-2	1	2(A)	3	4(B)	5	6(C)
QFB	QFB	HF	RGJ	HF	RGJ	HF	RGJ
FB-1	FB-1	HF_2-25	$JRJC_1$-70/240	HF_2-25	$JRJC_1$-70/240	HF_2-25	$JRJC_1$-70/240

一个组合柜可安装 9 个 25 Hz 相敏轨道继电器组合,当一个组合柜上同时安装轨道组合和安全型继电器组合时,相邻处应空开一个组合位置。交流二元继电器是感应式继电器且无附加轴,它的后接点不得在控制和表示电路中使用。且交流二元继电器只有两组接点,故必须设复示继电器,采用专用的 JWXC-H310 型缓动继电器作为复示继电器。为了保证 JWXC-H310 型继电器的时间特性,采用一个铜线圈架,另一个线圈装了铜套,其缓吸时间 (0.4±0.1) s,缓放时间(0.8±0.1) s,可防止冲击干扰引起轨道继电器误动。

四、JXW25 型微电子相敏轨道电路

1. 微电子相敏轨道电路原理

25 Hz 相敏轨道电路,发送设备为 25 Hz 铁磁分频器或电子分频器,工作稳定可靠;但接收设备为交流二元继电器,存在较多问题:

(1)返还系数较低,约 50%,不利于提高轨道电路的传输性能。

(2)由于其机械结构的原因,易发生接点卡阻,列车进入该轨道电路区段,轨道继电器不能可靠落下,曾造成多起行车事故。

(3)抗干扰能力差。当电力机车升弓、降弓、加速或减速时,在轨道电路中产生较大的50 Hz 脉冲干扰,可能造成继电器错误动作,直接危及行车安全。

JXW25 型微电子相敏轨道电路接收器保留了原相敏轨道电路的优点,克服其缺点,成为具有高可靠、高抗干扰能力的一种新型相敏轨道电路。

局部电源和轨道电源分别由局部 25 Hz 分频器和轨道 25 Hz 分频器提供,并且局部电源超前轨道电源 90°。当 25 Hz 微电子相敏轨道电路接收器接收到 25 Hz 轨道信号,且局部电压超前轨道电压一定范围的角度时,微电子接收器使执行继电器吸起。在 $\theta=90°$时,处于最佳接收状态。当收到的信号不能完全满足以上条件时,执行继电器落下。

微电子相敏轨道电路接收器的原理如图 2-19 所示,其中 $X_J(t)$是局部信号,$X_G(t)$是轨道信号。

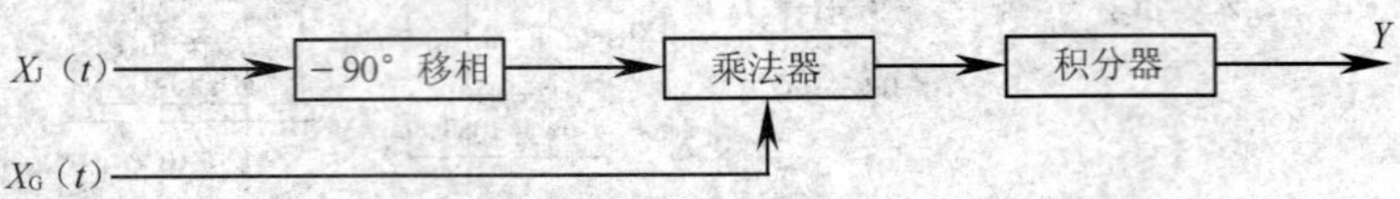

图 2-19　微电子相敏轨道电路接收器的原理框图

局部信号和轨道电路同频率,相位差为 θ。当 θ 为+90°时,Y 为正值,微电子接收器使执行继电器吸起。而当 θ 为−90°时,Y 为负值−;当 θ 为 0°或 180°时,Y 为 0,均为非正值,使执行继电器落下。这样,该接收器就具有可靠的相位选择性。

由于两根钢轨上的牵引电流不平衡,将有 50 Hz 电压加在轨道线圈上,同时收到 25 Hz 和 50 Hz 两种不同频率的信号时,在一个周期内 Y 为零,不会使执行继电器错误动作。

由于微电子接收器具有上述频率选择性,不仅可以防止 50 Hz 牵引电流的干扰,而且对于其他高次谐波干扰也有同样的作用。

JXW25 型相敏轨道电路原理图如图 2-20 所示。

2. 微电子相敏轨道电路接收器

微电子相敏轨道电路接收器电路原理如图 2-21 所示,由输入部分、计算机部分、输出部分和电源等组成。

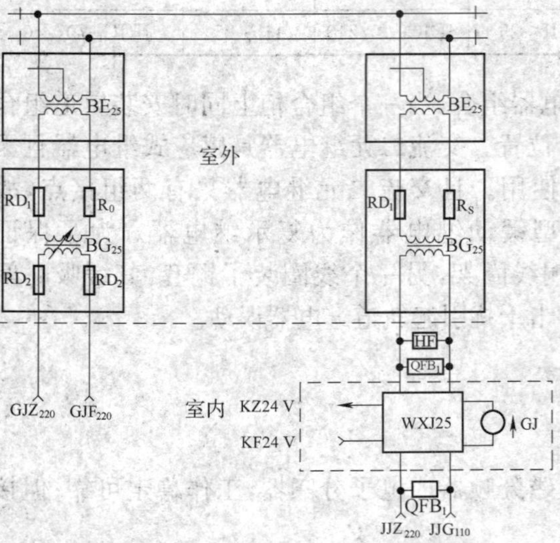

图 2-20　JXW25 型相敏轨道电路原理图

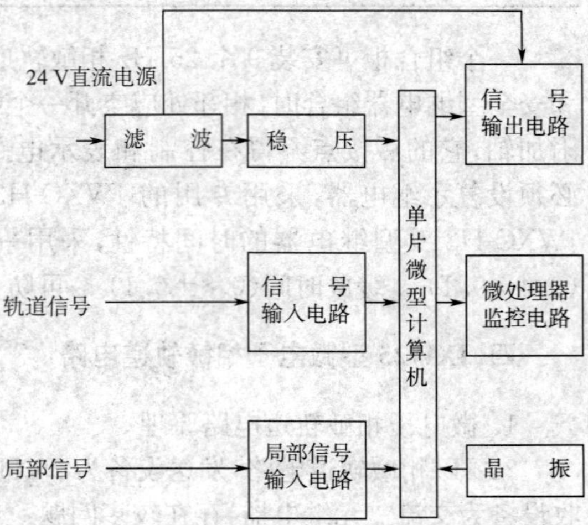

图 2-21　微电子相敏轨道电路接收器电路原理图

（1）输入部分

输入部分由局部信号输入电路和轨道信号输入电路组成。局部信号输入电路是将局部信号经光电耦合输入给单片机。轨道信号输入电路包括隔离变压器、轨道输入相位辨别电路和接口电路。隔离变压器对输入信号起隔离、输入阻抗匹配以及防雷电冲击保护微电子设备的作用。轨道输入信号相位辨别电路和接口电路将轨道输入的模拟信号转换为数字信号，然后送入单片机对信号进行数字处理。

（2）单片机部分

由单片机、微处理器监控电路、晶体振荡电路组成，完成接收器的数字处理功能。单片机选用 MCS-51 系列芯片。微处理器监控电路的功能是有效检测单片机在不可预测的干扰作用下产生的程序执行紊乱和自动恢复，以提高单片机系统的可靠性和抗干扰能力。微处理器监控电路运行后，若单片机在规定时间内访问它，单片机正常工作；若规定时间内未能访问它，则使单片机自动复位，使系统重新初始化。

（3）输出部分

输出部分由驱动电路、功放电路、隔离变压器等组成。单片机部分对其输入信号处理后，输出一高频信号至输出部分，经驱动电路送到功放电路中，通过放大输出给隔离变压器，再进行整流、滤波，控制轨道执行继电器工作。

（4）电源

电源由滤波电路和两个三端稳压器组成。电源屏提供的 24 V 直流电，经滤波、稳压，输出 9 V 供轨道输入电路，5 V 供单片机电路，24 V 供信号输出电路。

系统软件主要由主程序和 4 个中断服务子程序组成，完成系统初始化、信号采集与处理、信号延时和继电器控制等功能。软件采用结构化设计方法，用汇编语言编写，各功能程序实现模块化。

JXW25 型电子接收器工作电压为 DC $24^{+2.4}_{-3.6}$ V，工作电流不大于 100 mA。轨道接收阻抗 $|Z_G|=(400\pm20)\ \Omega$，$\theta=72°\pm10°$。在轨道电路空闲状态下，电子接收器输出给执行继电器的电压为 20～30 V。应变时间 0.3～0.5 s。在接收理想相位角的 25 Hz 轨道信号时，返还系数大于 90%。局部电源电压 110 V，25 Hz；轨道信号电压滞后于局部电压的理想相位角为 90°。

JXW25 型接收器最后执行 JWXC-1700 安全型继电器。在一送多受时，每个分支用一个接收器和执行继电器，在主接收器的执行继电器电路中串接其他分支执行继电器的前接点。

JXW25-A 型接收器为单套，外形为安全型继电器形式，其接线端子分配如图 2-22 所示。JXW25-A_1 型也为单套接收器，JRJC 型二元继电器结构。JXW-B 型为双套接收器，安全型继电器结构。

另有 HBJ 型接收变压器盒和 HB 型报警盒，均用于双套轨道电路。

JXW-25A 型为单套微电子接收器，每个继电器组合可以安装 4 套轨道电路接收器。JXW-25A 组合

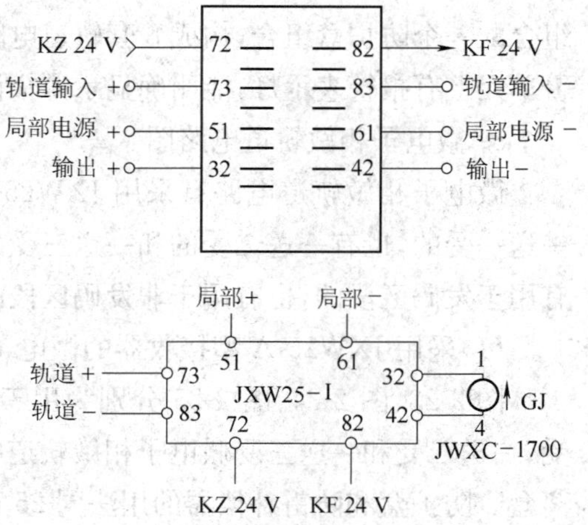

图 2-22　JWX25 型微电子相敏轨道电路接收器接线端子分配

见表 2-12，包括防护盒和防雷补偿器。

表 2-12　JXW-25A 组合

0	1	2	3	4	5	6	7	8
防雷补偿器	防护盒	电子盒	防护盒	电子盒	防护盒	电子盒	防护盒	电子盒
FLH	HF_2-25	JXW-25A	HF_2-25	JXW-25A	HF_2-25	JXW-25A	HF_2-25	JXW-25A

JXW-25B 型为双套微电子接收器，其两套设备中只要有一套能正常工作，就能保障系统正常运行，提高了系统的可靠性；如果其中一套发生故障，能及时报警，通知维修人员进行维修，而且对其中单套维修时，不影响系统使用。JXW-25B 型微电子接收器分为接收变压器盒和微电子接收器盒，均安装在安全型继电器罩内。JXW-25B 型组合布置见表 2-13。

表 2-13　JXW-25B 组合

1	电子盒11	电子盒12	变压器1、2	电子盒21	电子盒22	电子盒31	电子盒32	变压器3、4	电子盒41	电子盒42	报警盒1
2	防护盒	防护盒	防护盒	防护盒	防护盒	防护盒	防护盒	防护盒			
3	电子盒11	电子盒12	变压器1、2	电子盒21	电子盒22	电子盒31	电子盒32	变压器3、4	电子盒41	电子盒42	报警盒1

JXW-25B 型微电子接收器与防护盒安装在不同的组合中，在设计时，两个微电子接收器组合配一个防护盒组合，构成 8 套轨道电路接收器，每个电子接收器组合设一个报警单元，报警单元上有报警表示灯，能明确显示哪个设备发生故障，并驱动报警继电器(BJJ)。

3. 微电子相敏轨道电路图

微电子相敏轨道电路有采用 JXW25-A 型接收器的，也有采用 JXW25-B 型接收器的；有一送一受的，也有一送二受的和一送三受的；有用于电气化区段的，也有用于非电气化区段的；有用于发码区段的，也有用于非发码区段的。

(1)采用 JXW25-A 型接收器的微电子相敏轨道电路

图 2-23、图 2-24、图 2-25 分别为用于电气化发码区段采用 JXW25-A 型接收器的一送一受、一送二受和一送三受微电子相敏轨道电路，其中不发码的送电端、受电端也必须设室内隔离盒。防护盒和防雷补偿器的用法同 25 Hz 相敏轨道电路。

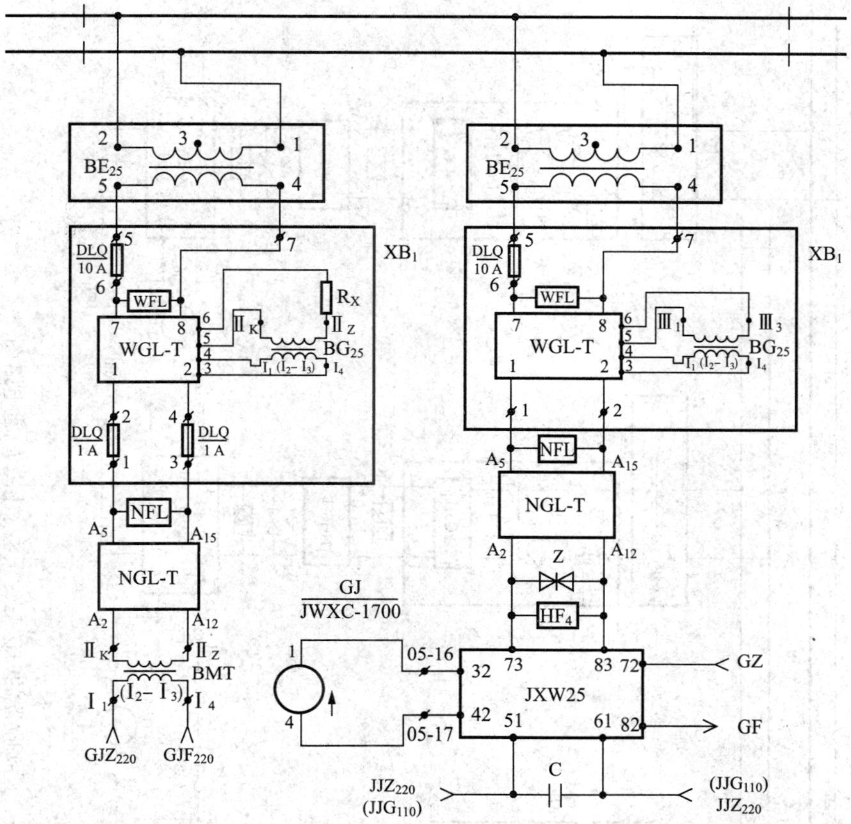

图 2-23　用于电气化发码区段采用 JXW25-A 型接收器的一送一受微电子相敏轨道电路图

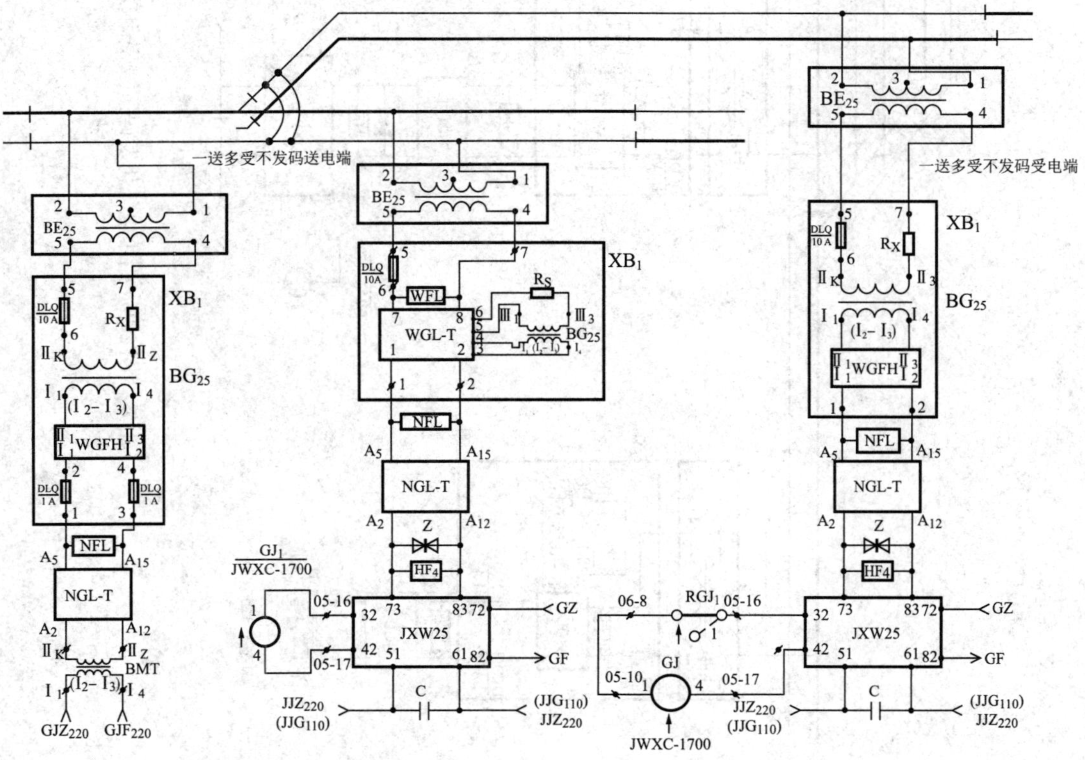

图 2-24　用于电气化发码区段采用 JXW25-A 型接收器的一送二受微电子相敏轨道电路图

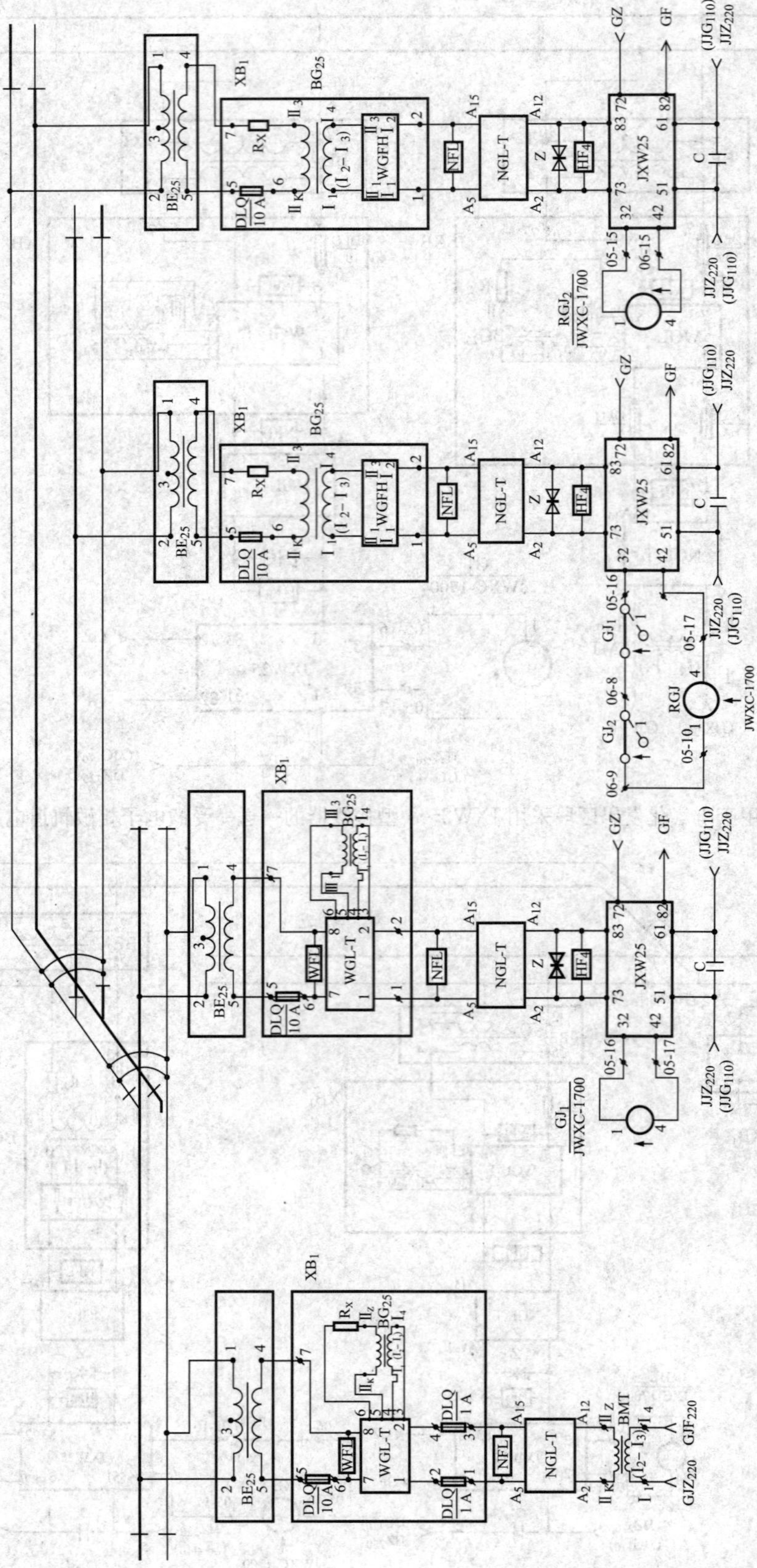

图 2-25　用于电气化发码区段采用JXW25-A型接收器的一送三受微电子相敏轨道电路图

图 2-26、图 2-27、图 2-28 分别为用于电气化非发码区段采用 JXW25-A 型接收器的一送一受、一送二受和一送三受微电子相敏轨道电路。它们和电气化发码区段的区别在于不需要室内隔离盒和室外隔离盒。

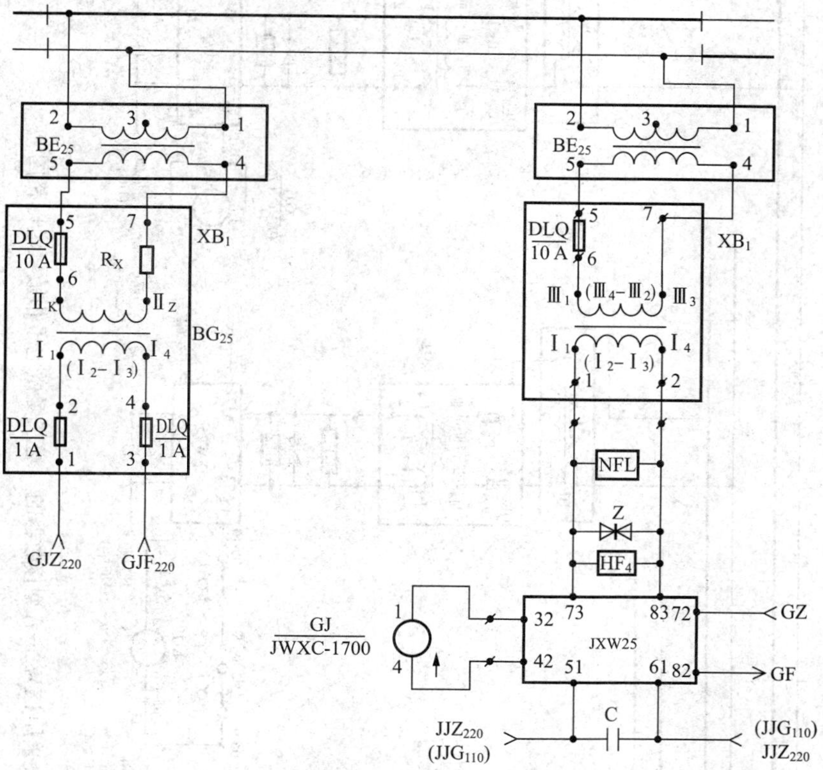

图 2-26 用于电气化非发码区段采用 JXW25-A 型接收器的一送一受微电子相敏轨道电路图

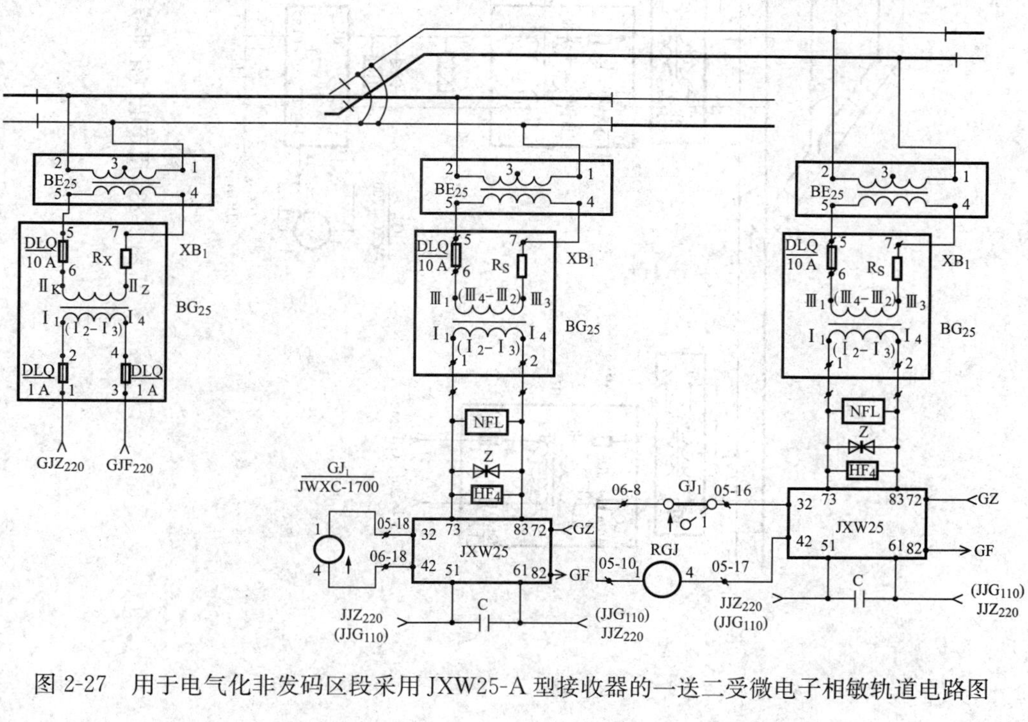

图 2-27 用于电气化非发码区段采用 JXW25-A 型接收器的一送二受微电子相敏轨道电路图

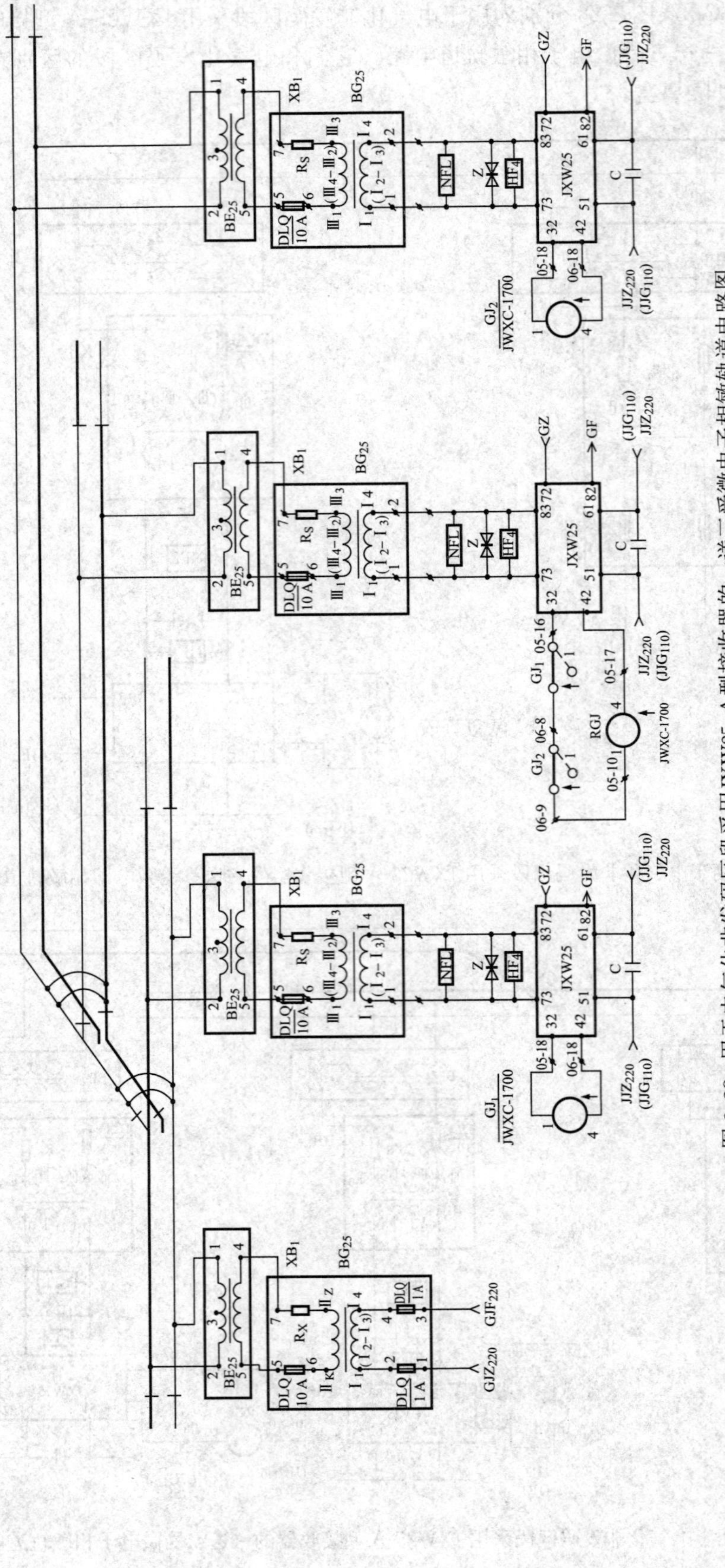

图 2-28 用于电气化非发码区段采用JXW25-A型接收器的一送三受微电子相敏轨道电路图

用于非电气化区段采用 JXW25-A 型接收器微电子相敏轨道电路与用于电气化区段的区别在于不需要扼流变压器。

(2)采用 JXW25-B 型接收器的微电子相敏轨道电路

采用 JXW25-B 型接收器的微电子相敏轨道电路与采用 JXW25-A 型接收器的微电子相敏轨道电路大体相同,只是接收器部分有所不同。接收变压器 SJB 的Ⅱ次侧为 4 个接收器供电,起隔离作用。其中不带()的端子接到两个接收器,带()的端子接到另两个接收器。防护盒和硒堆的用法同 25 Hz 相敏轨道电路。

图 2-29、图 2-30 分别为采用 JXW25-B 型接收器的一送一受和一送三受微电子相敏轨道电路的局部电路。

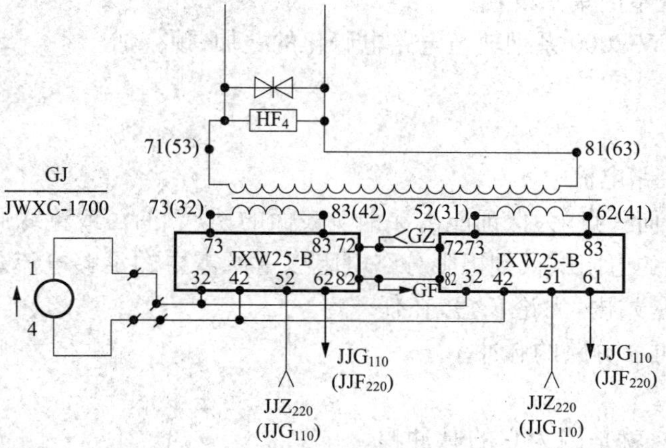

图 2-29　采用 JXW25-B 型接收器的一送一受微电子相敏轨道电路的局部电路图

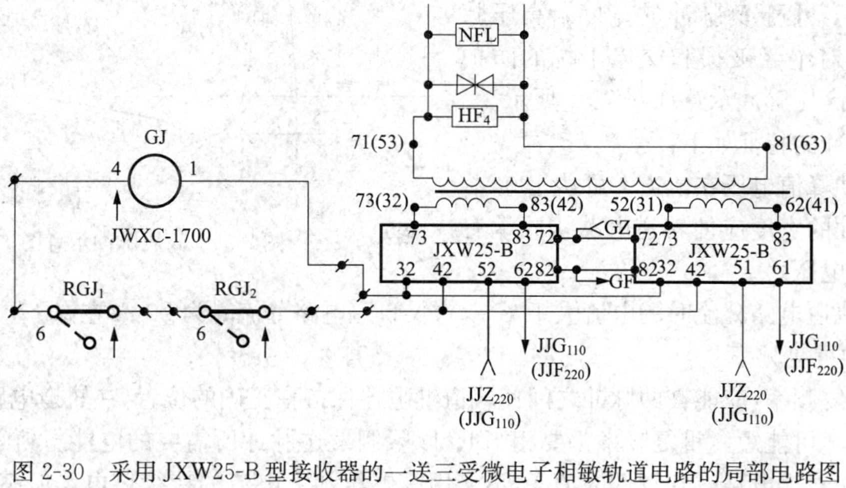

图 2-30　采用 JXW25-B 型接收器的一送三受微电子相敏轨道电路的局部电路图

第二节　不对称高压脉冲轨道电路

由于钢轨表面生锈、撒砂和油污带来的严重分路不良,是长期以来影响行车安全的重大问题,一直没有得到有效解决。

不对称高压脉冲轨道电路采用发送不对称高压脉冲信号、提高轨面瞬间击穿电压的方法，利用脉冲尖峰击穿轨面氧化，改善了轨道电路分路灵敏度，解决了分路不良的问题。

不对称高压脉冲轨道电路解决了以下问题：

(1)采用高阻电抗器解决电气化区段在迂回回路存在的情况下，送、受扼流同侧双断线无分路检查的安全隐患，同时提高了轨道电路的抗干扰能力，使抗不平衡牵引电流可达 80 A 以上。

(2)凡有电分支区段均采用完整的二元差动继电器接收。

(3)采用并联稳压变压器或集中稳压变压器方式解决稳压器发热严重和电源冲击问题。

(4)采用发码设备分散设置方式，既节省电缆，又提高了分路特性。电缆环阻小于或等于 20 Ω 的情况下可实现室内集中设置。

(5)实现了与 ZPW-2000 系列轨道电路电码化的叠加、预叠加。

一、高压脉冲

1. 峰值电压与短路电流

在轨道电路的任何一点，为保证能击穿钢轨表面的锈层、油污或绝缘膜，需要足够的峰值电压和为使接触不良的电阻减低到极限分路电阻以下所需要的足够电流。就是说，任何轨道电路，无论是区间还是站内，无论长短，在任何情况下，都能得到可靠分路的脉冲。

2. 脉冲的形状

所谓“高压”脉冲，就是因为它的脉冲幅值较高而得名的。高压脉冲分正负两部分，正脉冲的幅值远大于负脉冲的幅值，同时正脉冲的宽度远小于负脉冲的宽度。高压脉冲的接收器对绝缘破损和交流干扰的防护效果显著。高压脉冲示意如图 2-31 所示。

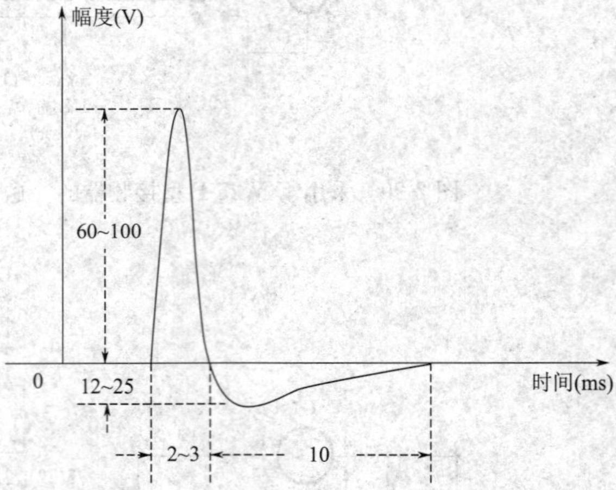

图 2-31　高压脉冲示意图

高压脉冲的特征如下：

(1)脉冲峰值电压在轨道上可达 100 V。

(2)脉冲的宽度应使轨道电路接收端有满意的峰值电压。

(3)短轨道电路分流时的电流大于 100 A，长轨道电路分流时为 20 A 左右。

3. 脉冲重复频率

脉冲重复频率，应能在两脉冲之间使轨道继电器保持在正确的位置，在轨道电路分路之后的反应时间尽可能短。重复频率仍要相当低，以限制发送脉冲所需要的电能。轨道电路的阻抗很低，为使轨道电路得到较低的消耗，不能用高电压和大电流的持续供电。但高电压、大电流是击穿钢轨锈层、油污、绝缘层所必需的，为此采用间隔时间长，脉冲时间短的不对称脉冲。不对称脉冲具有很大的瞬时功率，而平均功率小，脉冲周期 1/3 s，每个轨道电路平均消耗功率小于 60 W，而不对称瞬时功率可达 10 000 W。

为了获得高能量、低消耗，不对称高压脉冲轨道电路的发生器，采用电容器的充、放电技术，即长时间的充电，瞬时放电的技术，连电期短，休止期长，脉冲占空比约为 1%左右。这种轨道电路的电能消耗与列车占用与否无关，采用电容器储能后放电发送信息，虽发送变压器或扼流变压器的负载增大,但它不会使电量增加。因此,可以运用高电压、大电流的特性,去击穿钢轨生锈、污染等。

二、不对称高压脉冲轨道电路组成和工作原理

不对称高压脉冲轨道电路原理如图 2-32 所示。以非电码化双轨条发码器分散设置扼流变压器方式(C2 制式)为例。

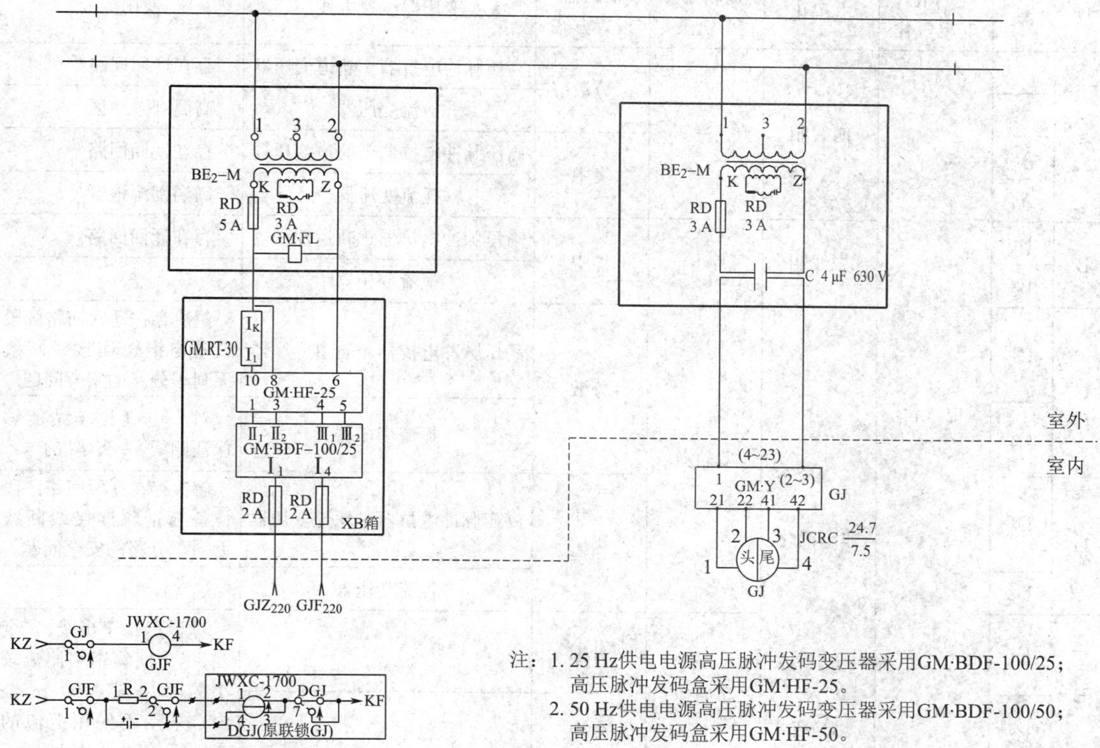

注：1. 25 Hz供电电源高压脉冲发码变压器采用GM·BDF-100/25；高压脉冲发码盒采用GM·HF-25。
2. 50 Hz供电电源高压脉冲发码变压器采用GM·BDF-100/50；高压脉冲发码盒采用GM·HF-50。

图 2-32　不对称高压脉冲轨道电路原理图

发送端由发码变压器、发码盒、调整电阻、扼流变压器等器材构成；接收端由扼流变压器、四端电容、译码器、二元差动继电器构成。

室内轨道电源经电缆送至发码电源变压器的Ⅰ次侧，其Ⅱ次侧可提供 300 V、400 V、500 V 的交流电压，可以根据轨面的锈蚀程度及轨道电路的长度选择合适的电压。

发码电源变压器Ⅱ次侧给发码盒提供工作电源，发码盒的输出经过调整电阻在扼流变压器的信号侧放电，产生头部和尾部不对称的高压脉冲，该脉冲经过扼流变压器传送至轨道。

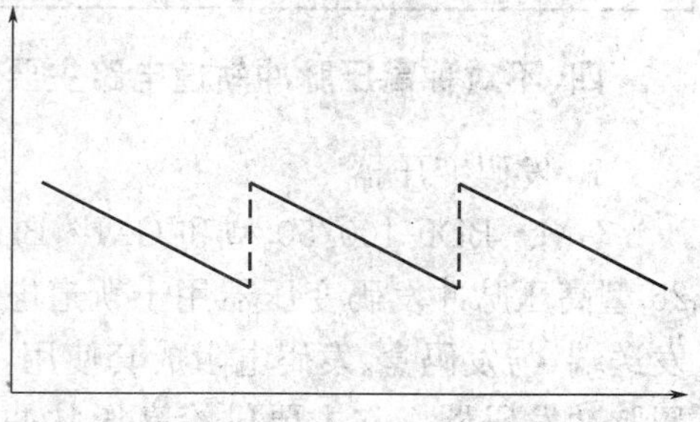

图 2-33　输出波形图

在接收端，扼流变压器把轨道上的不对称高压脉冲信号传送到译码器上，译码器通过变换把高压脉冲中的正脉冲和负脉冲分别输出(见图 2-33)，供给二元差动继电器工作；如果极性相反，二元差动继电器不吸起，同时保证与相邻区段实现极性交叉，有可靠的

绝缘破损防护功能。

三、不对称高压脉冲轨道电路类型

不对称高压脉冲轨道电路按牵引方式、是否电码化、发码器设置方式、变压器设置方式等有多种类型。不对称高压脉冲轨道电路类型见表 2-14。

表 2-14　不对称高压脉冲轨道电路类型

型	号	电气化/非电气化	电码化	双轨条/单轨条	发码器设置方式	变压器设置方式	使用范围
A	A1	电气化	四线制	—	分散	高压脉冲电抗器+轨道变压器	存在迂回回路
	A2					扼流变压器	高温潮湿地区
	A3				集中	高压脉冲电抗器+轨道变压器	存在迂回回路
	A4					扼流变压器	高温潮湿地区
B	B1		二线制	—	集中	高压脉冲电抗器+轨道变压器	存在迂回回路
	B2					扼流变压器	
C	C1		非电码化	双轨条	分散	高压脉冲电抗器+轨道变压器	解决存在迂回回路区段设备与钢轨连接线断线无列车分路的安全问题
	C2					扼流变压器	对于电气化车站能够保证侧线“一头堵”的
D	D1				集中	高压脉冲电抗器+轨道变压器	解决存在迂回回路区段设备与钢轨连接线断线无列车分路的安全问题
	D2					扼流变压器	
E	E1			单轨条	分散		对于车站牵出线、安全线、尽头线等牵引回流较小的短区段(200 m 以内),采用不使用扼流的变压器,以节约成本
	E2				集中		
F	F1	非电气化	四线制	—	分散	—	可实现较高的轨面电压
	F2		二线制		集中		—
G	G1		非电码化		分散		
	G2				集中		
H	H1	电气化双制式	四线制	—	分散		
	H2		二线制		集中		

四、不对称高压脉冲轨道电路主要部件

1. 发码变压器

GM·BDF-100/50 型和 GM·BDF-100/25 型高压脉冲发码变压器用于轨道电路区段发送端,与发码盒、发码电阻成套使用,构成高压脉冲发码器。它主要供给高压脉冲发码盒电源。发码变压器线圈电压如图 2-34 所示。

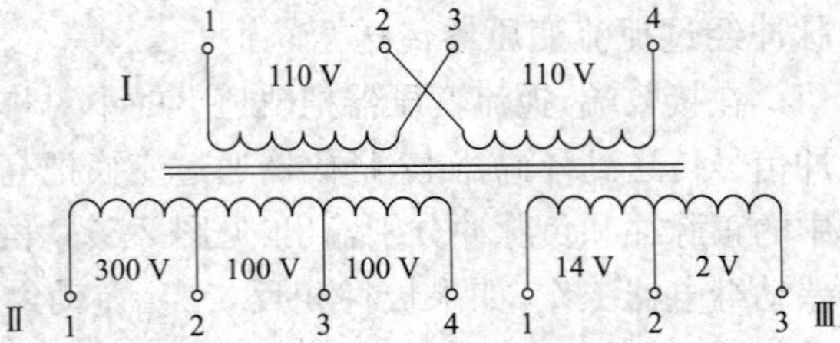

图 2-34　发码变压器线圈电压

GM·BDF-100/50 型高压脉冲发码变压

器用于非电气化区段，GM · BDF-100/25 型高压脉冲发码变压器用于电气化区段。

2. 发码盒

GM · HF-50 型高压脉冲发码盒与高压脉冲发码电源变压器、调整电阻配套使用，作为不对称高压脉冲轨道电路的发码部分，发送高压脉冲不对称信号。高压脉冲发码盒的发送频率为 2.85～3.15 Hz。

发码盒电路如图 2-35 所示，由稳压变压器 WBQ、桥式整流器 Z_1、Z_2、储能电容器 C_7、晶闸管 3CT 和以 555 时基集成电路为核心的弛张振荡器等组成。

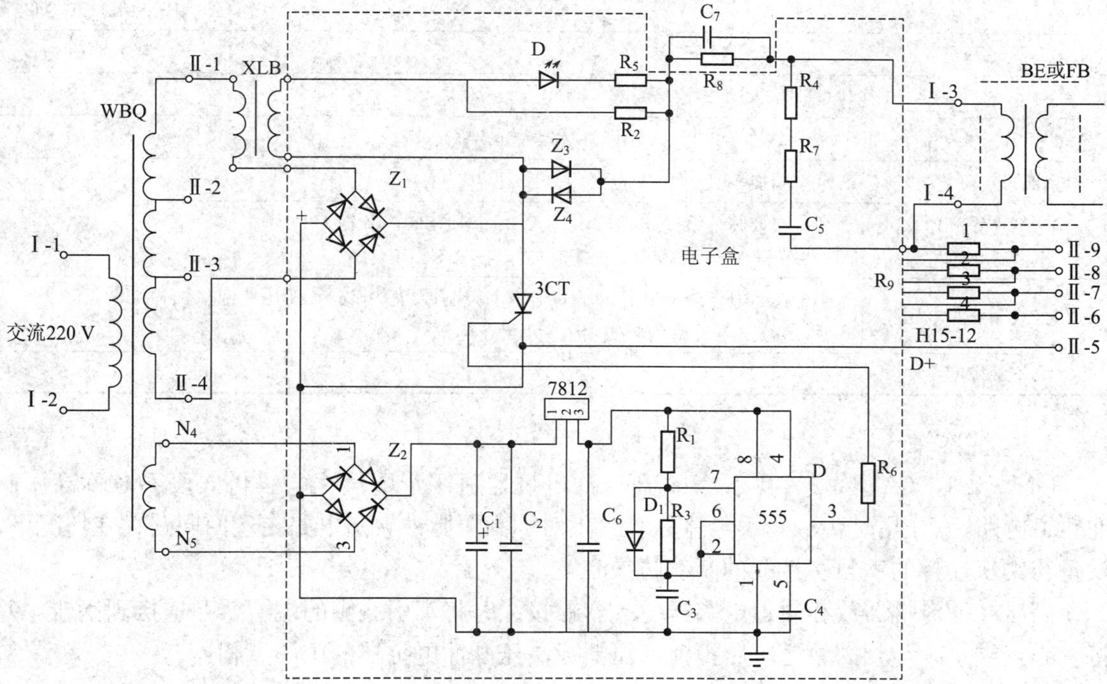

图 2-35 发码盒电路

轨道电路发送端从电网得到工频 50 Hz/220 V 电源，经稳压变压器 WBQ 输出两路电源。其一，为高压，500 V，该电源又经限流变压器 XLB 和 Z_1 整流后，供不对称高压脉冲发送电路用；其二，为低压，14 V，经 Z_2 整流滤波、稳压集成片 7812 稳压为 12 V，做弛张振荡器的电源。

当弛张振荡器有脉冲输出时，3CT 被触发导通，此时电容器 C_7 对负载进行迅速放电，便在扼流变压器 BE 的二次线圈上形成一个高脉冲，当电容器放电终了，由于扼流变压器和轨道电路中电感的电磁感应，在负载上便形成尾巴脉冲。

发码盒放在室外 XB 箱内，或根据现场需要安装在室内。

GM · F1-25 型高压脉冲发码器用于电气化区段。GM · F1-50 型高压脉冲发码器用于非电气化区段。

3. 调整电阻

GM · RT-30 高压脉冲调整电阻用于不对称高压脉冲轨道电路发送回路，调整高压脉冲的发送电压及轨道电路的发送端阻抗。

4. 扼流变压器

扼流变压器使牵引电流能够通过绝缘节返回牵引变电所，而信号电流则受到钢轨绝缘的隔离，并从轨道电路的发送端传输到接收端。BE_1(2)-M 型系列高压脉冲扼流变压器，用于提高轨道电路终端阻抗，改善轨道电路的分路灵敏度；提高轨道电路抗牵引电流干扰的能力，改善由于脉冲干扰造成轨道电路“红光带”问题。有 BE_1-M1(M1)-400、600、800、1000、1200、1600，BE_1-M1(M1)-400、600、800、1000、1200、1600 等类型。BE_1(2)-M 型系列高压脉冲扼流变压器技术参数见表 2-15。

表 2-15　BE1(2)-M 型系列高压脉冲扼流变压器技术参数

型　号		BE_1-M1、BE_2-M1、BE_1-M2、BE_2-M2
同 名 端		1、4、6
匝比(牵引线圈 1-2/信号线圈 4-5)(误差±5%)		1∶3
匝比(牵引线圈 1-2/信号线圈 7-13)(误差±5%)		1∶6.5
牵引圈未经磁化阻抗	牵引圈加 50 Hz/10 V 电压，其阻抗不小于(Ω)	3
牵引线圈经 50 Hz 电源磁化阻抗	加不对称脉冲信号 300～400 V 于信号线圈的 7-13 端子上，牵引线圈 1-2 端子加 50 Hz/10 V 电压时，其阻抗值不小于(Ω)	1.5
信号线圈开路电压	不平衡牵引电流不小于 50 A(加 50 Hz 电压于牵引线圈)变压器饱和时，信号线圈 7-13 的开路电压应不大于(V)	200
不平衡度	应小于(%)	0.5

5. 电抗器

GM·Z-1000A(800A/600A)型高压脉冲电抗器适用于电气化电码化区段不对称高压脉冲轨道电路，其作用是传输牵引电流并解决不对称高压脉冲轨道电路在迂回回路存在情况下，设备与钢轨连接的钢轨引接线的断线防护问题。

高压脉冲电抗器放在轨道电路送、受电端，接线时将牵引线圈的端子 1、2 连接到钢轨。并将中心点端子 3 与相邻轨道电路扼流变压器或高压脉冲电抗器的中心点相连。

6. 轨道变压器

GM·BG-150 型高压脉冲轨道变压器应用于高压脉冲与移频双制式轨道电路、高压脉冲与移频双叠加轨道电路，与高压脉冲电抗器配合，作为轨道变压器使用。或者在不对称高压脉冲轨道电路非电化区段中作为轨道变压器。GM·BG-150 型高压脉冲轨道变压器线圈电压如图 2-36 所示。

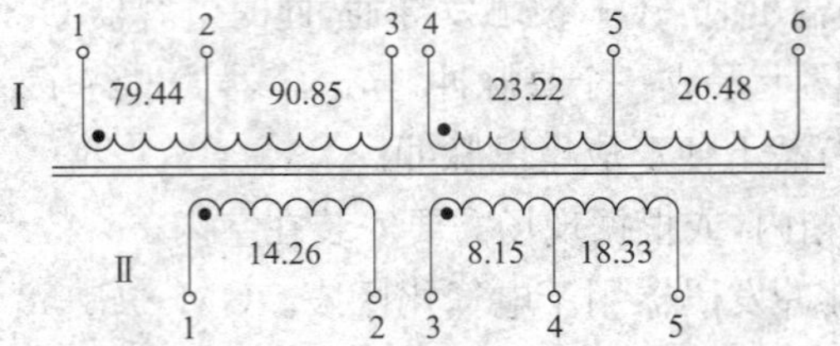

图 2-36　GM·BG-150 型高压脉冲轨道变压器线圈电压

7. 译码器

GM·Y 型高压脉冲译码器采用积分式高压脉冲波形鉴别器，它在轨道电路接收端与扼流变压器和轨道继电器相连接，专门接收轨道上送来的高压脉冲。译码器由两个电路组成，一个电路专门接收扼流变压器、轨道变压器次级线圈输出的不对称脉冲的脉冲头，另一个电路接收扼流变压器、轨道变压器次级线圈输出的不对称脉冲的脉冲尾。译码器本身不设局部电源，它只有接收钢轨上送来的高压脉冲才能工作。译码器原理如图 2-37 所示。

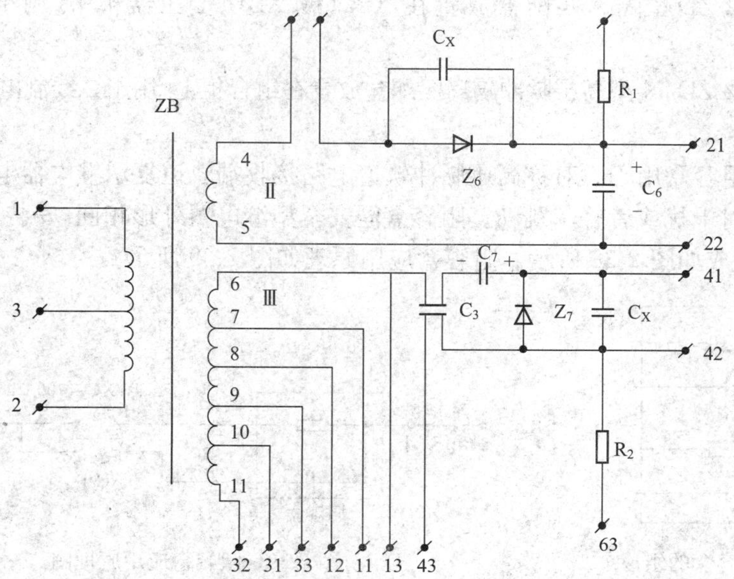

图 2-37 译码器原理图

译码器是有极性的，因此两个相邻轨道电路应该是极性交叉的。不对称高压脉冲轨道电路的这一特点，能保证在轨道电路的钢轨绝缘节破损时，自动地起到防护作用。

译码器按照设备布置图放置于室内组合内，按照接线图进行合理配线：1、2(3)端子连接室外受端轨道侧，21、22 对接 JCRC 型二元差动继电器 1、2 端子，41、42 对接 JCRC 型二元差动继电器 3、4 端子，连接 4、23 端子，43 端子可与 11、12、33、31、32 中任一端子的连接（用于调整继电器头尾电压比例）。

8. 二元差动继电器

二元差动继电器是不对称高压脉冲轨道电路组成的核心元件，它和译码器、扼流变压器构成电气化区段轨道电路的接收端。

9. JSDXC-A850 型时间继电器

为了达到低消耗、高灵敏度、高返还系数的目的，JCRC-24.7k/7.5k 型二元差动闭磁路继电器，只装设二组转换接点，必须设轨道继电器的复示继电器。它除了起到复示作用外，还采用缓动延时电路，进一步提高了站内轨道电路的抗干扰能力。不对称高压脉冲轨道电路中用 JSDXC-A850 型时间继电器作为轨道继电器的复示继电器。JSDXC-A850 型时间继电器采用数字处理技术，提高了原时间继电器的抗干扰能力，符合故障—安全原则。

10. 抑制器

GM·QY1 型高压脉冲抑制器适用于不对称高压脉冲轨道电路叠加 ZPW-2000 电码化区段，起隔离电码化作用。抑制器串联在不对称高压脉冲轨道电路的受电端，用于抑制 ZPW-2000 信号，使之不影响高压脉冲轨道的正常工作。

抑制器放置在 XB2(或 XB1)变压器箱中。

11. 隔离匹配盒

高压脉冲隔离匹配盒用于不对称高压脉冲轨道电路叠加 ZPW-2000 电码化区段，其作用是通过 ZPW-2000 信号，隔离高压脉冲信号而保护 ZPW-2000 发送设备，使不对称高压脉冲轨道电路与 ZPW-2000 电码化的正常叠加。

GM·HPG2-ZD 型隔离匹配盒放置在 XB2（或 XB1）变压器箱中，用于四线制电码化电路。

GM·HPG2-ZD/N 型高压脉冲隔离匹配盒放置在组合柜上，用于二线制电码化电路。

12. 阻容盒

RCH 系列阻容盒用于不对称高压脉冲轨道电路接收端轨道复示继电器电路中，起缓动延时作用，防止瞬时干扰或者轻车跳动。阻容盒同安全型继电器外形相同，安装于高压脉冲组合柜上。阻容盒组成如图 2-38 所示。阻容盒应用原理如图 2-39 所示。

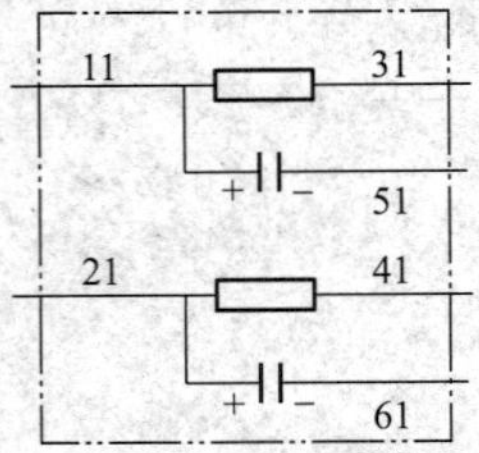

图 2- 38　阻容盒的组成

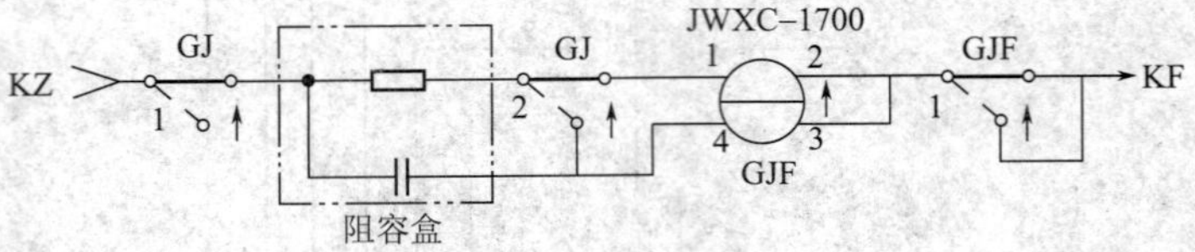

图 2-39　阻容盒应用原理图

第三节　移频轨道电路

移频轨道电路包括国产 4 信息、8 信息、18 信息移频轨道电路和引进的 UM71 无绝缘移频轨道电路，以及国产化的 WG-21A 型和 ZPW-2000 系列无绝缘移频轨道电路。现在大量使用的是 ZPW-2000 系列无绝缘移频轨道电路。在普速铁路，以继电编码的 ZPW-2000 系列无绝缘移频轨道电路构成自动闭塞。在高速铁路，区间采用列控中心编码的 ZPW-2000A 型无绝缘轨道电路，站内采用与区间同制式的 ZPW-2000A 型有绝缘轨道电路（又称一体化轨道电路）。

一、移频轨道电路

移频轨道电路是移频自动闭塞的基础，又用作监督该闭塞分区的空闲。它选用频率参数作为控制信息，采用频率调制的方式，把低频调制信号 F_c 搬移到较高频率（载频 f_0）上，以形成振荡不变、频率随低频信号的幅度作周期性变化的移频信号。移频信号波形如图 2-40 所示。从图中可看出，移频信号的变化规律，是以载频 f_0 为中心，作上、下边频偏移。即当低频信号为低电位时，载频向下偏移，为 $f_1=f_0-\Delta f$（称为下边频）；当低频信号为高电位时，载频向上偏移，为 $f_2=f_0+\Delta f$（称为上边频）。可见，移频信号是受低频信号调制的作上、下边频交替变化，两者在单位时间内的变化次数与低频调制信号频率相同。

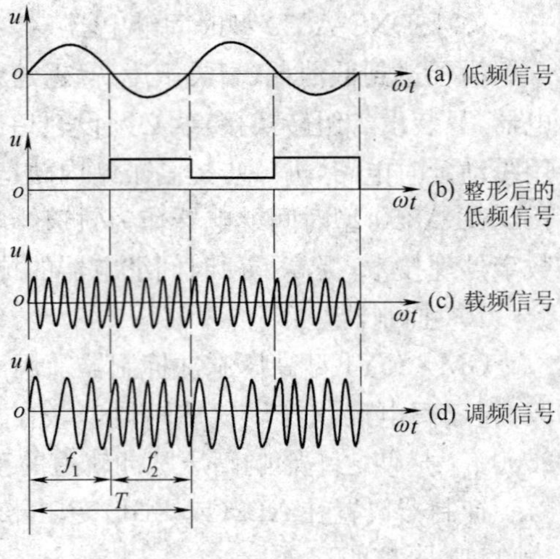

图 2-40　移频信号波形

二、ZPW-2000 系列无绝缘轨道电路技术条件

1. 一般规定

(1)ZPW-2000 系列无绝缘轨道电路，满足以机车信号为行车凭证的自动闭塞系统要求，适用于电气化牵引区段和非电气化牵引区段的区间及车站轨道电路区段，也可用于机械绝缘节轨道电路区段。电气化牵引区段工作环境：轨道回流小于或等于 1 000 A；不平衡系数小于或等于 10%。

(2)ZPW-2000 系列无绝缘轨道电路采用调谐式电气绝缘节，沿钢轨按规定距离敷设补偿电容，进行传输补偿。

(3)ZPW-2000 系列无绝缘轨道电路采用标准载频为：1 700 Hz、2 000 Hz、2 300 Hz、2 600 Hz，每个载频有－1、－2 两种。载频中心频率见表 2-16。

表 2-16　载频中心频率

载频类型(Hz)	中心频率(Hz)	载频类型(Hz)	中心频率(Hz)
1 700(F_1)	1 701.4	2 300(F_1)	2 301.4
1 700(F_2)	1 698.7	2 300(F_2)	2 298.7
2 000(F_1)	2 001.4	2 600(F_1)	2 601.4
2 000(F_2)	1 998.7	2 600(F_2)	2 598.7

传输的低频调制信号频率为：$10.3+n\times1.1$ Hz，$n=0\sim17$，从 10.3～29 Hz，每隔1.1 Hz一个，呈等差数列，共 18 个，即 10.3 Hz、11.4 Hz、12.5 Hz、13.6 Hz、14.7 Hz、15.8 Hz、16.9 Hz、18 Hz、19.1 Hz、20.2 Hz、21.3 Hz、22.4 Hz、23.5 Hz、24.6 Hz、25.7 Hz、26.8 Hz、27.9 Hz、29 Hz。低频频率信息码见表 2-17。

表 2-17　低频频率信息码

编号	频率	信息码	闭塞分区说明	时速说明
F18	10.3	L3	准许列车按规定速度运行，表示运行前方 5 个闭塞分区空闲	列车运行速度小于或等于 200 km/h 自动闭塞区段列车超速防护系统所用
F17	11.4	L	准许列车按规定速度运行	
F16	12.5	L2	准许列车按规定速度运行，表示运行前方 4 个闭塞分区空闲	列车运行速度小于或等于 200 km/h 自动闭塞区段列车超速防护系统所用
F15	13.6	LU	准许列车按规定速度注意运行	
F14	14.7	U2	要求列车减速到规定的速度等级越过接近的地面信号机，并预告次一架地面信号机显示两个黄色灯光	
F13	15.8	预留		
F12	16.9	U	要求列车减速到规定的速度等级越过接近的地面信号机	
F11	18	UU	要求列车限速运行，表示列车接近的地面信号机开放经道岔侧向位置进路	
F10	19.1	UUS	要求列车限速运行，表示列车接近的地面信号机开放经 18 号及以上道岔侧向位置进路，且次一架信号机开放经道岔直向或 18 号及以上道岔侧向位置进路；或表示列车接近设有分歧道岔线路所的地面信号机开放经 18 号及以上道岔侧向位置进路	

续上表

编号	频率	信息码	闭塞分区说明	时速说明
F9	20.2	U2S	要求列车减速到规定的速度等级越过接近的地面信号机,并预告次一架地面信号机显示一个黄色闪光和一个黄色灯光	
F8	21.3	L5	准许列车按规定速度运行,表示运行前方7个及以上闭塞分区空闲	200 km/h 动车组在高速铁路上运行所需
F7	22.4	预留		
F6	23.5	L4	准许列车按规定速度运行,表示运行前方6个闭塞分区空闲	200 km/h 动车组在高速铁路上运行所需
F5	24.6	HB	表示列车接近的地面信号机开通引导进路	
F4	25.7	SP		仅用于轨道电路占用检查
F3	26.8	HU	要求及时采取停车措施	
F2	27.9	JC		用于机车信号设备的载频锁定或切换
F1	29	H	要求列车采取紧急停车措施	

(4)两相邻平行线路 ZPW-2000 系列无绝缘轨道电路采用相同载频时,必须具备可靠的邻线干扰防护能力。

(5)ZPW-2000 系列无绝缘轨道电路必须满足双线双方向运行要求。

(6)ZPW-2000 系列无绝缘轨道电路发送器输出电压,波动±3%时,该轨道电路接收器必须实现一次调整。

(7)ZPW-2000 系列无绝缘轨道电路必须工作可靠并符合故障—安全原则。出现故障后,不能造成地面信号和机车信号显示升级。

(8)ZPW-2000 系列无绝缘轨道电路采用计算机技术,通过硬、软件措施实现轨道电路系统的安全性。

(9)ZPW-2000 系列无绝缘轨道电路(单套设备)平均故障间隔时间(MTBF)大于或等于 4.38×10^4 h/区段。

(10)ZPW-2000 系列无绝缘轨道电路计算机软件的安全性完善度等级应为4级。

(11)ZPW-2000 系列无绝缘轨道电路电子设备有关电源、外部接口及电磁兼容等环境条件和使用条件的设计应采用与安全性完善度等级相适应的设计方法。

(12)ZPW-2000 系列无绝缘轨道电路硬件和软件结构应实现模块化、标准化、系列化和软件工程化管理。

(13)ZPW-2000 系列无绝缘轨道电路应能向其他系统提供数据。

(14)ZPW-2000 系列无绝缘轨道电路与其他系统通信时,应采用统一、专用的安全通信协议。

(15)ZPW-2000 系列无绝缘轨道电路应具备自检和在线监测联网功能。

(16)ZPW-2000 系列无绝缘轨道电路的同序列号设备必须具备互换性。

(17)ZPW-2000 系列无绝缘轨道电路必须具备实现数字化升级的条件。

2. 基本功能

(1)调整状态

在标准传输条件下(电缆长度 10 km),最低道床电阻不小于表 2-18 所列值,轨道电路必须满足一次调整，轨道电路接收器输入电压不小于 240 mV，轨道电路设计长度为表 2-18 规定值，该设计长度已有 8%的余量。当实际道床电阻低于 0.4 Ω·km 时，可适当缩短轨道电路设计长度，特殊处理。

表 2-18 适用于轨道电路两端均采用电气绝缘节或一端为电气绝缘节、一端为机械绝缘节或二端均采用机械绝缘节的配置情况。

表 2-18 轨道电路设计长度

载频(Hz)	道床电阻值(Ω·km)					
	1.5	1.2	1.0	0.8	0.6	0.4
1 700	1 900	1 750	1 500	1 050	850	600
2 000	1 900	1 750	1 500	1 050	800	550
2 300	1 800	1 650	1 500	1 050	800	550
2 600	1 800	1 650	1 460	1 050	800	550

(2)分路状态

①在最不利条件下，用 0.15 Ω 分路电阻在轨道电路任一处轨面分路时(电气绝缘节区域内除外)，轨道电路接收器输入电压不大于 140 mV。

②ZPW-2000 系列无绝缘轨道电路电气绝缘节区域内分路“死区”长度不大于 5 m。

③在最不利条件下，轨道电路任一处轨面机车信号短路电流不小于表 2-19 规定值。

表 2-19 机车信号短路电流

载频(Hz)	1 700	2 000	2 300	2 600
机车信号短路电流(A)	0.5	0.5	0.5	0.45

④断轨检查。当 ZPW-2000 系列无绝缘轨道电路钢轨出现电气断离时，轨道电路接收器得到可靠占用检查。

3. 室外设备

(1)ZPW-2000 系列无绝缘轨道电路设置钢轨补偿电容，沿钢轨按均匀间隔原则设置。根据轨道电路载频选用补偿电容值或采用一种补偿电容值，通过不同间距，实现对轨道电路各种载频信号的补偿。补偿电容容值不多于 4 种，补偿电容间距不小于 50 m。

(2)ZPW-2000 系列无绝缘轨道电路设置空芯线圈，根据轨道电路载频设置极阻抗、零阻抗调谐单元，并采用专用引接线构成电气绝缘节。该电气绝缘节长度不大于 30 m，电气绝缘节隔离系数不小于 10。必要时，可设置第二级零阻抗器件，进一步防护轨道电路载频信号向其他区段的纵向串音。

(3)补偿电容、调谐单元、空芯线圈等器材的安装，应满足大型自动化养路机械设备施工要求。

(4)ZPW-2000 系列无绝缘轨道电路宜采用铁路内屏蔽数字信号电缆，以实现多区段同频电缆敷设方式，也可采取轨道区段一个信号点一根电缆的敷设方式。在实际电缆长度基础上，增加电缆模拟盘补充长度，以补足规定长度。当电缆长度超过 10 km，但不大于 15 km 时，进行特殊处理或设置中继站。

电缆芯线使用必须遵守以下原则：

①相同频率的发送线对和接收线对不能使用同一根电缆。

②相同频率的发送线对或接收线对不能使用同一四芯组。

4. ZPW-2000 系列无绝缘轨道电路电子设备

(1)ZPW-2000 系列无绝缘轨道电路接收器和发送器的可靠度指标:平均故障间隔时间(MTBF)大于或等于 15×10^4 h。

(2)ZPW-2000 系列无绝缘轨道电路接收器和发送器要求最高的安全性完善度等级,其安全度指标要求平均危险侧输出间隔时间大于或等于 10^{11} h。

(3)ZPW-2000 系列无绝缘轨道电路接收器和发送器应考虑热插拔设计。接插件应接触可靠、易于插拔、结构坚实、不发生机械变形,并应具有防错插措施。接插件插拔次数应保证在 500 次以上。

5. 供电及电源设备

ZPW-2000 系列无绝缘轨道电路接收器和发送器采用 24 V 或 48 V 直流稳压电源,不间断供电。

6. 电磁兼容与雷电防护

(1)ZPW-2000 系列无绝缘轨道电路雷电防护措施应符合相关规定。

(2)ZPW-2000 系列无绝缘轨道电路使用的内屏蔽数字信号电缆,在电缆始、终端,内、外屏蔽层必须良好连接,并可靠接地。当接地断线时,不能造成地面信号和机车信号显示升级。

(3)ZPW-2000 系列无绝缘轨道电路信号楼内布线应采用电磁兼容和防雷设计,发送和接收线对必须单独使用屏蔽扭绞线对。

(4)室外贯通地线和室内接地网接地电阻值不大于 1 Ω 或执行相关规定。对于重雷害地区,地线设置还应采取特殊措施。

三、ZPW-2000 系列轨道电路的特点

(1)在解决调谐区断轨检查后,实现了对轨道电路全程断轨的检查,大幅度减少了调谐区“死区”长度(20 m 减小到 5 m 以内),实现了对调谐单元的断线检查和对拍频信号干扰的防护,大大提高了传输的安全性。

(2)利用新开发的轨道电路计算软件实现了轨道电路参数的优化,大大提高了轨道电路的传输长度,将 1.0 Ω · km 道床电阻的轨道电路传输长度提高了 44%(从 900 m 提高到 1 300 m),将电气—机械绝缘节的轨道电路长度提高了 62.5%(从 800 m 提高到 1 300 m),改善了低道床电阻轨道电路工作的适应性。

(3)用 SPT 国产铁路信号数字电缆取代法国的 ZCO_3 型电缆,线径由 1.13 mm 降至 1.0 mm,减少了备用芯组,加大了传输距离(从 7.5 km 提高到 10 km),使系统的性能价格比大幅度提高,显著降低了工程造价。调谐区设备的 70 mm^2 铜引接线用钢包铜线取代,方便了维修。

(4)用单片微机和数字信号处理芯片代替晶体管分立元件和小规模集成电路,提高了发送移频信号频率的精度和接收移频信号的抗干扰能力。

(5)系统中发送器采用“$n+1$”冗余,接收器采用成对双机并联运用,提高了系统可靠性,大幅度提高了单一电子设备故障不影响系统正常工作的“系统无故障工作时间”。

四、继电编码的 ZPW-2000A 型无绝缘轨道电路

1. 基本原理

ZPW-2000A 型无绝缘轨道电路的室内设备包括发送器、接收器和电缆模拟网络,室外设

备包括调谐单元、空芯线圈、匹配变压器、补偿电容。有电气—电气绝缘节(JES-JES)结构和电气—机械绝缘节(JES-BA//SVA′)结构两种。两者电气性能相同。后者系统构成如图 2-41 所示。

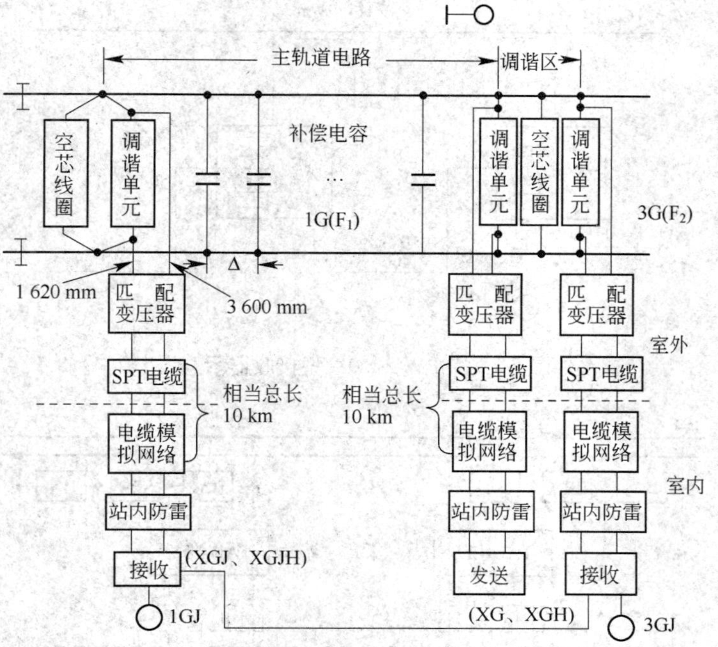

图 2-41　ZPW-2000A 型无绝缘轨道电路系统构成

ZPW-2000A 型无绝缘轨道电路将轨道电路分为主轨道电路和调谐区短小轨道电路两个部分，并将短小轨道电路视为列车运行前方主轨道电路的所属“延续段”。

发送器用来产生高精度、高稳定性的移频信号，同时向线路两侧主轨道电路、小轨道电路发送信号。

接收器用来接收主轨道电路和相邻区段发送器在调谐区构成的信号。除接收本主轨道电路频率信号外，还同时接收相邻区段小轨道电路的频率信号。接收器采用数字信息处理技术，将接收到的两种频率信号进行快速傅氏变换，获得两种信号能量谱的分布。

发送器采用“$n+1$”冗余方式，接收器采用“0.5＋0.5”冗余方式，以保证接收系统的高可靠运用。

上述“延续段”信号由运行前方相邻轨道电路接收器处理，并将处理结果形成小轨道电路轨道继电器执行条件(XG、XGH)送本轨道电路接收器，作为轨道继电器(GJ)励磁的必要检查条件(XGJ、XGJH)之一，如图 2-42 所示。

这样，接收器用于接收主轨道电路信号，并在检查所属调谐区短小轨道电路状态(XGJ、XGJH)条件下，动作本轨道电路的轨道继电器(GJ)。另外，接收器还同时接收邻段所属调谐区小轨道电路信号，向相邻区段提供小轨道电路状态(XG、XGH)条件。

2. 谐振式无绝缘轨道电路构成和原理

谐振式无绝缘轨道电路由设于室内的发送器、接收器、轨道继电器和设于室外的调谐单元 BA、空芯线圈 SVA、匹配变压器及若干补偿电容组成，原理图如图 2-43 所示。

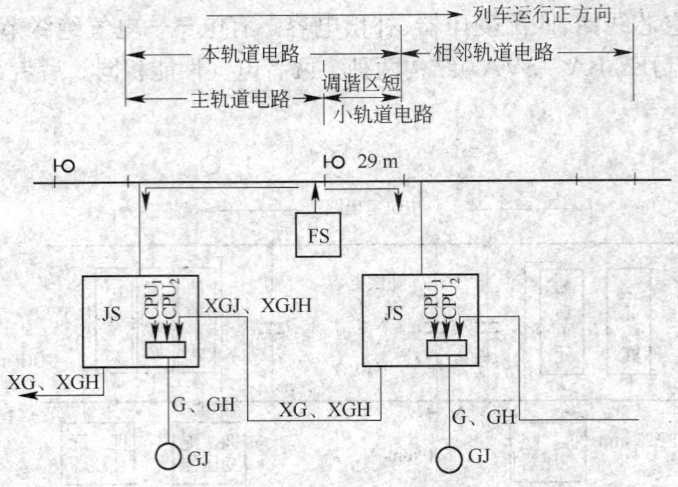

图 2-42　ZPW-2000A 型接收器示意图

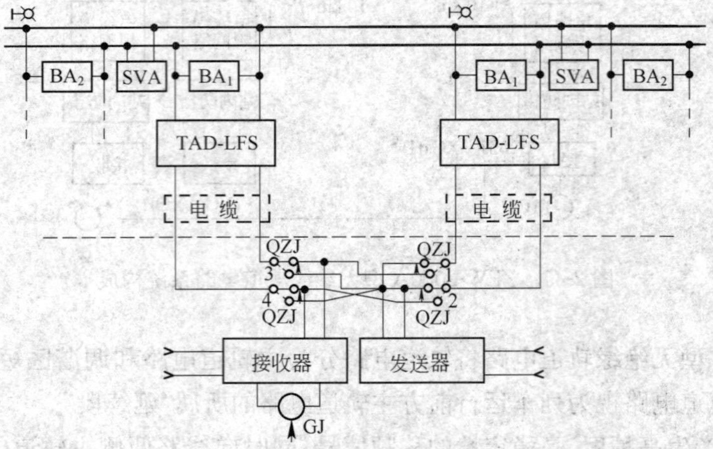

图 2-43　谐振式无绝缘轨道电路原理图

两个调谐单元 BA_1 与 BA_2 间距离 29 m，空芯线圈 SVA 位于 BA_1、BA_2 的中间。BA_1、BA_2、SVA 及 29 m 长的钢轨构成电气调谐区。电气调谐区又称电气绝缘节，取消了机械绝缘节，实现了相邻轨道电路的隔离。

电气绝缘节原理如图 2-44 所示。调谐单元 BA 是电气绝缘节的主要部件。相邻轨道电路的载频不同，BA 的型号也不同。BA_1 型由 L_1、C_1 构成，BA_2 型由 L_2、C_2、C_3 构成。图中，BA_1 的本区段是 1G，相邻区段是 3G；而 BA_2 的本区段是 3G，相邻区段是 1G。

电气绝缘节的绝缘原理是利用谐振来实现的。当载频确定后，选择 BA_1 及 BA_2 的参数，使本区段的调谐单元对相邻区段的频率呈串联谐振，只有百分之几欧姆的阻抗（称为“0 阻抗”），移频信号被短路；而对本区段的频率呈容抗，与 29 m 钢轨的电感和 SVA 的电感配合产生并联谐振，有 2～2.5 Ω 的阻抗（称为“极阻抗”），移频信号被接收。这样，某种载频的移频信号只能限制在本区

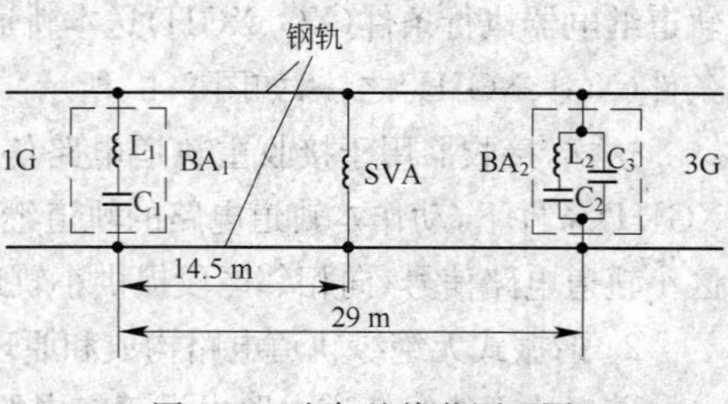

图 2-44　电气绝缘节原理图

段传送，而不能向相邻区段传送，没有机械绝缘节就像有绝缘节一样，构成了电气隔离。

通过选择BA_1和BA_2的参数，使BA_1对相邻区段3G的移频信号呈串联谐振，使3G的移频信号在BA_1处被短路。对3G的移频信号，BA_1不能接收，而且阻止其向左传送。同时，BA_1对本区段1G的移频信号呈容性，与29 m长的钢轨和SVA的电感相配合，产生并联谐振，使1G的移频信号能向左传送或被接收。同理，BA_2对相邻区段1G的移频信号并串联谐振，1G的移频信号在BA_2处被短路，不能接收，也不能向右传送；BA_2在29 m长的钢轨和SVA的电感配合下，对本区段3G的移频信号产生并联谐振，能向右传送，或被接收。

电气调谐区长29 m，是轨道电路的“死区段”，在“死区段”内失去对车辆占用的检查。这个“死区段”对列车的正常运行没有妨碍，也不影响机车信号的连续显示。只是短于29 m的轨道车或最外轴距短于29 m的单机正好停在调谐区内才会造成失去检查的情况。因此，规定调谐区内禁止轻型车辆和小车停留。

3. 室外设备

室外设备包括电气绝缘节、电气—机械绝缘节、匹配变压器、补偿电容。

(1)电气绝缘节

电气绝缘节(调谐区)由调谐单元、空芯线圈及29 m钢轨组成，用于实现两轨道电路的电气隔离。电气绝缘节两端各设一个调谐单元BA。电气绝缘节中间设置空芯线圈。

电气调谐区之所以确定为29 m，是为了获得调谐单元与轨道电路的匹配连接。这与轨道电路的载频和频偏的选择、调谐单元元件参数的选择及钢轨材质参数等因素有关，成为谐振式无绝缘的“固有问题”。若调谐区长度选择较长，则L_1加大，线圈电阻随之加大，不利于对相邻区段的电气隔离。调谐区长度选择较小，对F_1言，使并联谐振阻抗降低，从而加大了F_1信号在调谐区的衰耗。C_2选择较小，L_2较大，不利于相邻区段信号的电气隔离；C_2选择较大，L_2较小，虽利于电气隔离，但是L_2减小，又使得对F_2的并联谐振阻抗降低，增大了信号的衰耗。另外，C_3容量随着C_2增大而增大(C_3较C_2容量大3倍左右)，体积过大，增加了制造上的困难。故C_2、L_2、C_3三元件要兼顾轨道电路隔离、本区段信号衰耗以及元件制造等因素，综合考虑确定。

①调谐单元

调谐单元BA是由电感线圈和电容器组成的二端网络。它有F_1型和F_2型。F_1型，又称BA_1型，由L_1、C_1两个元件构成，分别用于上、下行频率较低的载频(1 700 Hz和2 000 Hz)。F_2型，又称BA_2型，由L_2、C_2、C_3三个元件构成，分别用于上、下行线频率较高的载频(2 300 Hz和2 600 Hz)。

各种型号调谐单元的电感、电容元件参数不同，见表2-20。

表2-20　调谐单元的电感、电容元件参数

类型	频率(Hz)	$L_1(L_2)$(μH)	$C_1(C_2)$(μF)		C_3(μF)	
			$C'_1(C'_2)$	$C''_1(C''_2)$	C'_3	C''_3
F_1	1 700	33.5	124	用0.47～6.8调整	—	—
	2 000	34.6	81.6	用0.47～5.1调整	—	—
F_2	2 300	88	90.9	用0.47～5.6调整	127×2	用0.47～12调整
	2 600	90	60.4	用0.47～3.9调整	101×2	用0.47～10调整

调谐单元BA设于一个白色聚酯盒内，盒的尺寸为355 mm×270 mm×88 mm，安装在轨道旁的基础上。为防止热胀冷缩造成元件参数漂移及外力损伤，BA内部器件被塑胶密封。

BA 通过带绝缘护套的多芯铜线与两根钢轨相连，多芯铜线至两侧钢轨长分别为 3 m 和 1.25 m。为提高可靠性，通常采用两根铜线，一根焊在轨底上，另一根用塞钉连接在轨腰上。

②空芯线圈

空芯线圈 SVA 由直径 1.53 mm 的 19 股铜线绕成，无铁心；带有中间抽头。单圈可通过 100 A 电流，全圈可通过 200 A 电流。

SVA 主要用来平衡两根钢轨间的不平衡牵引回流。SVA 对钢轨中的 50 Hz 牵引回流及其奇次谐波呈 10 mΩ 左右的电抗，可视为一条短路线，两根钢轨间存在的不平衡回流经 SVA 短路后，将不复存在。如图 2-45 所示，设 I_1、I_2、有 100 A 不平衡电流，由于空芯线圈的短路作用，则 $I_3=I_4=(I_1+I_2)/2=450$ A。这就对牵引回流起到平衡作用，减小了工频及其谐波对轨道电路的干扰。

由于空芯线圈没有铁心，不存在较大电流下磁路饱和的问题，使平衡效果更好。

SVA 还有以下作用：

a. 参与和改善调谐区的工作

在电气调谐区内，SVA 的感抗值（在 1 700～2 600 Hz 范围内，为 0.35～0.54 Ω）与 29 m 长的钢轨的电感值一起参与对本区段频率呈并联谐振，而不是简单的分路电抗。由于 SVA 的存在，为谐振回路提供了一个合适的品质因数 Q 值，保证了调谐区的稳定工作。

b. 保证维修安全

在实际使用中，每隔一定距离，上、下行线路间的两个 SVA 中间抽头连在一起并接地，即进行等电位连接，如图 2-46 所示。这样，可平衡上、下行线路间的不平衡牵引回流，还可保证维修人员的安全。

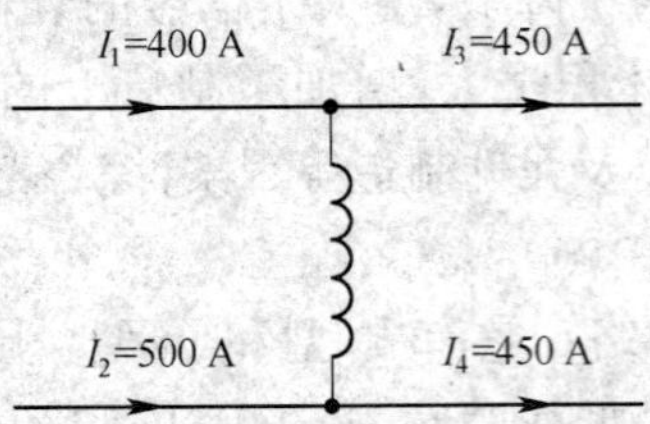

图 2-45　牵引回流得到平衡的原理图

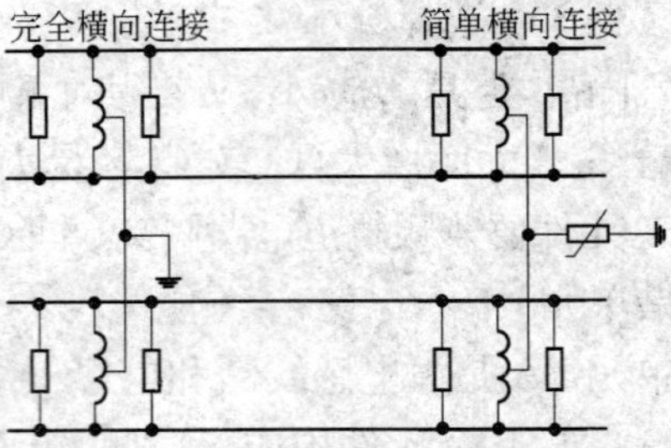

图 2-46　两 SVA 中间抽头进行等电位连接

c. 作扼流变压器用

在道岔弯股绝缘两侧各安装一个空芯线圈，将两线圈的中间抽头连接可作为扼流变压器使用，如图 2-47 所示。

SVA 设在一个白色聚酯盒内，盒的尺寸同 BA。其参数为：电感值 33.5 μH±1 μH，电阻值 18.5 mΩ±5.5 mΩ，对 50 Hz 交流感抗为 10.5 mΩ。

SVA 通过螺栓固定在轨道旁的基础上，与钢轨的连接同 BA。

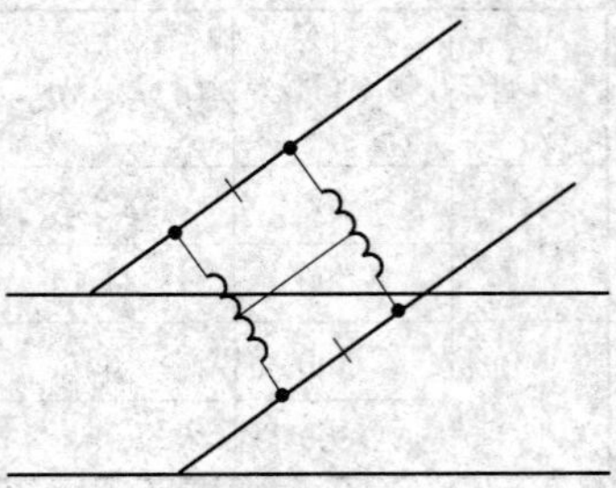

图 2-47　空芯线圈做扼流变压器的原理图

(2)机械绝缘节空芯线圈

在进、出站口处设有机械绝缘节，为取得与电气绝缘节同样的电气性能，空芯线圈参数也根据传输通道参数和载频频率设计，命名为SVA′(分1 700 Hz、2000 Hz、2300 Hz、2700 Hz四种)。考虑到1.0 Ω·km道砟电阻，并兼顾低电阻道床，变压器T_1变压比优选为9∶1。

在变压器钢轨侧电路中串联两个电容C_1、C_2(16 V/4 700 μF)，它们按相反极性串联，构成无极性联结，起到隔直作用，保证该设备在直流电力牵引区段运用中不致因直流成分造成匹配变压器磁路饱和。

机械绝缘节空芯线圈技术指标如表2-21所列。

表2-21 机械绝缘节空芯线圈技术指标

序号	项　目	指标及范围		备　注
		R(mΩ)	L(mΩ)	
1	ZPW·XKJ-17	29.60±2.96	28.60±0.29	测试频率：1 700 Hz
2	ZPW·XKJ-20	33.58±3.36	28.44±0.29	测试频率：2 000 Hz
3	ZPW·XKJ-23	33.75±3.38	28.32±0.29	测试频率：2 300 Hz
4	ZPW·XKJ-26	35.70±3.57	28.25±0.29	测试频率：2 600 Hz

注：钢包铜引接线数值已减除。

(3)匹配变压器

匹配变压器按传输通道参数和载频频率进行设计，以实现轨道与SPT铁路数字信号电缆的匹配连接，获得最佳的传输效果。匹配变压器电路如图2-48所示。V_1、V_2经调谐单元端子接至轨道，E_1、E_2经SPT电缆接至室内。

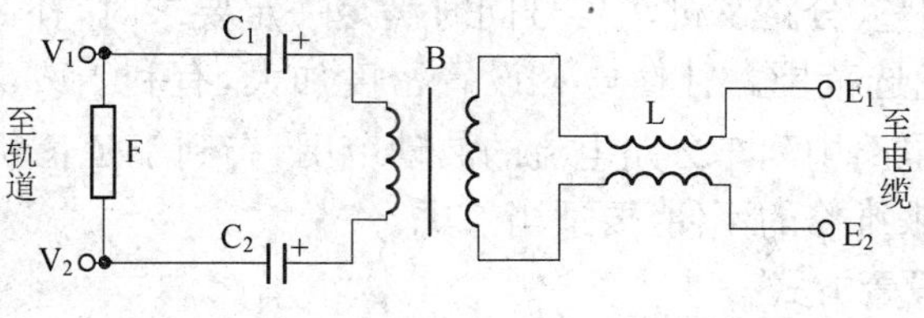

图2-48 匹配变压器电路图

考虑到1.0 Ω·km道床电阻，并兼顾低电阻道床，匹配变压器变比选为9∶1。

在变压器轨道侧电路串入两个4 700 μF/16 V电解电容器C_1、C_2，该两电容按相反极性串接，构成无极性连接，起到隔直及交连作用。

电感L_1(10 mH)用作SPT电缆表现出的容性的补偿。在与匹配变压器相对应处轨道被列车分路时，它可作为一个阻抗(1 700 Hz时为106.8 Ω)。该电感由设在同一线圈骨架两个槽上的单独线圈组成，以便在两条电缆芯线的每一条芯线上呈现出同样的阻抗。

F为压敏电阻，是匹配变压器的雷电横向防护元件。该压敏电阻选择～75 V防护等级。其典型型号及特性见表2-22。

表2-22 压敏电阻典型型号及特征表

特性　型号 项目	V20-C/175	DEHNguard75	SLP-V75
标称放电电流I_n	15 kA	10 kA	15 kA
最大连续工作电压U_c	75 VAC	AC 75 V	AC 75 V
限制电压U_1	≤400 V	≤450 V	≤400 V

(4)补偿电容器

补偿电容器据传输通道参数传输特性优选，并兼顾低电阻道床的传输。

①补偿电容器的作用

a. 保证轨道电路传输距离

由于 60 kg/m 钢轨电感为 1.3 μH/m。同时每米约有几个 pF 电容。对于 1 700～2 300 Hz 的移频信号，钢轨相当于一个感性负载，呈现较高的感抗值(1.4 mH/m)，使信号衰减较快，影响了轨道电路的传输长度。为了抵消钢轨的感性，保证轨道电路的传输距离和机车信号的可靠工作，采取分段加补偿电容的方法，减弱电感的影响。

b. 保证接收端信号有效信干比

由于轨道电路加补偿电容后趋于阻性，改善了轨道电路信号传输性能，加大了轨道入口端短路电流，减小了送受电端钢轨电流比，从而保证了轨道电路入口端信号、干扰比，改善了接收器和机车信号的工作。

c. 实现了对断轨状态的检查。

d. 保证了钢轨同侧两端接地条件下，轨道电路分路及断轨检查性能。

因此，加装补偿电容是保证轨道电路有较高技术性能的有效和必要的措施。

②补偿电容器的补偿原理

补偿电容器补偿原理可理解为将每补偿段钢轨电感 L 与电容 C 视为串联谐振，如图 2-49 所示。这样，在补偿段入口端(A、B)取得一个趋于电阻性负载 R，在出口端(C、D)取得一个较高的输出电平。

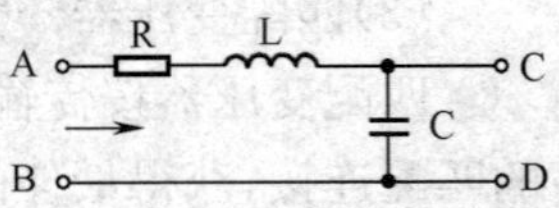

图 2-49　补偿电容器的补偿原理

为保证轨道电路调整、分路及机车信号同时满足一定要求时，补偿电容容量应有一个优选范围。补偿电容设置密度加大，有利于改善列车分路，减少轨道电路中列车分路电流的波动范围，有利于延长轨道电路传输长度，过密设置又增加了成本，带来维修的不便，要适当考虑。

③ 补偿电容器的设置方式

补偿电容的设置方式在区间宜采用“等间距法”。

首先，确定本区段轨道电路补偿长度 $L_{补}$，$L_{补}$ 为无绝缘轨道电路两端调谐单元间的距离，即电气绝缘节中空芯线圈中心到另一电气绝缘节中空芯线圈中心的距离，或者从机械绝缘节到电气绝缘节中空芯线圈的距离，并非轨道电路长度。

$L_{补}$＝L(轨道电路长度)－29 m(电气绝缘节到电气绝缘节)，或 $L_{补}$＝L(轨道电路长度)－14.5 m(电气绝缘节到机械绝缘节)。

其次，按根据优选设计确定的补偿电容总量 N 等分，其步长(等间距长度)$\Delta=L_{补}/N$。轨道电路两端按半步长($\Delta/2$)，中间按全步长(Δ)设置电容，如图 2-50 所示。安装允许误差 ±0.5 m。补偿电容的配置，其容量根据轨道电路频率的不同而不同，其数量按照轨道电路的长度来确定，以获得最佳传输效果。

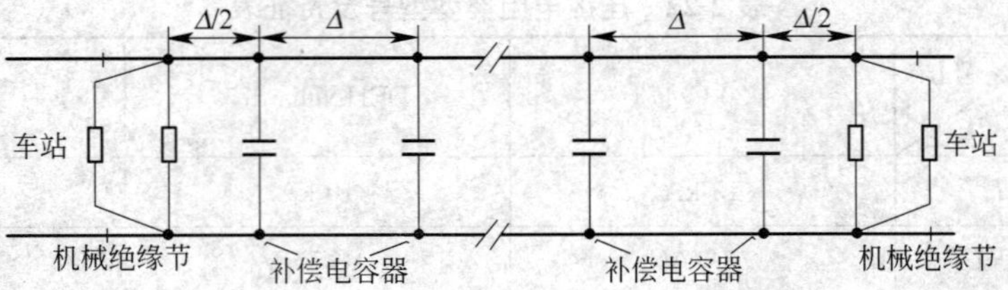

图 2-50　补偿电容的设置

电容容量：1 700 Hz　55 μF±5%(轨道电路长度 250～1 450 m)

40 μF±5%(轨道电路长度 1 451～1 500 m)

2 000 Hz　50 μF±5%(轨道电路长度 250～1 400 m)

33 μF±5%(轨道电路长度 1 401～1 500 m)

2 300 Hz　46 μF±5%(轨道电路长度 250～1 350 m)

30 μF±5%(轨道电路长度 1 351～1 500 m)

2 600 Hz　40 μF±5%(轨道电路长度 250～1 350 m)

28 μF±5%(轨道电路长度 1 351～1 500 m)

电容器采用电缆线焊接在电容器内部，轴向分两头引出，把电缆用环氧塑脂灌封，电缆引线的连接方式有两种，一种是两端用锡焊接塞钉，塞钉镀锡，另一种是压接线鼻子，然后用专用销钉与钢轨连接。电容器的外壳材料为黑色 ABS 塑料。

综上，根据载频频率、最低道砟电阻数值、轨道电路传输状态的要求，电容容量、数量、设置方法得当，将大大改善轨道电路的传输，加大轨道电路传输长度。

(5)电缆

传输电缆采用国产内屏蔽铁路信号数字电缆 SPT，ϕ1.0 mm，总长度按 10 km 考虑。

SPT 铁路信号数字电缆可实现 1 MHz(模拟信号)、2 Mbit/s(数字信号)以及额定电压交流 750 V 或直流 1 100 V 及以下铁路信号系统中有关设备和控制装置之间的连接，传输系统控制信息及电能。可在铁路电气化和非电气化区段使用。

该电缆不适用于：自动闭塞系统轨道电路相同频率的发送线对和接收线对使用同一电缆，自动闭塞系统轨道电路相同频率的发送线对或接收线对使用同一屏蔽四线组。

(6)BA、SVA、SVA′引接线

采用 3 600 mm、1 600 mm 钢包铜线，用于调谐单元、空芯线圈、机械绝缘节空芯线圈等设备与钢轨间的连接。

4. 室内设备

室内设备包括发送器、接收器、衰耗器和电缆模拟网络等。发送器、接收器、衰耗器安装在移频柜上，电缆模拟网络等安装在综合柜上。

(1)移频柜

区间移频柜供区间自动闭塞用，一个区间移频柜含 10 套 ZPW-2000A 型自动闭塞设备。纵向 5 个组合，每个组合可装两个轨道电路的设备，包括发送器、接收器、衰耗器各两台，发送断路器、接收断路器、3×18 柱端子各两个。发送断路器为 10 A，接收断路器为 5 A。每个组合内接收器按对构成双机并用。具体布置如图 2-51 所示。

(2)综合柜

综合柜(网络接口柜)用来安装站防雷和电缆模拟网络、各种防雷组合单元(如灯丝防雷组合单元等)、站内隔离器托架和继电器组合。

综合柜最多可放 9 层 ZPW · XML1 组匣，每层组匣可放 10 台 ZPW · PML1 网络盘。

综合柜与无绝缘防雷电缆模拟网络组匣均用于放置室内防雷及电缆模拟网络设备，运用中根据实际情况选用。

无绝缘防雷电缆模拟网络组匣直接安装在组合柜上，每个组匣可装 8 台 ZPW · PML1 网络盘。

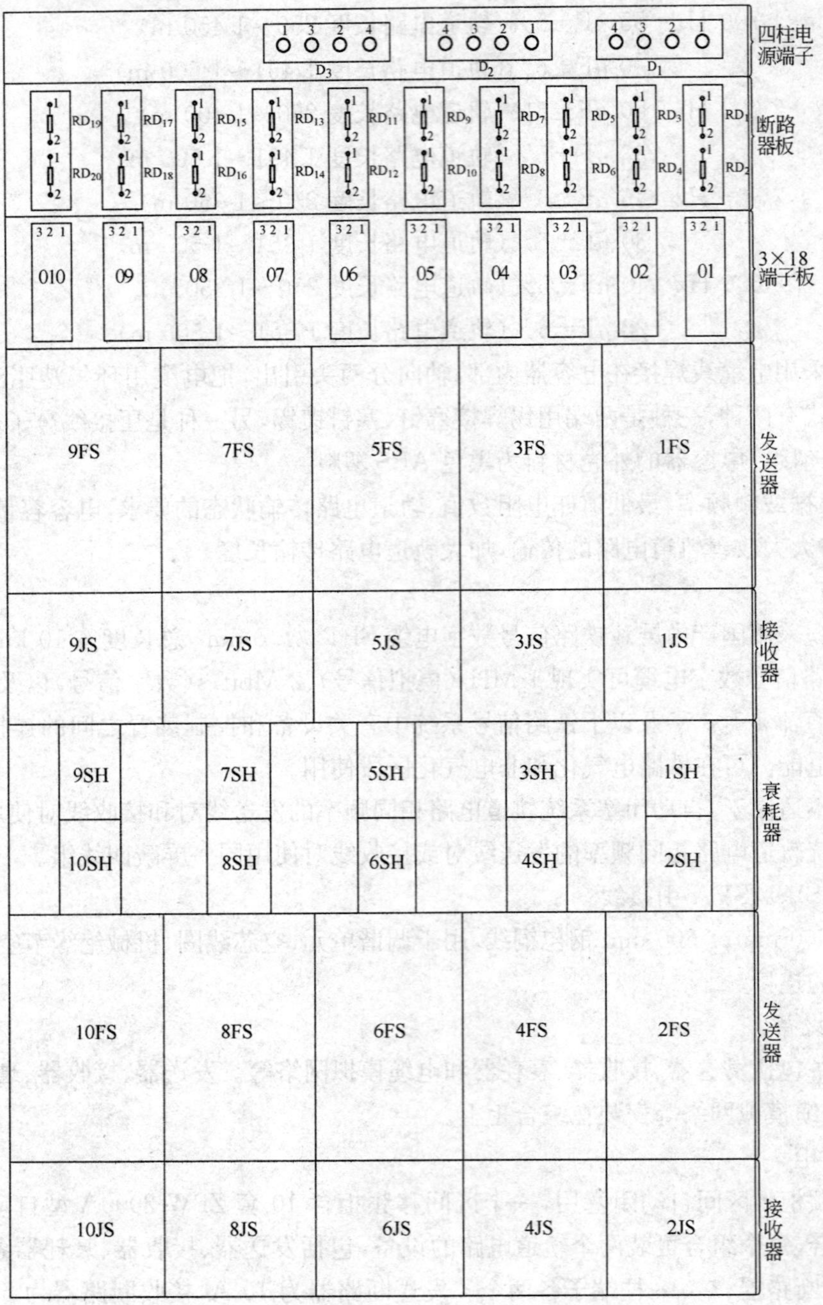

图 2-51　移频柜布置图(从配线侧看)

(3)发送器

发送器采用载频通用型，$n+1$ 冗余方式，故障时，通过 FBJ 接点转至“+1”FS 设备。

①发送器的作用

a. 用来产生高精度、高稳定性的移频信号。

b. 产生足够功率的输出信号，额定输出功率 70 W(400 Ω 负载)，最大输出功率 105 W。

c. 调整轨道电路，可根据轨道电路的具体情况，通过输出端子的不同连接，获得 10 种不同的发送电平。

d. 对移频信号进行自检测，故障时给出报警及 $n+1$ 冗余运用的转换条件。

②发送器的基本原理

发送器原理框图如图 2-52 所示。

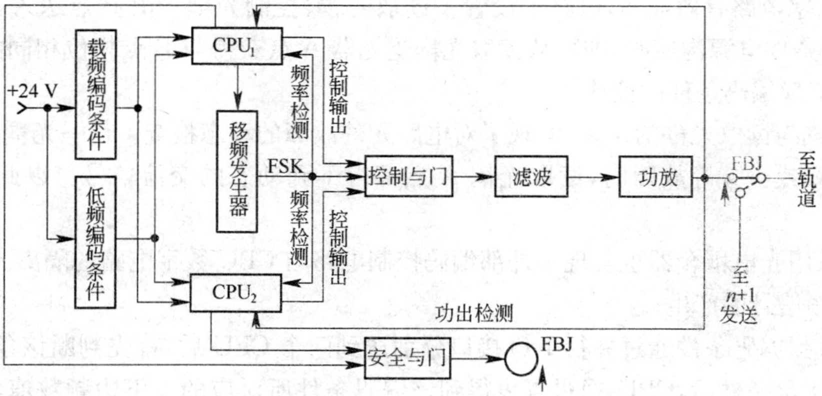

图 2-52　发送器原理框图

同一载频编码条件、低频编码条件源，以反码形式分别送入两套微处理器 CPU_1、CPU_2 中，其中 CPU_1 控制移频发生器产生低频控制信号为 F_C 的移频键控信号 FSK。该移频信号分别送至 CPU_1、CPU_2 进行频率检测。检测结果符合规定后，即产生控制输出信号，经控制与门使移频信号送至滤波环节，实现方波—正弦波变换。功放输出的移频信号，送至两 CPU 进行功出电压检测。两 CPU 对 FSK 信号的低频、载频和幅度特征检测符合要求后，打开安全与门，使发送报警继电器 FBJ 励磁，并使经过功放的移频信号输出至轨道。当发送输出端短路时，经检测使控制与门有 10 s 的关闭(称装死或休眠保护)。

③发送器的主要环节

a. 微处理器和可编程逻辑器件

发送器采用双 CPU、双软件、双套检测电路、闭环检查；CPU 采用 80C196，其中 CPU_1 控制产生移频信号。CPU_1、CPU_2 还担负着移频输出信号的低频、载频及幅度特征的检测等功能。

FPGA 为可编程逻辑器件，由它构成移频发生器，并行 I/O 扩展接口、频率计数器等。

(a)低频和载频编码条件的读取

低频和载频编码条件读取电路如图 2-53 所示。对于 18 种低频，分别设置读取电路，共 18 个；对于载频，则按 4 种频率和 1、2 型设置，共 6 个。

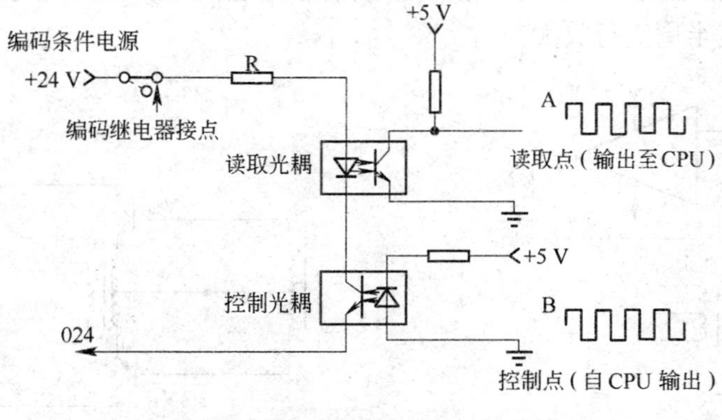

图 2-53　低频和载频编码条件读取电路

由编码继电器接点接入编码条件电源(＋24 V)。

低频和载频编码条件读取时,为消除配线干扰,采用＋24 V电源及电阻R构成功率型电路。

考虑故障—安全,将24 V直流电源变换成交流,呈动态检测方式,并将外部编码控制电路与CPU等数字电路有效隔离,电路中设置了读取光耦、控制光耦。由B点送入方波信号,当＋24 V编码条件电源沟通时,即可从读取光耦受光器A点获得与B点相位相同的方波信号,送至CPU,实现编码条件的读取。

控制光耦与读取光耦的设置,实现了对电路元件故障的动态检查。任一光耦的发光源,受光器发生短线或击穿等故障时,读取光耦A点都得不到动态的交流信号。以此实现故障—安全。

另外,采用光电耦合器也实现了外部编码控制电路与CPU数字电路的隔离。

(b) 移频信号的产生

低频、载频编码条件通过并行I/O接口分别送到两个CPU后,首先判断该条件是否有且仅有一路。满足条件后,CPU_1通过查表得到该编码条件所对应的上下边频数值,控制移频发生器,产生相应FSK信号。并由CPU_1进行自检,由CPU_2进行互检,条件不满足,将由两个CPU构成故障报警。

为保证故障—安全,CPU_1、CPU_2及用于移频发生器的可编程逻辑器件分别采用各自独立的时钟源。

经检测后,两CPU各产生一个控制信号,经过控制与门,将FSK信号送至方波—正弦波变换器。

b. 方波—正弦波变换器

该变换器是由可编程低通滤波器260集成芯片构成,适当选取其截止频率,对1 700 Hz、2 600 Hz三次及以上谐波的有效衰减,获得良好的正弦波波形,这样移频信号的失真度小,幅度差小,以充分利用信号能量,达到最佳的信号传输效果。

c. 激励放大器

为满足故障—安全要求,激励放大器采用射极输出器。

为提高输入阻抗,提高射极输出器信号的直线性,减少波形失真,免除静态工作点的调整以及电源电压对放大器工作状态的影响,激励放大器采用运算放大器。激励放大器电路如图2-54所示。

d. 功率放大器

从故障—安全及提高功出电压稳定性考虑,功率放大器采用射极输出器,为共集电极乙类推挽放大器。其简化电路如图2-55所示。移频信号经过B_5输入至功率放大器,V_{30}、V_{18}分别对输入信号的正、负半周进行放大。

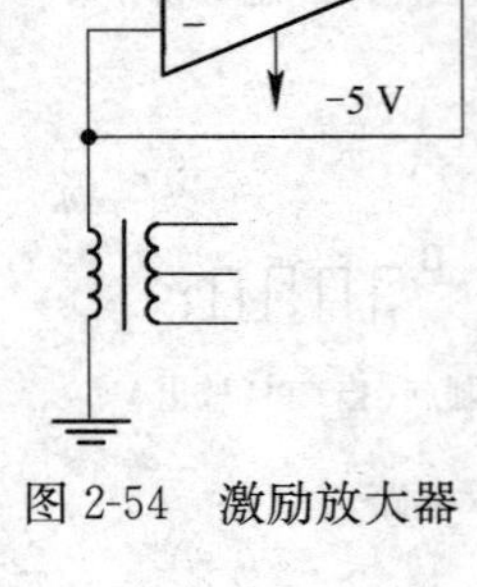

图2-54 激励放大器

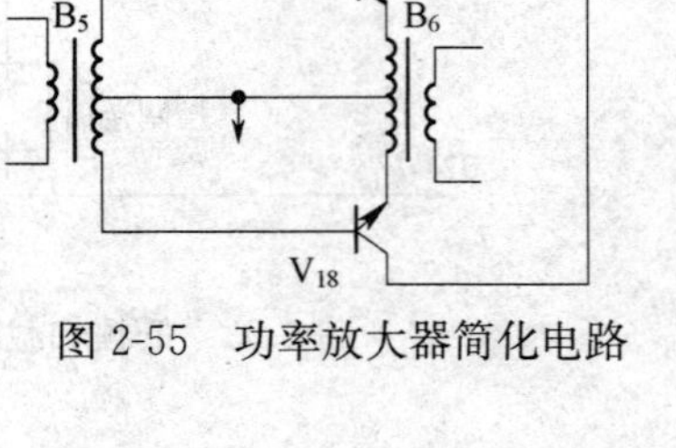

图2-55 功率放大器简化电路

功率放大器电路如图 2-56 所示。

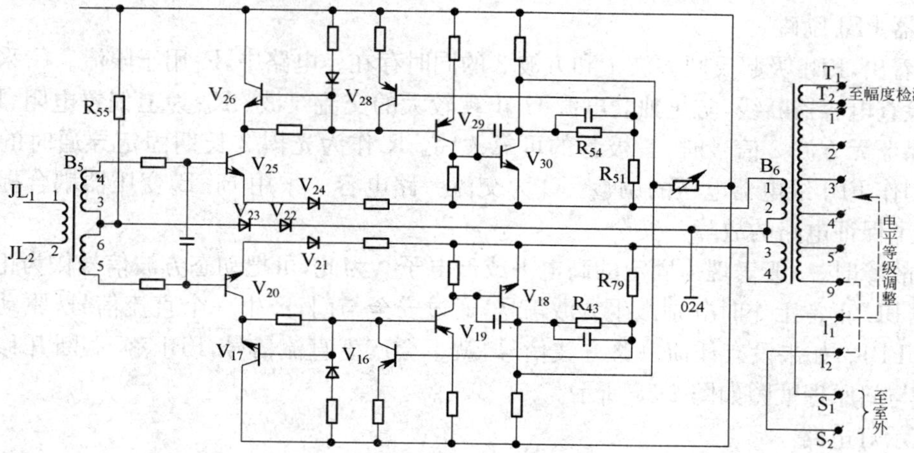

图 2-56　功率放大器

在电路设计中,考虑了以下情况:

(a)鉴于输出功率较大,直接由 B_5 通过功率管推动 B_6 需要 B_5 有较大的输出功率,增加了前级电路负荷。为此,在构成功率放大器过程中,V_{30}(V_{18})选用达林顿大功率三极管。并由 V_{25}、V_{29} 与 V_{30}(V_{20}、V_{19} 与 V_{18})构成多级复合放大。这样,大大减轻了前级的负荷。

(b)二极管 V_{24}(V_{21})用于 V_{25}(V_{20})反向过压的保护。

(c)V_{26}(V_{17})也构成过电流保护。当 V_{25}(V_{20})Ic 过高时,V_{26}(V_{17})将导通,构成对后级的"箝位"控制。

(d)V_{28}(V_{16})用于 V_{30}(V_{18})输入过流的保护。当过流时,通过 R_{54}、R_{51}(R_{43}、R_{79})分压使 V_{28}(V_{16}) 导通,使 V_{29}(V_{19})截止。

为了解决 eb 死区所造成的交越失真,由 R_{55} 和二极管 V_{23}、V_{22} 给定的偏压,使得 V_{25}(V_{20})的 eb 结处于放大状态。

e. 安全与门电路

数字电路中,为保证故障—安全,往往采用相互独立的两路非故障—安全数字电路,该电路由统一外控条件控制,每路数字电路对信息执行结果判断符合要求后,各自送出一组连续方波动态信号。另外专门设计一个有两个分立元件构成的具有故障—安全保证的安全与门,对两组连续方波动态信号进行检查。安全与门在确认两组动态信号同时存在条件下,方可驱动执行继电器。两数字电路间的联系为数字交换或自检、互检及闭环检查等。发送器安全与门电路如图 2-57 所示。

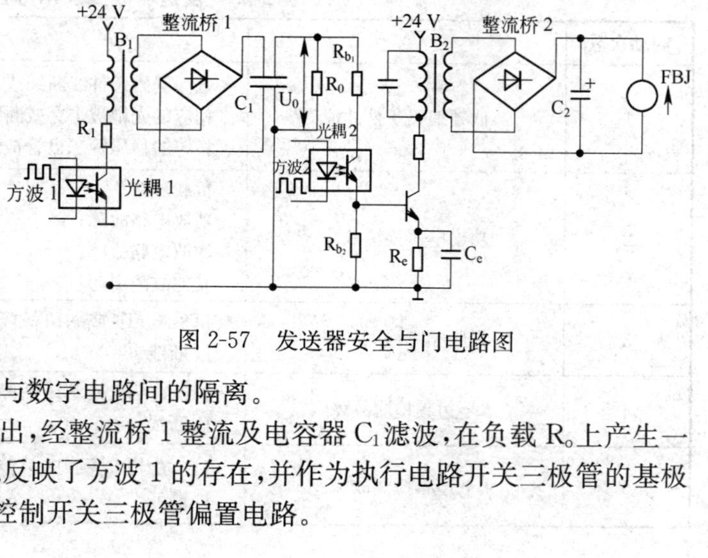

图 2-57　发送器安全与门电路图

方波 1、方波 2 分别表示由 CPU_1、CPU_2 单独送出的方波动态信号。光耦 1、光耦 2 用于模拟电路与数字电路间的隔离。

变压器 B_1 将方波 1 信号变化读出,经整流桥 1 整流及电容器 C_1 滤波,在负载 R_o 上产生一个独立的直流电源 U_o。该独立电源反映了方波 1 的存在,并作为执行电路开关三极管的基极偏置电源。方波 2 信号通过光耦 2 控制开关三极管偏置电路。

在方波 1、方波 2 同时存在的条件下，通过变压器 B_2、整流桥 2 整流及电容器滤波使发送报警继电器 FBJ 励磁。

可以看出，FBJ 吸起反映方波 1 和方波 2 的同时存在。电路中，R_1 用于限流。C_1 采用四端头，是为检查电容器断线，防止独立电源 U_o 出现较大的交流纹波。R_{b1} 为上偏置电阻，R_{b2} 为漏泄电阻，保证无方波 2 信号时，三极管的可靠关闭。R_e 作为光耦 2 长期固定导通时的恒流保护，同时用作 FBJ 继电器电压的调整。C_e 为交流旁路电容。采用 B_1、B_2 变压器耦合提取交流信号是为了保证电路的故障—安全。

发生故障时，一般表现为固定的高电平或低电子。为此，可把动态方波信号作为正常工作信号，两 CPU 正常工作时分别产生方波信号，通过安全与门，产生一个直流信号，驱动发送报警继电器 FBJ。如果没有任何一路方波信号，就不会产生直流信号，FBJ 落下，断开移频信号的输出。与门原理框图如图 2-58 所示。

f. 表示灯电路

发送器设有工作表示灯和故障表示灯

工作表示灯设在衰耗盘内，电路如图 2-59 所示。工作表示灯与 FBJ 线圈条件并联，R 用作限流，N 为工作指示灯，光耦提供发送报警接点。

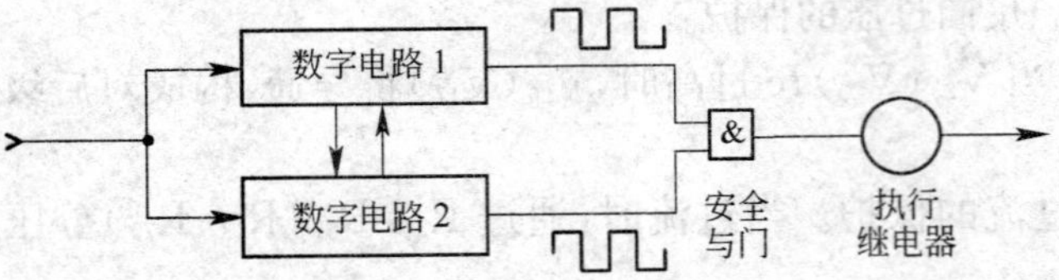

图 2-58　与门原理框图

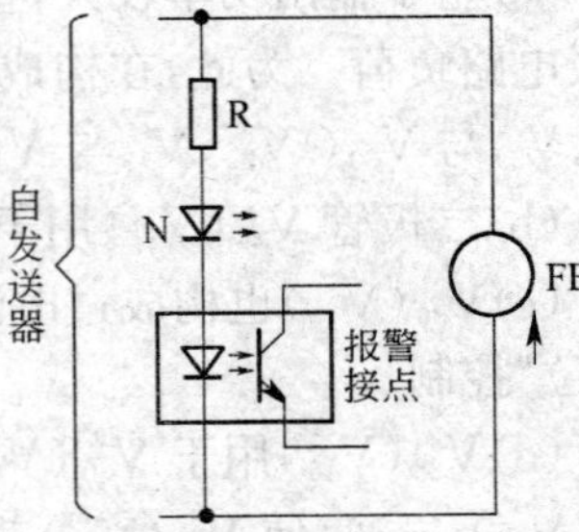

图 2-59　工作表示灯电路

发送工作正常时，工作表示灯亮，报警接点通。

发送故障时，工作表示灯灭，报警接点切断车站移频报警继电器 YBJ 电路。

为便于检修所对复杂数字电路的维修，盒内针对每一套 CPU 设置了一个指导维修人员查找设备故障的故障表示灯，用其闪动状况，表示它可能出现的故障点。具体情况见表 2-23。

表 2-23　发送器故障表示灯含义

闪动次数	含　义	可能的故障点
1	低频编码条件故障	低频编码条件线断线或混线； 相应的光耦被击穿或断线； 相应的稳压管二极管被烧断或击穿
2	功出电压检测故障	负载短路； 功放电路故障； 滤波电路故障： 其他故障引起
3	低频频率检测故障	JT3 或 JT4 或 N16 故障； J1 断线
4	上边频检测故障	JT3 或 JT4 或 N16 故障； J1 断线
5	下边频检测故障	JT3 或 JT4 或 N16 故障； J1 断线

续上表

闪动次数	含　义	可能的故障点
6	型号选择条件故障	型号选择条件线断线或混线； 相应的光耦击穿或断线； 相应的稳压管二极管被烧断或击穿
7	载频编码条件故障	载频编码条件线断线或混线； 相应的光耦被击穿或断线

④发送器的插座板端子及外线连接

发送器插座板底视图如图 2-60 所示。

插座板上的端子代号及说明见表 2-24 所示。

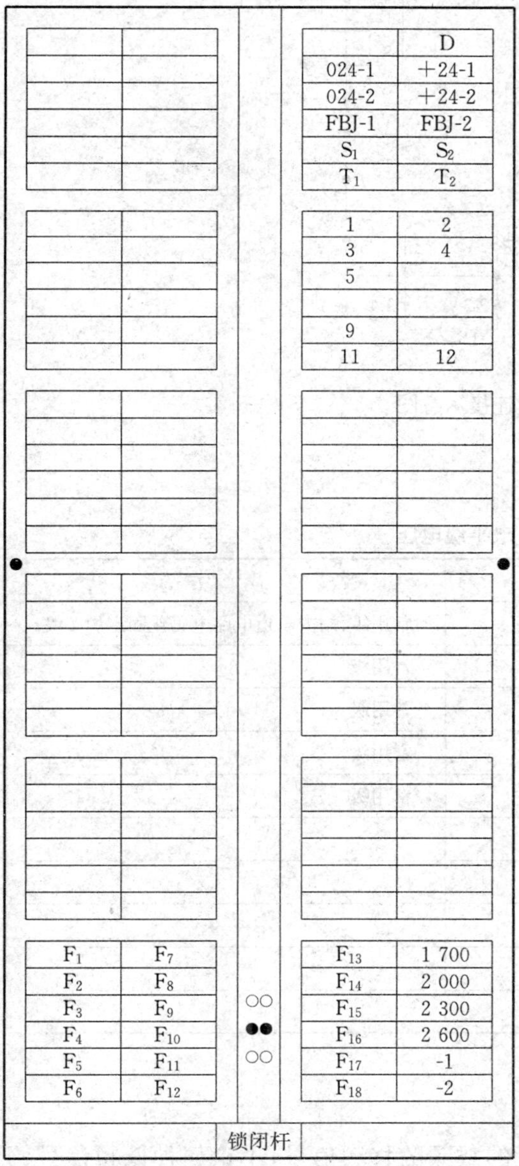

注：●为鉴别销位置。

图 2-60　发送器插座板底视图

表 2-24　发送器端子代号及说明

序号	代　号	用　途
1	D	地线
2	+24-1	+24 V 电源外引入线
3	024-2	载频编码用+24 V 电源(+1FS 除外)
4	024-1	024 电源外引入线
5	024-2	备用
6	1 700	1 700 Hz 载频
7	2 000	2 000 Hz 载频
8	2 300	2 300 Hz 载频
9	2 600	2 600 Hz 载频
10	-1	1 型载频选择
11	-2	2 型载频选择
12	F_1～F_{18}	29～10.3 Hz 低频编码选择线
13	1～5、9、11、12	功放输出电平调整端子
14	S_1、S_2	功放输出端子
15	T_1、T_2	测试端子
16	FBJ-1、FBJ-2	外接 FBJ(发送报警继电器端子)

发送器外线连接如图 2-61 所示。

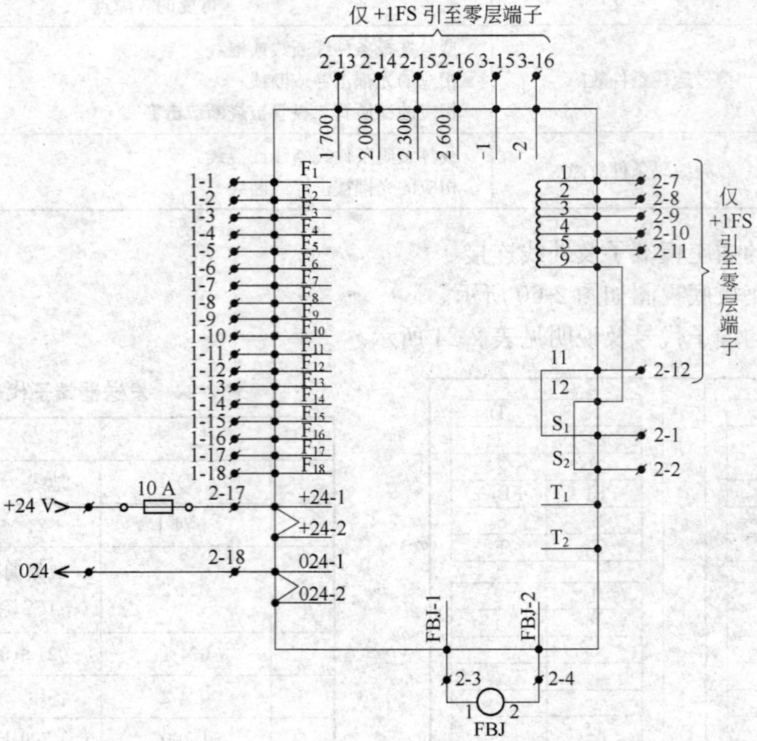

图 2-61　发送器外线连接示意图

发送器发送电平级电压见表 2-25。

表 2-25　发送器发送电平级电压

电平级	连接端子	电压	备　注
1	1-11　9-12	170	常用级，站内轨道电路电码化固定用 1 级
2	2-11　9-12	156	常用级
3	3-11　9-12	135	常用级
4	4-11　9-12	110	常用级
5	5-11　9-12	77	常用级
6	1-11　4-12	62	
7	3-11　5-12	58	
8	2-11　4-12	46	
9	1-11　3-12	35	
10	4-11　5-12	33	

注：区间常用 1～5 电平级；站内电码化固定用 1 级。

(4)接收器

接收器为无选频方式，接收到对应本闭塞分区的载频的移频信号，不论何种低频信号调制，都使轨道继电器吸起，相当于一个电子继电器。接收器双机并联运用设计，与另一台接收器构成相互热机并联运用系统(或称 0.5＋0.5)以保证接收器的高可靠运用。

①接收器的作用

接收器用来接收主轨道电路和相邻区段发送器在调谐区构成的信号。

a. 用于对主轨道电路移频信号的解调，并配合与送电端相连接调谐区短小轨道电路的检查条件，动作轨道继电器。

b. 实现对与受电端相连接调谐区短小轨道电路移频信号的解调，给出短小轨道电路执行条件，送至相邻轨道电路接收器。

c. 检查轨道电路完好，减少分路死区长度，还用接收门限控制实现对 BA 断线的检查。

②接收器的双机并联运用工作原理

接收器由本接收“主机”及另一接收“并机”两部分组成，构成成对双机并联运用，如图 2-62 所示。

A 主机输入接至 A 主机，且并连接至 B 并机；

B 主机输入接至 B 主机，且并连接至 A 并机。

A 主机输出与 B 并机输出并联，动作 A 主机相应执行对象（A GJ）；

B 主机输出与 A 并机输出并联，动作 B 主机相应执行对象（B GJ）。

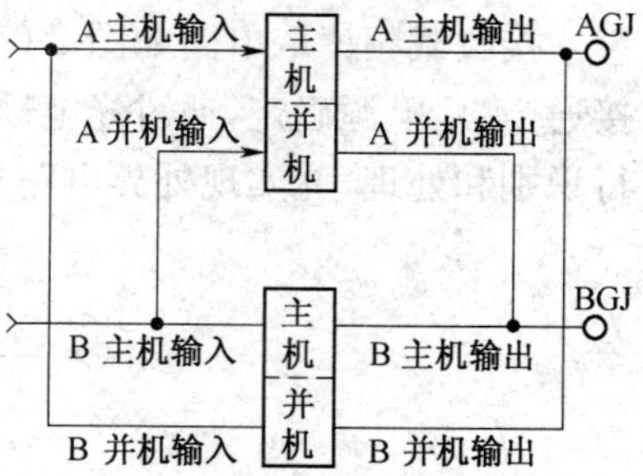

图 2-62　双机并联运用原理框图

③接收器的基本原理

接收器采用 DSP 进行解调，增加了调谐区轨道电路的输入、调整、采集、执行环节，如图 2-63 所示。

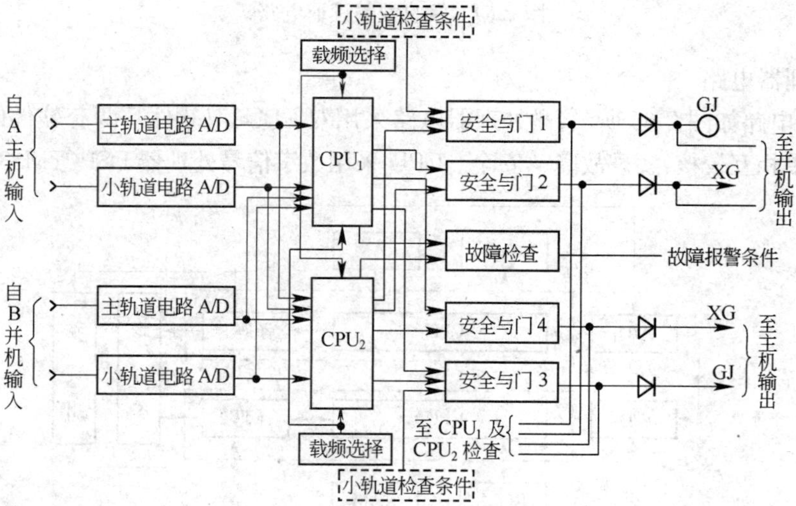

图 2-63　接收器原理框图

主轨 A/D、小轨道 A/D 为模数转换器，将主机、并机输入的模拟信号转换成计算机能处理的数字信号。

CPU_1、CPU_2完成主机、并机载频判定、信号采样、信息判决和输出驱动等功能。

安全与门 1～4 将两路 CPU 输出的动态信号变成驱动继电器（或执行条件）的直流输出。

载频选择电路根据要求，利用外部的接点，设定主机、并机载频信号，由 CPU 进行判决，确定接收器的接收频率。

接收器根据外部所确定载频条件，送至两 CPU，通过各自识别，并通信、比较确认一致，视为正常，不一致时，视为故障并报警。外部送进来的信号，分别经过主机、并机两路模数转换器转换成数字信号。两套CPU对外部四路信号进行单独的运算，判决处理。表明接收信号符合幅度、载频、低频要求时，就输出3 kHz的方波，驱动安全与门。安全与门收到两路方波后，就转换成直流电压带动继电器。如果双CPU的结果不一致，安全与门输出不能构成，且同时报警。电路中增加了安全与门的反馈检查，如果CPU有动态输出，那么安全与门就应该有直流输出，否则就认为安全与门故障，接收器报警。如果接收器收到的信号电压过低，就认为是列车分路。

④接收器的主要环节

a. 载频读取电路

接收载频读取电路如图2-64所示，它与发送低频、载频读取电路类似，载频通过相应端子接通24 V电源确定，通过光电耦合器将静态的直流信号转换成动态的交流信号，由双CPU进行识别和处理，并实现外界电路与数字电路的隔离。

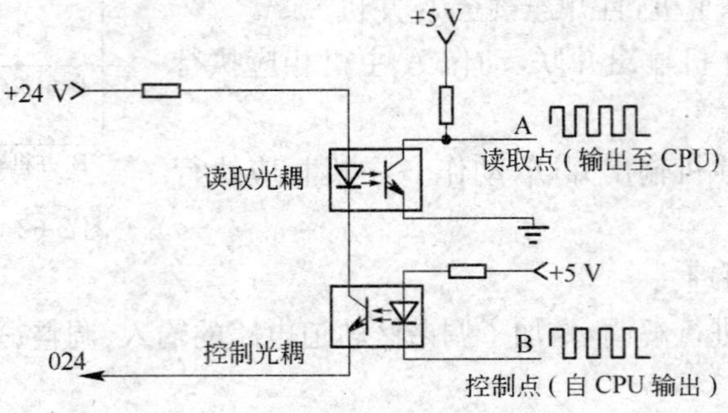

图2-64 接收载频读取电路

b. 微处理器电路

微处理器电路如图2-65所示，微处理器电路采用双CPU、双软件。两套软件硬件对信号单独处理，把结果相互校核，实现故障—安全。CPU采用数字信号处理器DSP(TMS320C32型)。

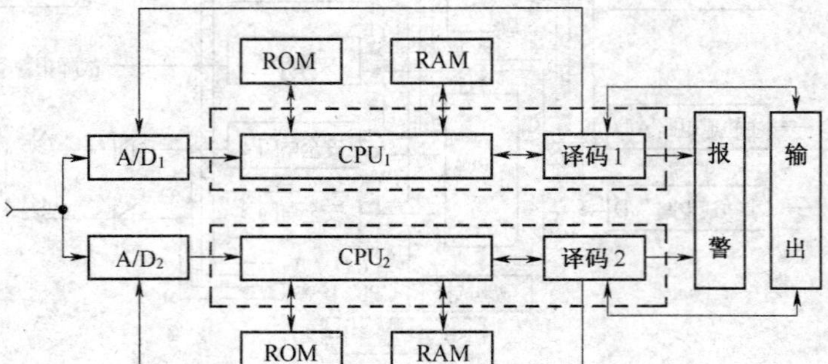

图2-65 微处理器电路图

数字信号处理器(DSP)是数字信号处理的硬件部分，它把算术逻辑单元、乘法器、控制器和数据存储器(ROM、RAM、寄存器)集成在一个芯片，既具有一般CPU的运算和控制能力，又具有实现数字信号处理所需要的运算能力和速度，其每秒钟能完成1千万次加法或乘法运算，除运算FFT(快速傅立叶变换)外，还能作数字滤波等数字信号处理。另外，它还具有普通微机的特性，能提供一整套完整的输入、输出、逻辑运算及其他控制功能指令。

数字信号处理常用数字滤波和FFT两种处理方法。

数字滤波不同于传统的模拟滤波，它实际上是一种运算或一种数字处理系统。将所需滤波的实际信号由模数转换按一定取样频率变成数字信号，输入数字信号处理器，按一定的算法进行运算，滤除各种干扰，提取所需要的信号，从而完成滤波功能。

FFT 即快速傅立叶变换算法，是在离散傅立叶变换(DFT)基础上出现的快速算法，用作频谱分析、解调等。

CPU 完成信号的采样、运算判决和控制功能。

数据存储器(RAM)用于存放采集的数据和运算的结果。

程序存储器(EPROM)是程序的载体，CPU 执行的指令和运算需要的常数存储在其中。

译码器完成 CPU 与 EPROM、RAM、A/D 及输入输出接口(I/O)等之间的逻辑关系。

输出电路根据 CPU 对输入信号分析的结果，经过通信相互校核后，输出动作相应的继电器。

报警电路如图 2-66 所示，CPU 定时对 RAM、EPROM 和 CPU 中的存储器进行检查，也对载频电路和安全与门电路进行检查，根据检查的结果和双 CPU 进行通信相互校核的结果，决定给出相应告警条件。

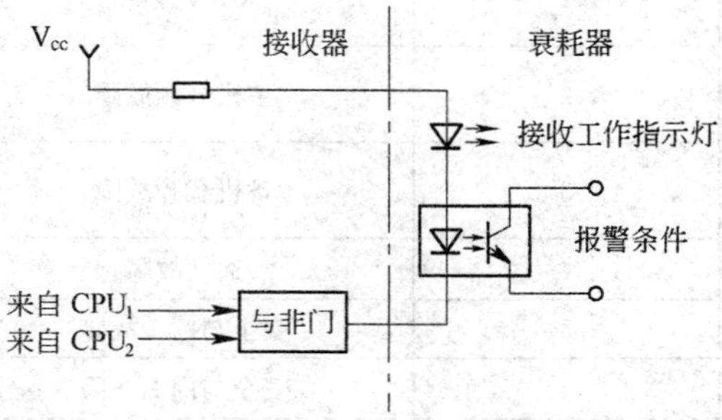

图 2-66 报警电路图

来自两个 CPU 的信号，经过一个与非门后，控制报警电路。如果正常，CPU 就输出一个高电平，与非门输出一个低电平，这时衰耗盘接收工作表示灯点亮，光耦导通。给外部提供一个导通的条件，构成总移频报警电路。如果发现故障，CPU 就输出低电平，与非门输出高电平，工作表示灯灭，光耦断开，构成报警电路。

辅助电路主要有时钟电路、通信时钟电路等。时钟是 CPU 工作的动力。通信时钟电路是双 CPU 通信时的外部时钟，该时钟通过对 CPU 的输出频率分频后，再提供给 CPU 通信用。

上电复位及看门狗的电路主要由微处理监督定时器和与非门组成。刚开机时，CPU 需要一个约几百毫秒的低电位使 CPU 能进行复位。正常工作后，为了保证程序按照设计的流程循环运行，在程序的运行过程中，定时给微处理监督定时器一个信号，使其保持高电平输出。如果程序的运行出问题或接收器出现“死机”，微处理监督定时器没有收到 CPU 的定时信号，就输出一个低电平，使 CPU 重新复位，重新开始执行。

c. 安全与门电路

安全与门电路有四个，分别带动主机轨道继电器、并机轨道继电器以及提供主机小轨道继电器、并机小轨道继电器的执行条件。其电路原理与发送器安全与门电路类似，如图 2-67 所示。

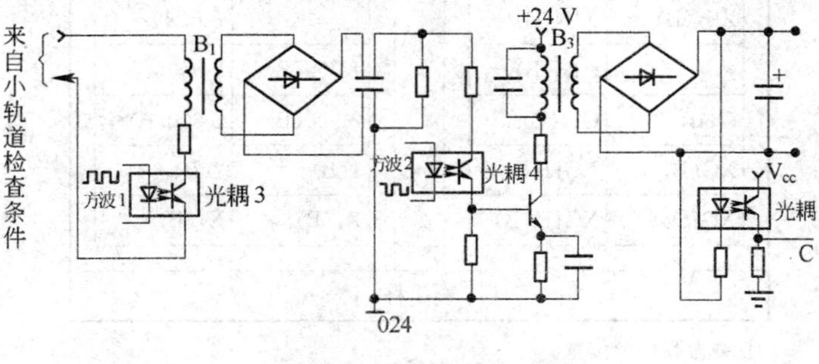

图 2-67 接收器安全与门电路图

光耦 5 用于对安全与门电路故障的检测。当“方波 1”、“方波 2”存在，安全与门没有输出时，通过 C 点电位回送至 CPU 电路，构成报警。

d. 表示灯电路

表示灯包括工作表示灯和故障表示灯。

工作表示灯接在接收器报警电路中，安装在衰耗盘上。接收器工作正常时，工作表示灯点亮；故障时，工作表示灯熄灭。

为便于检修所对复杂数字电路的维修，接收器内针对每一套 CPU 设置了一个指导维修人员查找设备故障的“故障表示灯”。用其闪动状况表示它可能出现故障点。具体情况见表 2-26。

表 2-26　接收器故障表示灯含义

闪动次数(N)	含　义	可能的故障点
1	CPU 故障	RAM 故障 CPU 内部 RAM 故障
2	主机载频故障	载频输入条件没有或有两个及以上； 相应的光耦被击穿
3	备机载频故障	载频输入条件没有或有两个及以上； 相应的光耦被击穿
4	通信故障	CPLD 故障或另一 CPU 故障
5	安全与门 1 故障	安全与 1 输出电路故障
6	安全与门 2 故障	安全与 2 输出电路故障
7	安全与门 3 故障	安全与 3 输出电路故障
8	安全与门 4 故障	安全与 4 输出电路故障
9	EPROM 故障	

⑤接收器插接板端子及外线连接

接收器插接板底视图如图 2-68 所示。

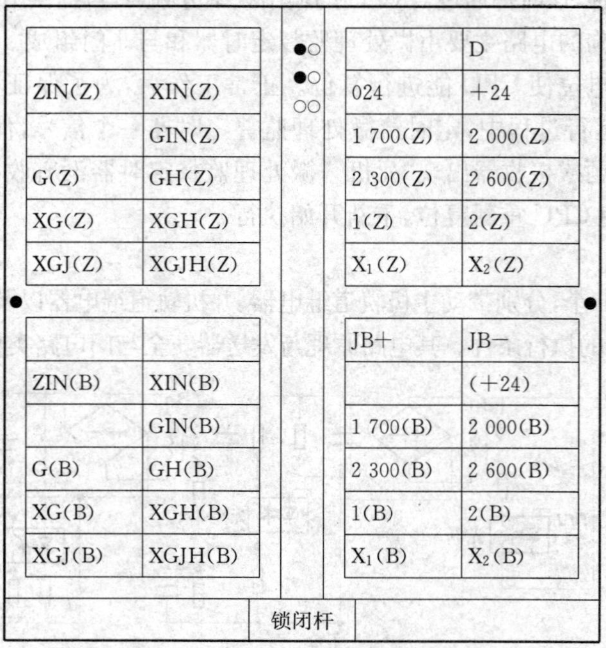

注：●为鉴别销位置。

图 2-68　接收器插接板底视图

插接板上端子代号及说明见表 2-27 所列。

表 2-27 接收器端子代号及说明

序号	代 号	用 途
1	D	地线
2	+24	+24 V 电源
3	(+24)	+24 V 电源(由设备内给出,用于载频及类型选择)
4	024	024 V 电源
5	1700(Z)	主机 1 700 Hz 载频
6	2000(Z)	主机 2 000 Hz 载频
7	2300(Z)	主机 2 300 Hz 载频
8	2600(Z)	主机 2 600 Hz 载频
9	1(Z)	主机 1 型载频选择
10	2(Z)	主机 2 型载频选择
11	X1(Z)	主机小轨道 1 型载频选择
12	X2(Z)	主机小轨道 2 型载频选择
13	ZIN(Z)	主机轨道信号输入
14	XIN(Z)	主机邻区段小轨道信号输入
15	GTN(Z)	主机轨道信号输入共用回线
16	G(Z)	主机轨道继电器输出线
17	GH(Z)	主机轨道继电器回线
18	XG(Z)	主机小轨道继电器(或执行条件)输出线
19	XGH(Z)	主机小轨道继电器(或执行条件)回线
20	XGJ(Z)	主机小轨道检查输入
21	XGJH(Z)	主机小轨道检查回线
22	1700(B)	并机 1 700 Hz 载频
23	2000(B)	并机 2 000 Hz 载频
24	2300(B)	并机 2 300 Hz 载频
25	2600(B)	并机 2 600 Hz 载频
26	1(B)	并机小轨道 1 型载频选择
27	2(B)	并机小轨道 2 型载频选择
28	X1(B)	并机正向运行选择
29	X2(B)	并机反向运行选择
30	ZIN(B)	并机轨道信号输入
31	XIN(B)	并机邻区段小轨道信号输入
32	GIN(B)	并机轨道信号输入共用回线
33	G(B)	并机轨道继电器输出线
34	GH(B)	并机轨道继电器回线
35	XG(B)	并机小轨道继电器(或执行条件)输出线
36	XGH(B)	并机小轨道继电器(或执行条件)回线

续上表

序号	代号	用途
37	XGJ(B)	并机小轨道检查输入
38	XGJH(B)	并机小轨道检查回线
39	JB+	接收故障报警条件"+"
40	JB−	接收故障报警条件"−"

接收器外线连接如图 2-69 所示。

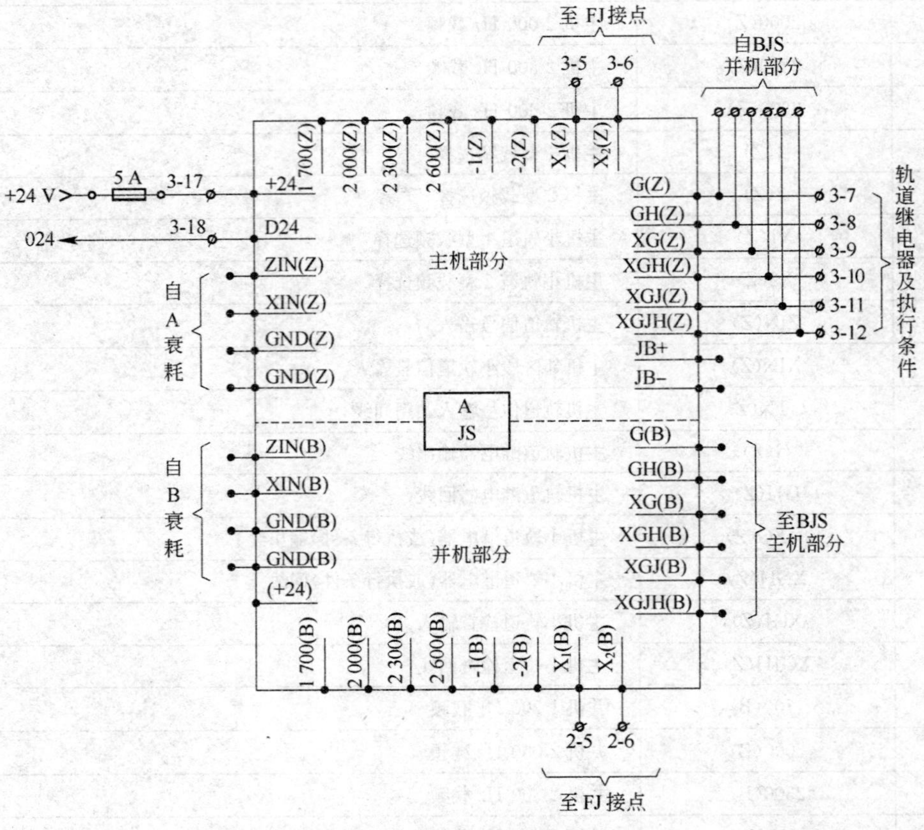

图 2-69　接收器外线连接示意图

(5)衰耗器

①衰耗器的作用

a. 用作对主轨道电路的接收端输入电平调整。

b. 对小轨道电路的调整(含正、反方向)。

c. 给出有关发送、接收用电源电压、发送功出电压。

d. 给出发送、接收故障报警和轨道占用指示灯等。

e. 提供监测条件。

②衰耗器的电路原理

衰耗器的电路包括轨道输入电路、小轨道电路输入电路和表示灯电路。ZPW · PS 型衰耗器电路如图 2-70 所示。

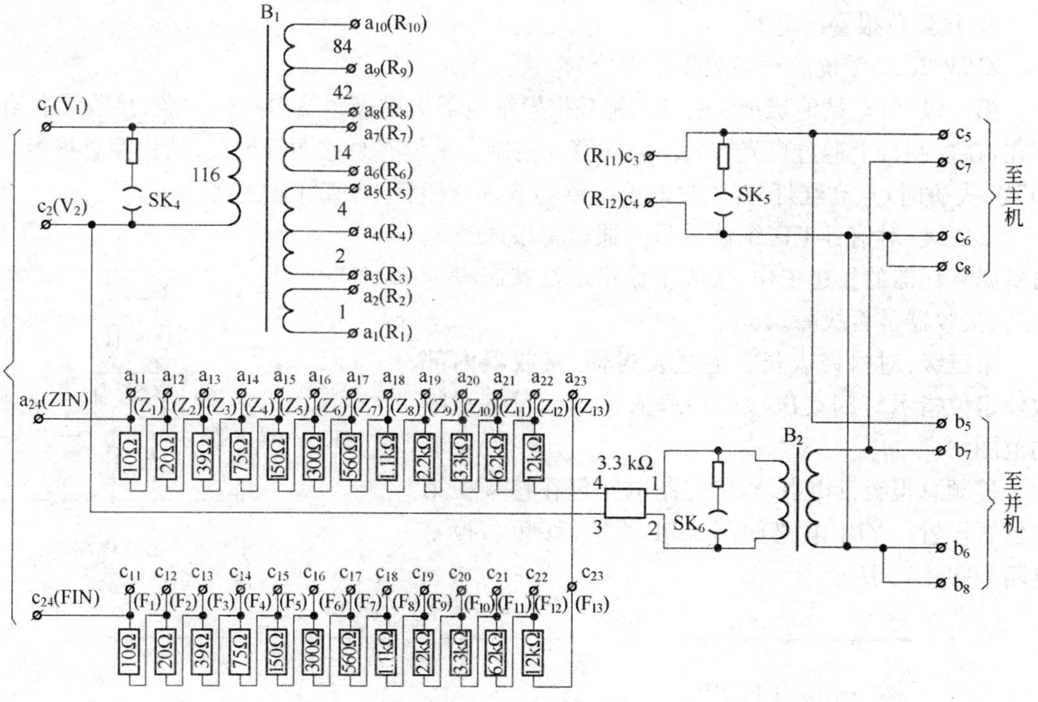

图 2-70　ZPW·PS 型衰耗器电路图

a. 轨道输入电路

主轨道信号自 C_1、C_2输入变压器 B_1、B_1变压器阻抗约为 36～55 Ω(1 700～2 600 Hz),以稳定接收器输入阻抗。该阻抗选择较低,以利于抗干扰。

变压器 B_1匝比为 116∶(1～146)。次级通过变压器抽头连接,可构成 1～146 共 146 级变化,按调整表调整接收电平。

b. 小轨道电路输入电路

根据方向电路变化,接收端将接至不同的两端短小轨道电路。故短小轨道电路的调整按正、反两方向进行。正方向调整用 A_{11}～A_{23}端子,反方向调整用 C_{11}～C_{23}端子,负载阻抗为 3.3 kΩ。

为提高 A/D 模数转换器的采样精度,短小轨道电路信号经过 1∶3 升压变压器 B_2输出至接收器。

c. 表示灯电路

发送工作灯通过发送器 FBJ 条件构成,并通过"光耦 1"接通发送报警条件(BJ-1、BJ-2)。正常时"光耦 1"输入端的发光二极管导通,发送工作灯点亮。并通过"光耦 1"输出端(BJ-1、BJ-2)控制移频总报警继电器 YBJ。故障时"光耦 1"无输出,发送工作灯灭灯。

接收工作灯通过输入接收器 JB+、JB－条件构成,并通过"光耦 2"接通接收报警条件(BJ-2、BJ-3)。正常时"光耦 2"输入端的发光二极管导通,接收工作灯点亮。同时也通过"光耦 2"输出端(BJ-3、BJ-2)控制移频总报警继电器 YBJ。故障时"光耦 2"无输出,接收工作灯灭灯。

轨道占用灯通过输入接收器 G、GH 条件构成,轨道空闲时"光耦 4"导通,其输出端发光二极管被短路"轨道占用"灯灭灯。轨道占用时,通过"光耦 4"的受光器关闭,使轨道占用灯点灯。在 ZPW·PS_1型衰耗器中,轨道电路空闲显示绿灯,占用显示红灯。

d. 移频总报警继电器

ZPW-2000 系统的设备故障报警分为三级。

第一级:对车站值班员。通过总移频报警继电器失磁表示站内移频发送、接收设备有故障存在,在控制台上通过声光方式给以报警。控制台上设有总移频报警灯,当移频总报警继电器(YBJ)失磁时,点亮红灯,并通过故障电铃鸣响,以提醒车站值班员注意。

第二级:对信号工区维修人员。通过每段轨道电路所属衰耗器的发送工作、接收工作指示灯状态表示发送、接收器是否故障。

第三级:对检修人员。通过发送器、接收器内部故障定位指示灯闪动次数向检修人员提示设备故障的范围。

移频总报警继电器 YBJ 控制电路仅在移频柜第一位置设置。YBJ 电路如图 2-71 所示,移频总报警电路如图 2-72 所示。

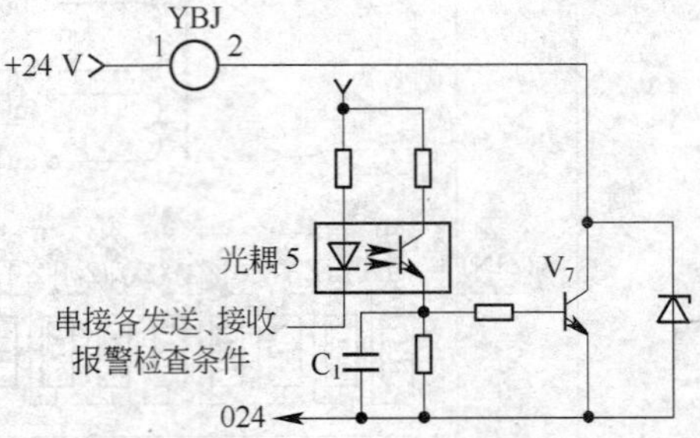

图 2-71　YBJ 电路

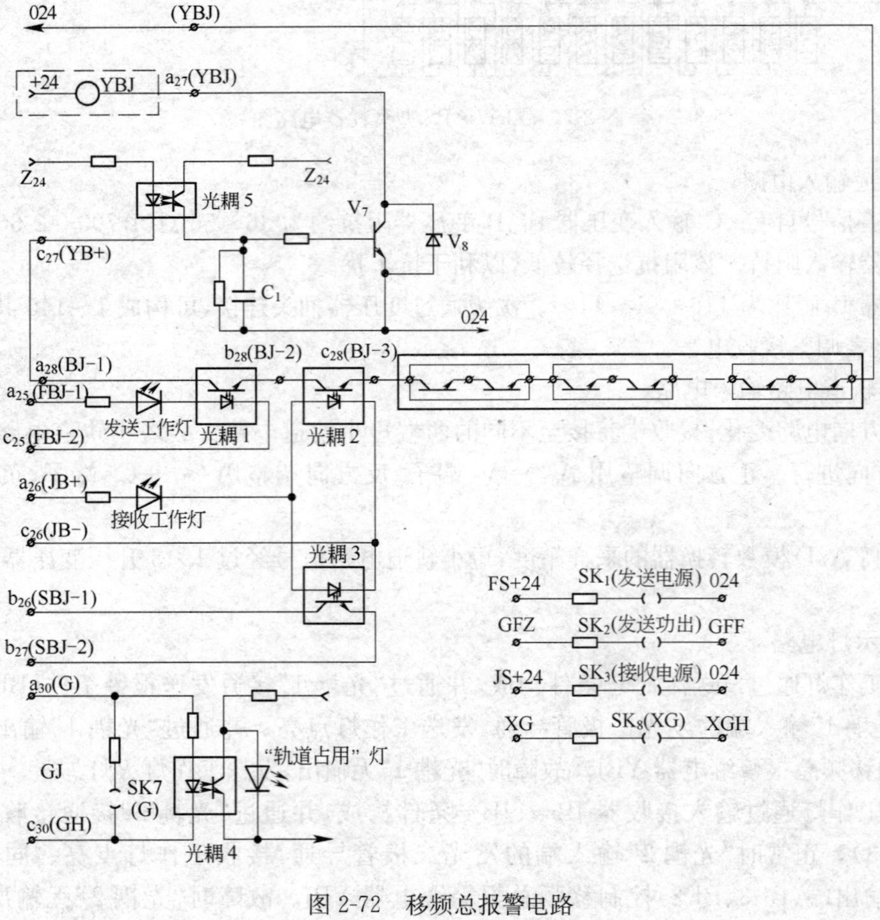

图 2-72　移频总报警电路

在衰耗器设“光耦 5”。系统设备均正常时,从移频柜第一位置的衰耗器开始,将其内“光耦 5”输入端与本区段轨道电路发送故障条件(BJ-1、BJ-2)、接收故障条件(BJ-2、BJ-3)串接,然后再将其他区段轨道电路接收工作、发送工作报警条件依次串接,使“光耦 5”受光器导通控制

三极管 V_7 导通，并使 YBJ 励磁。其中接收、发送设备任一故障则 YBJ 落下报警。

“+1 发送”只有发送设备没有接收设备时，仅接入 BJ-1、BJ-2 条件。在车站接收设备总数为奇数，单独设置并机备用时，仅接入 BJ-2、BJ-3 条件。

电容 C_1 起到缓放作用，防止各报警条件瞬间中断，造成 YBJ 跳动。

③衰耗器面板布置

衰耗器面板布置如图 2-73 所示。衰耗器面板上有表示灯和测试塞孔。

表示灯有发送工作灯(绿色)、接收工作灯(绿色)、轨道占用灯(红色)。

测试塞孔有：

SK1“发送电源” 接 FS+24 V、024 V。

SK2“发送功出”，接发送器功出。

SK3“接收电源”，接 JS+24 V、024 V。

SK4“接收输入”，接输入端子。

SK5“主轨道输出”，经 B_1 变压器电平调整后输出至主轨道主机、并机。

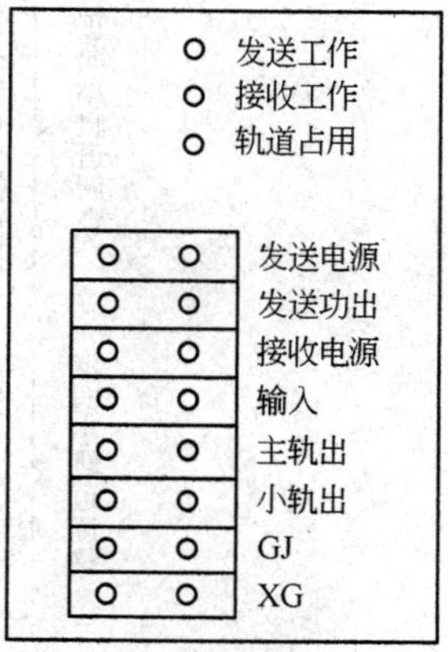

图 2-73　衰耗盘面板布置图

SK6“小轨道输出”，经调整电阻调整后，通过 B_2 变压器送至小轨道主机、并机。

SK7“GJ”，主轨道 GJ 电压。

SK8“XG”，小轨道执行条件电压。

④衰耗器端子连接

衰耗器端子及用途见表 2-28 所列。

表 2-28　衰耗盘端子用途说明

序号	端　子　号	用　　　途
1	c1　V1	轨道信号输入
2	c2　V2	轨道信号输入回线
3	a24　XZIN	正向小轨道信号输入
4	c24　XFIN	反向小轨道信号输入
5	a1～a10 、c3、c4	主轨道电平调整
6	a11～a23	正向小轨道电平调整
7	c11～c23	反向小轨道电平调整
8	c5　ZIN(Z)	主机主轨道信号输出
9	c7　XIN(Z)	主机小轨道信号输出
10	c6、c8　QND(Z)	主机主轨道小轨道信号输出共用回线

衰耗器外线连接如图 2-74 所示。

(6)站防雷和电缆模拟网络

站防雷和电缆模拟网络包括站内防雷组合以及电缆模拟网络，其框图如图 2-75 所示。

站防雷和电缆模拟网络组匣直接安装在组合柜上，每个组匣可装 8 台 ZPW · PML_1 网络盘。

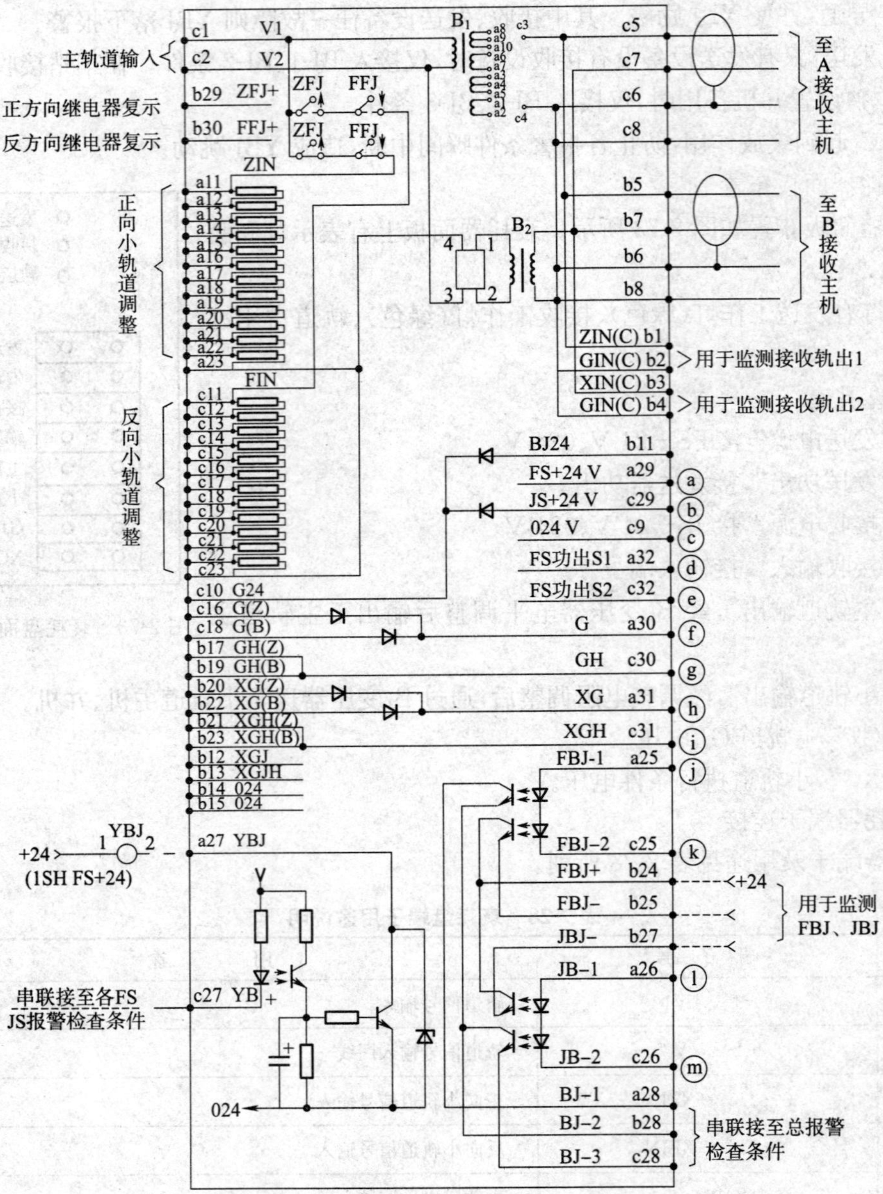

图 2-74 衰耗盘外线连接图

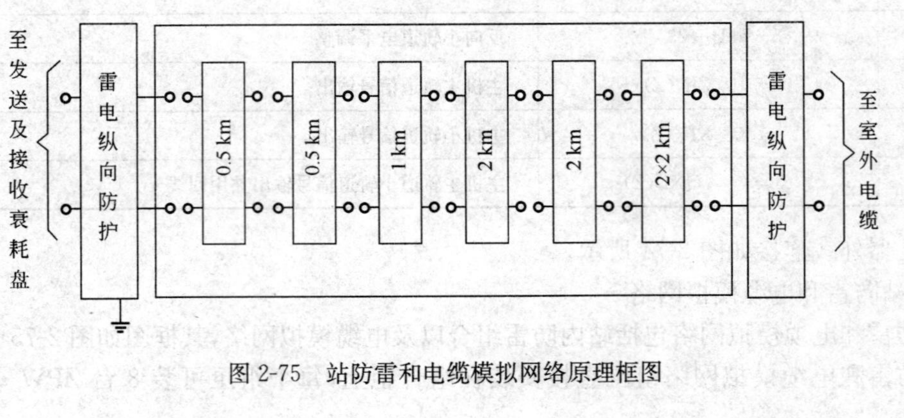

图 2-75 站防雷和电缆模拟网络原理框图

①电缆模拟网络

电缆模拟网络的作用是调整区间轨道电路传输的特性，可视为室外电缆的一个延续，补偿实际 SPT 数字信号电缆，使补偿电缆和实际电缆的总距离为 10 km，以便于轨道电路在不同列车运行方向电路时的调整，保证传输电路工作的稳定性。它直接接在室外电缆的入口处，送受电端成对使用，设有横、纵向防雷组合防止电缆上感应的强电损坏室内设备。

其电路原理图如图 2-76 所示。

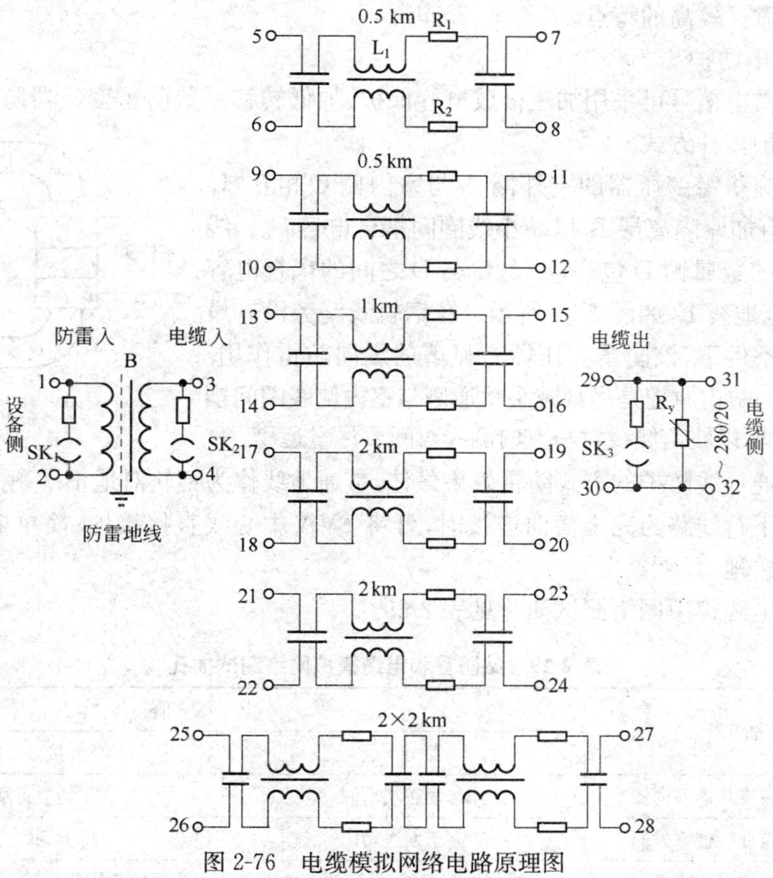

图 2-76　电缆模拟网络电路原理图

电缆模拟网络按 0.5、0.5、1、2、2、2×2 km 六节对称 π 型网络设计，以便串接构成 0～10 km，按0.5 km 间隔任意设置补偿模拟电缆值。

模拟网络值按以下数值设置：R：23.5 Ω/km；L：0.75 mH/km；C：29 nF/km。R、L 按共模电路设计，考虑故障安全，C 采用四端引线。

为判断和区分区间故障的范围，电缆模拟网络上设三个测试孔。

设备测试孔——在室内设备的连接侧，用于送端时连接发送器，其值等于发送器功出电压；用于受端时连接衰耗器，其值根据区间点的远近不同比分线柜的电压有不同程度的降低，等于衰耗器的轨入电压。

防雷测试孔——在室内设备与模拟网络的连接的低转移系数防雷变压器Ⅱ次侧，其值与设备测孔值相近。

电缆测试孔——在室外电缆的连接端，用于送端时是经模拟网络的衰耗后送上分线柜的电压，用于受端时为室外电缆送回室内的电压值，因此其值等同于分线柜的送受电端电缆端子的电压值。

②站防雷电路

站防雷电路对通过传输电缆引入室内雷电冲击进行防护，以保护模拟网络及室内发送、接收设备。采用横向与纵向雷电防护，纵向为低转移系数的防雷变压器，横向为带劣化显示的压敏电阻。

a. 横向雷电防护

采用交流 280 V 左右防护等级压敏电阻。压敏电阻应具有模块化、阻燃、有劣化指示、可带电插拔及可靠性较高的特点。

b. 纵向雷电防护

对于纵向雷电信号可采用加三极放电管保护、加低转移系数防雷变压器防护和室外加站间贯通地线防护三种方式。

低转移系统防雷变压器的室外侧 A 与室内侧 C 相互“环抱”缠绕，中间有加厚隔离层 B，以减小线圈间耦合电容 C_B。线圈 C 被非封口的金属铂 D 包裹，加大 C 与 D 之间的耦合电容 C_D，并将 D 接至地线 E，如图 2-77 所示。在钢轨线路旁没有设置贯通地线的条件下，该防雷变压器有显著的纵向防雷作用。由于该变压器的防雷原理是尽量减小轨道侧与室内侧线圈间耦合电容的数值，所以轨道侧线对与室内侧线对间要尽量远离。

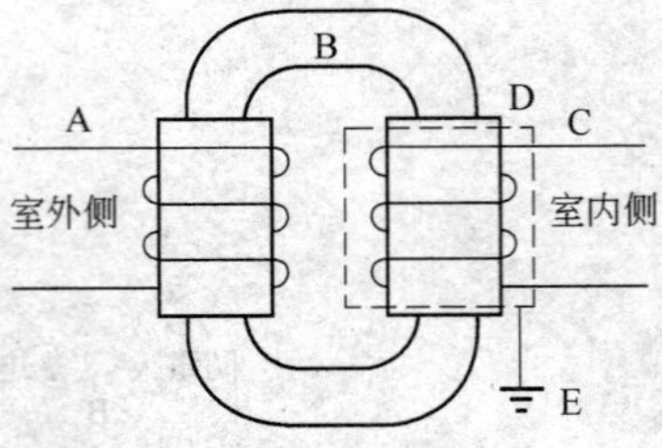

图 2-77　防雷变压器结构

加站间贯通地线防护的方式防雷效果最佳，贯通地线作为钢轨对地不平衡的良好泄流线。在双线区段上下行线路为完全横向连接时，可将 SVA 中心线直接接地；简单横向连接时，可通过防雷元件接地。

站防雷和电缆模拟网络测试插孔见表 2-29。

表 2-29　站防雷和电缆模拟网络测试插孔

测试插孔	电压值	
	发　送	接　收
SK_1“设备”防雷变压器室内侧	与发送功出同	约数百毫伏
SK_2“防雷”防雷变压器室外侧	高于发送功出	高于 SK_1 电压值
SK_3“电缆”与电缆连接侧	经模拟网络衰减，低于功出电压	未经模拟网络衰减，高于 SK_2 电压值

5. ZPW-2000A 型自动闭塞的传输安全性

(1)调谐区断轨检查

调谐区为 29 m 长的轨道电路，正常工作时接收端电流属于并联谐振电流的一部分。在规定道床电阻条件下，钢轨断轨时，该电流大幅度下降，使轨道继电器落下。在 1 Ω · km 道床电阻条件下，若不设短轨道电路，29 m 内无断轨检查。在最不利条件下，断轨时接收残压仅为轨道继电器落下值的 1/508，有断轨检查保证。

(2)轨道电路全程断轨检查

主轨道电路在最不利条件下，具有断轨检查保证，且有足够余量(断轨时接收器残压约为可靠落下值的 50%以下)。主轨道电路在较长长度下具有断轨检查功能，补偿电容起到关键作用。不设补偿电容时，满足断轨检查的长度仅约 700 m。

在钢轨同侧两端接地条件下，仍具有断轨检查及 0.15 Ω 分路检查的功能。

在解决了调谐区断轨检查后，实现了轨道电路的全程断轨检查。

(3)减小调谐区 0.15 Ω 分路“死区”长度

由于接收端阻抗较低，造成一段 0.15 Ω 分路“死区”。该“死区”长度与接收端工作电压值的设定有关。当工作值储备系数(工作值－灵敏度灵敏度×100%)为 40%(即灵敏度为 71.4 mV，工作值 100 mV)时，分路“死区”长度小于 5 m；当为 30%时，约 3 m。

在∞Ω·km 条件下，若不设短轨道电路，29 m 内 0.15 Ω 分路“死区”长度为 21.5 m(距送端 4 m，受端 3.5 m)。设短轨道电路时，分路“死区”长度为 5 m。

(4)调谐单元断线检查

利用调谐单元 BA 断线对本区段频率的信号绝缘节阻抗降低，对相邻频率的信号绝缘节阻抗升高的原理，用调谐区轨道电路工作门限值即可实现对 BA 断线的检查。送端 BA 断线，接收端电压降低约 50%；受端 BA 断线，接收端电压升高约 500%～700%，接收器设置接收门限对此进行检测。

(5)钢轨对地不平衡对传输安全的影响及防护

钢轨对地不平衡指轨道电路钢轨同侧两端接地或与其他金属物(送、受电端引接线、金属箱盒外壳、待更换钢轨等)相通形成第三轨的情况。

由于无绝缘轨道电路两运用钢轨有电容补偿，已近于呈阻性传输状态，“第三轨”的出现与两运用钢轨无补偿作用，对移频信号均呈感性，对轨道电路的传输、调整、分路、断轨检查、机车信号入口电流等均无显著影响。

6. ZPW-2000A 型无绝缘轨道电路传输长度

在相同条件下，UM71 为 0.8～1.1 km，而 ZPW-2000A 为 1.3～1.5 km，且电气—电气绝缘节和电气—机械绝缘节具有同样的传输长度，如表 2-30 所列。

表 2-30 ZPW-2000A 型轨道电路传输长度

道床电阻 / 传输长度(m) / 载频	1.0 Ω·km	0.6 Ω·km	0.5 Ω·km	0.4 Ω·km	0.3 Ω·km
1 700 Hz	1 500	824	674	574	424
2 000 Hz	1 500	824	674	574	424
2 300 Hz	1 500	824	624	524	424
2 600 Hz	1 460	774	624	524	424

第四节 高速铁路 ZPW-2000A 型轨道电路

一、高速铁路 ZPW-2000A 型轨道电路的特点

高速铁路采用列控中心编码的 ZPW-2000A 型无绝缘轨道电路。列控中心编码的 ZPW-2000A 型轨道电路具有以下技术特点：

(1)发送器、接收器载频选择通过列控中心进行集中配置，发送器采用列控中心的无接点计算机编码方式，取消了大量的编码继电器。

(2)发送器由既有的 $n+1$ 提高为 1+1 的备用模式，最大限度地降低了因设备故障而影响行车的几率。

发送器冗余方式如图 2-78 所示。

(3)将调谐单元和匹配单元整合为一个调谐匹配单元,减少了系统的设备数量,提高了可靠性。

(4)优化了补偿电容的配置,道床漏泄电阻值不小于 2 Ω·km 时,补偿电容值为 25 μF 一种;道床漏泄电阻值小于 2 Ω·km 时,补偿电容值为 40 μF、46 μF、50 μF 和 55 μF 四种。不同的信号载频采用不同的补偿间距;补偿电容采用了全密封工艺,提高了其容值稳定性和延长了使用寿命。

(5)加大了空芯线圈的导线线径,从而提高了关键设备的安全容量要求。

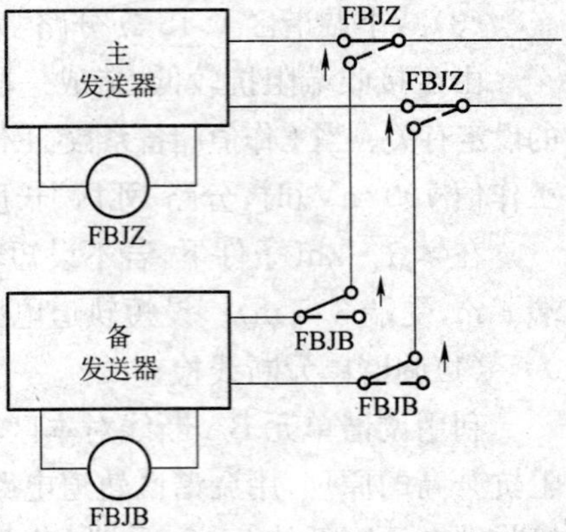

图 2-78　发送器冗余方式

(6)带有监测和故障诊断功能,系统的状态修提供了技术支持。

(7)站内采用与区间同制式的轨道电路,提高系统的可靠性。

(8)站内道岔区段的弯股采用与直股并联的一送一受轨道电路结构,使道岔分支长度由小于等于 30 m 延长到的 160 m,提高了车载设备在站内使用的安全性、灵活性,方便了设计。

二、列控中心编码的 ZPW-2000A 型轨道电路的工作原理

1. 设备设置

高速铁路不同于普速铁路,车站之间的距离较长,ZPW-2000 系列轨道电路传输电缆的长度不应大于 10 km,300 km/h 及以上的高速铁路不宜大于 7.5 km。当该电缆长度超过上述规定时,宜设区间信号中继站。在中继站集中设置轨道电路设备。车站与中继站、中继站与中继站间的距离一般情况下不超过 15 km。为了简化设备配置、减轻维修维护的工作量、减少房屋面积,无人值守站一般不再设综合维修工作站和电务维护工作站,改用便携式的综合维修终端和电务维护终端。

2. 设计基本原则

(1)载频排列

区间、车站轨道电路载频统一排列。闭塞分区分界点两侧必须采用不同基准载频。特殊情况下车站轨道电路机械绝缘节(道岔区内或股道的分割点)两侧可采用相同基准载频的-1 型、-2 型载频。各种基准载频的-2 型载频与低频 25.7 Hz 组合使用,用于车载信号的载频自动切换。

(2)分路灵敏度

道砟电阻为 1.0 Ω·km 或 2.0 Ω·km 时,为 0.15 Ω;道砟电阻不小于 3.0 Ω·km 时,为 0.25 Ω;无砟轨道线路,路基和混凝土桥梁地段的钢轨参数应根据无砟线路钢轨参数测量结果确定。

(3)横向连接

两相邻完全横向连接间的距离不得小于 1 200 m、完全横向连接与相邻简单横向连接间的距离不得小于 1 000 m。一段轨道电路内不得设置两个空扼流变压器。

(4)轨道电路传输电缆长度一般不应大于 7.5 km,困难情况下不应大于 10 km。

3. 区间轨道电路

区间采用列控中心编码的 ZPW-2000A 型无绝缘轨道电路,轨道电路的传输长度满足相关技术条件的要求。当道床不能满足轨道电路传输要求时,可采用计轴装置等实现列车占用检查。

电气绝缘节—电气绝缘节轨道电路系统结构如图 2-79 所示。机械绝缘节—电气绝缘节轨道电路系统结构如图 2-80 所示。

区间机械绝缘节—电气绝缘节轨道电路图如图 2-81 所示。

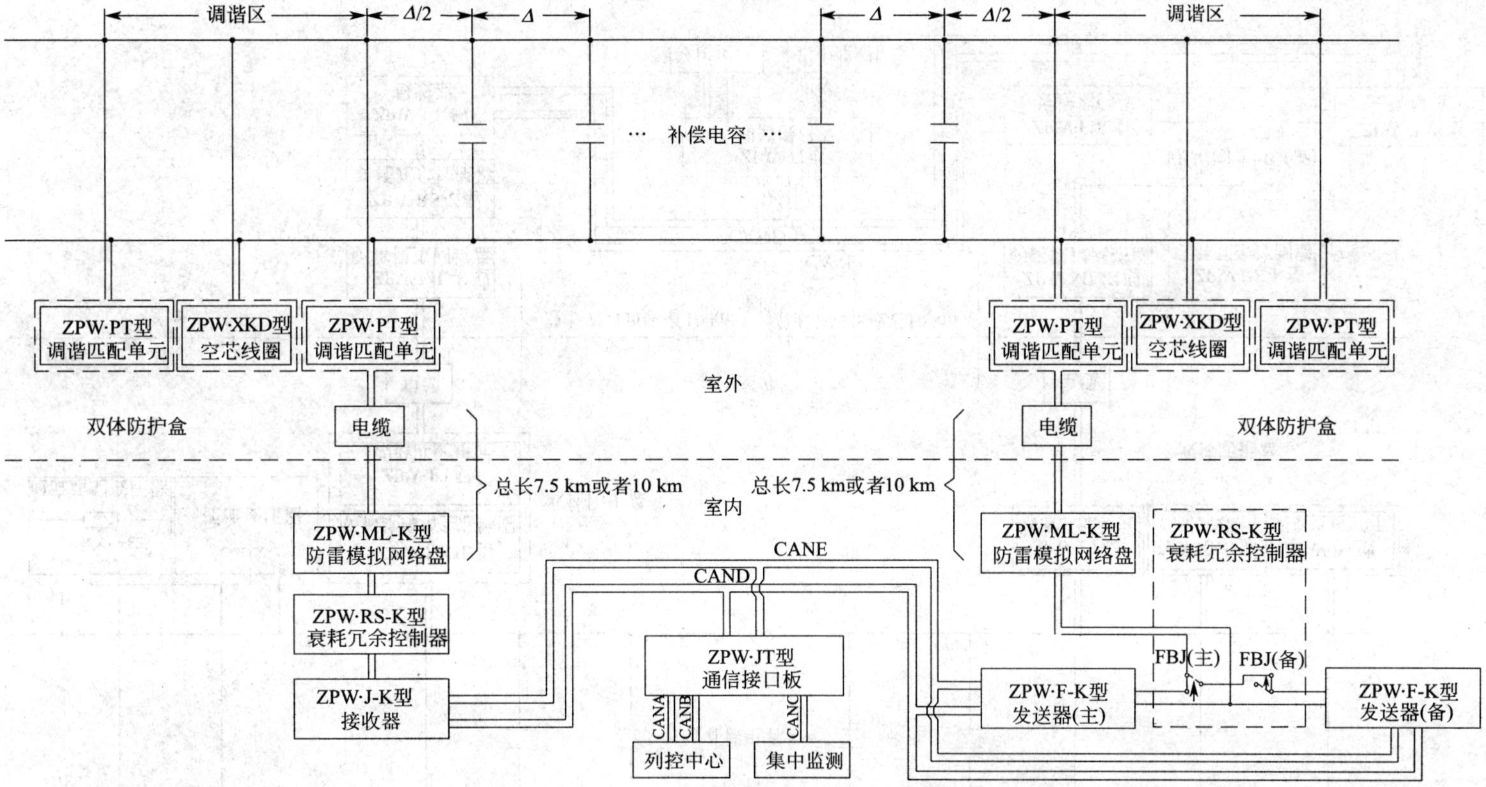

图 2-79　电气绝缘节—电气绝缘节轨道电路系统结构

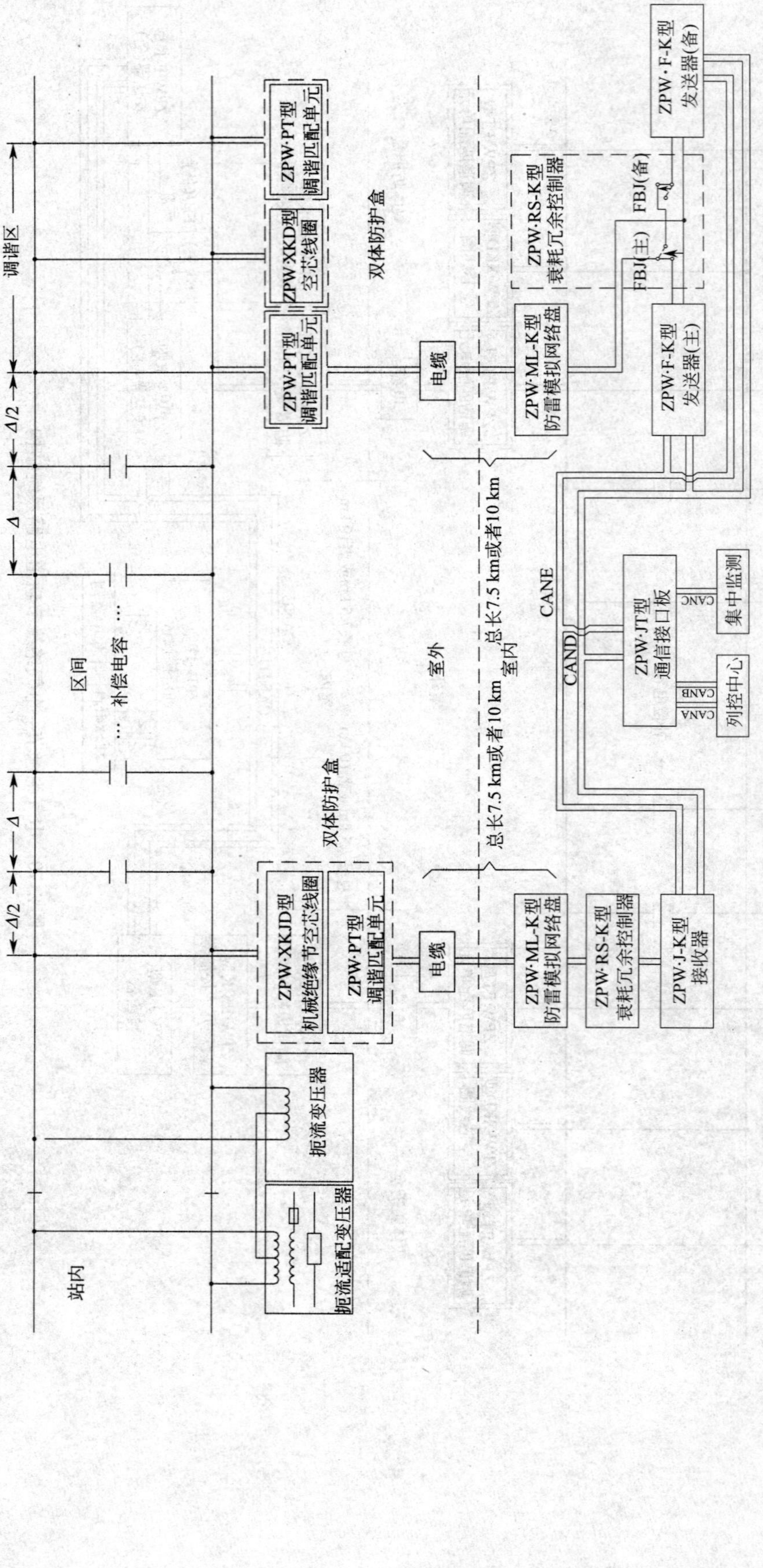

图 2-80 机械绝缘节—电气绝缘节轨道电路系统结构

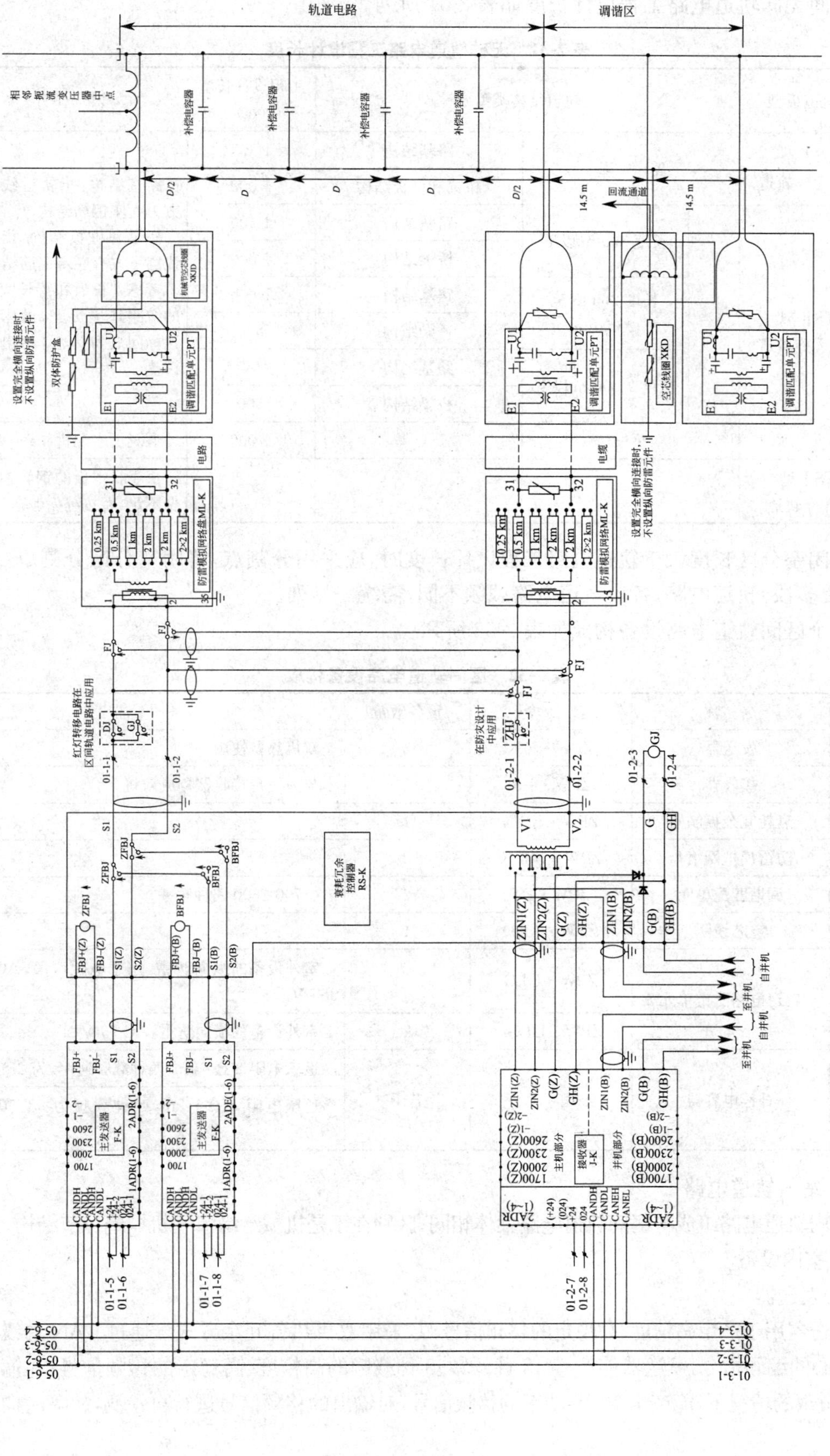

图 2-81　区间机械绝缘节—电气绝缘节轨道电路图

区间无砟轨道电路工程设计长度如表 2-31 所列。

表 2-31　无砟轨道电路工程设计长度

<table>
<tr><th>无砟轨道板型</th><th colspan="3">轨道结构类型</th><th>工程设计长度
(m)</th><th>说　明</th></tr>
<tr><td rowspan="2">CRTSⅠ型
双块式无砟轨道</td><td colspan="2" rowspan="2">路　基</td><td>路基结构</td><td>1 400</td><td rowspan="8">路基结构：指轨道线路下方无底座钢筋结构；
桥梁和桩板结构：指轨道线路下方有底座钢筋结构。
考虑到长大和特长大隧道的线路环境影响，道床维护达标问题等因素，给出该建议值</td></tr>
<tr><td>桥梁和桩板结构</td><td>1 000</td></tr>
<tr><td rowspan="7">CRTSⅡ型
双块式无砟轨道</td><td rowspan="6">隧道</td><td rowspan="2">长度 300 m 以下</td><td>路基结构</td><td>1 400</td></tr>
<tr><td>桥梁结构</td><td>1 000</td></tr>
<tr><td rowspan="2">长度 300 m 至
2 000 m</td><td>路基结构</td><td>1 000</td></tr>
<tr><td>桥梁结构</td><td>800</td></tr>
<tr><td rowspan="2">长度 2 000 m 以上</td><td>路基结构</td><td>700</td></tr>
<tr><td>桥梁结构</td><td>600</td></tr>
<tr><td colspan="3">桥梁</td><td>1 000</td><td>混凝土水泥桥</td></tr>
<tr><td>CRTSⅠ型
板式无砟轨道</td><td colspan="2"></td><td></td><td>800</td><td>由于日本板的钢轨参数数据不足，暂按统一考虑</td></tr>
</table>

当闭塞分区长度大于轨道电路工程设计长度时，应采用分割点，将闭塞分区分割成二、三段(或更多段)轨道电路，各段轨道电路载频不同，需统一排列。

一个区间轨道电路设备构成如表 2-32 所列。

表 2-32　区间轨道电路设备构成

<table>
<tr><th>序号</th><th>名　称</th><th>型　号</th><th>设备数量</th><th>备　注</th></tr>
<tr><td>1</td><td>发送器</td><td>ZPW · F-K</td><td>2</td><td>双机热备使用</td></tr>
<tr><td>2</td><td>接收器</td><td>ZPW · J-K</td><td>1</td><td>与另一台接收器构成双机</td></tr>
<tr><td>3</td><td>衰耗冗余控制器</td><td>ZPW · RS-K</td><td>1</td><td></td></tr>
<tr><td>4</td><td>防雷模拟网络盘</td><td>ZPW · ML-K</td><td>2</td><td></td></tr>
<tr><td>5</td><td>调谐匹配单元</td><td>ZPW · PT</td><td>2</td><td>(1700-2600 四种频率)</td></tr>
<tr><td>6</td><td>空芯线圈</td><td>ZPW · XKD</td><td>1</td><td></td></tr>
<tr><td rowspan="2">7</td><td rowspan="2">轨道电路防雷单元</td><td>ZPW · ULG</td><td></td><td>室外设备的纵向防雷，用于电化区段，AC 2×385 V</td></tr>
<tr><td>ZPW · ULG2</td><td>2</td><td>室外设备的横向防雷，AC 75 V</td></tr>
<tr><td rowspan="2">8</td><td rowspan="2">补偿电容器</td><td rowspan="2"></td><td rowspan="2">若干</td><td>道床电阻 2 Ω · km，四种载频通用，为 25 μF</td></tr>
<tr><td>道床电阻 1 Ω · km，四种载频为 55、50、46、40 μF</td></tr>
</table>

4. 站内轨道电路

站内轨道电路组成与区间轨道电路大体相同，区别在于是机械绝缘节—机械绝缘节结构。

5. 室内设备

(1)发送器

发送器用于产生高精度、高稳定的移频信号源，采用双机热备冗余方式。通过 CAN 总线接收列控中心的编码指令，发送器能产生 18 种低频、8 种载频的高精度、高稳定的移频信号；在输出为 400 Ω 负载的情况下，能产生 70 W 功率的移频信号；对输出的移频信号进行自检测，故障时向信号集中监测主机发出报警信息；能够向信号集中监测主机上传设备工作状态及故障信息。发送器原理框图如图 2-82 所示。

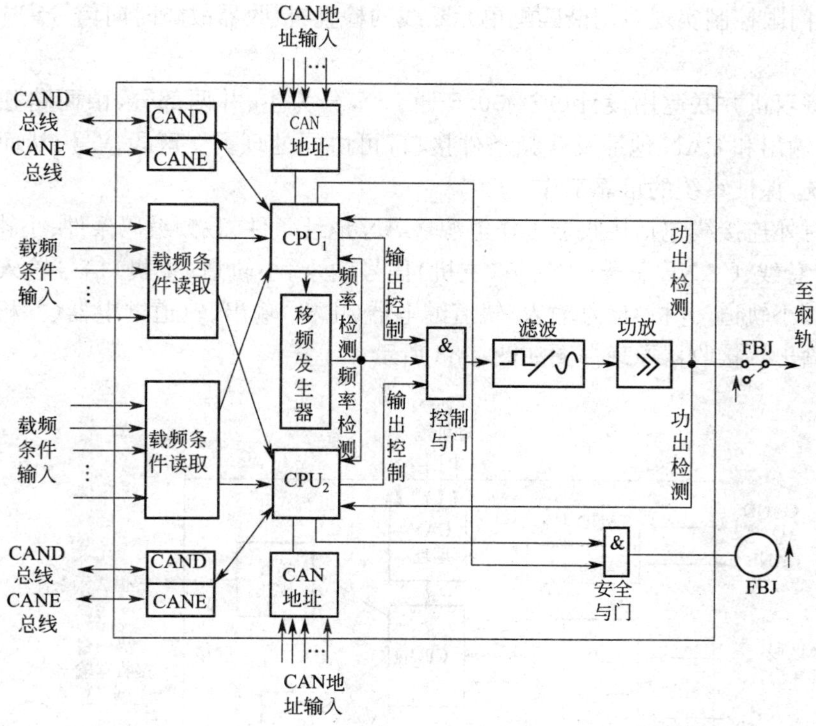

图 2-82　发送器原理框图

列控中心根据轨道空闲(占用)条件及信号开放条件等进行编码，通过通信接口板转发编码数据。

发送器内部采用双套相互独立的 CPU 处理单元。同一载频、低频编码条件源，以反码的形式分别通过互为冗余的两条 CAND、CANE 总线送至 CPU_1 及 CPU_2。CPU_1 控制移频发生器产生移频信号，移频信号分别送至 CPU_1 及 CPU_2 进行频率检测。频率检测结果符合规定后，控制输出信号，经控制与门使移频信号送至滤波环节，实现方波—正弦变换。功放输出的移频信号送至 CPU_1 及 CPU_2，进行功出电压检测。CPU_1 及 CPU_2 对移频信号进行低频、载频、幅度特征检测符合要求后，驱动安全与门电路使发送报警继电器吸起，并使经过功放放大的移频信号输出至轨道。当发送端短路时，经检测使控制与门有 10 s 的关闭(休眠保护)。

发送器对外连接线包括发送器工作电源、CAN 地址条件、载频编码条件、CAND 总线、CANE 总线、发送报警继电器前接点回采、电平级调整端子、功放输出、发送报警继电器输出。

发送器设工作表示灯、故障表示灯和 CAN 总线工作灯。每台发送器设一个工作表示灯，工作表示灯设置于发送器内，工作正常时点绿灯，发送器故障时工作表示灯点红灯。为便于对发送器数字电路的维修，在发送器内部 CPU 板上，对应每个 CPU 设置了一个指导维修人员查找设备故障的故障表示灯(红灯)，可以根据其闪动状况，判断发送器的故障点；在发送器内部 CPU 板上每个 CPU 为每条总线设置了一个 CAN 总线通信工作灯(黄灯)，根据其闪烁状况，判断设备的故障点，通信正常时通信工作灯闪烁，通信故障时通信工作灯常亮或常灭。

(2)接收器

接收器用于对主轨道移频信号的解调，动作轨道继电器同时向列控中心上传轨道空闲或占用状态信息；实现调谐区短小轨道电路移频信号的解调，给出短小轨道电路断轨及调谐区设备故障的报警条件，并通过 CAN 总线送至监测维护终端；检查轨道电路完好，减少分路死区长度，用接收门限控制实现对调谐匹配单元断线的检查；接收器故障时向信号集中监测主机发出报警信息。

接收器按双机并联运用设计（或称 0.5＋0.5），分为主、并两部分，由两路独立的信号输入、执行条件输出和 CAN 地址及载频条件接口，可协同处理另一区段信号，从而构成互为热备的冗余系统，保证系统的可靠工作。

接收器对外连接线包括接收器工作电源、CAN 地址条件、载频编码条件、小轨道类型编码条件、CAND 总线、CANE 总线、主轨道（主机）信号输入、小轨道（主机）信号输入、主轨道（并机）信号输入、小轨道（并机）信号输入、轨道继电器（主机）输出、轨道继电器（并机）输出、接收器报警条件输出。接收器原理框图如图 2-83 所示。

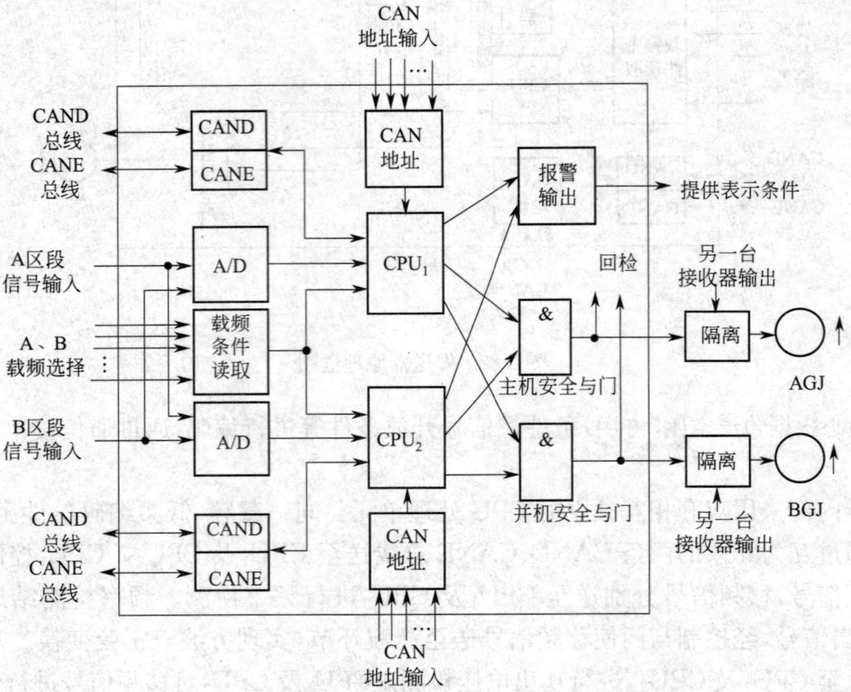

图 2-83　接收器原理框图

接收器采用两路独立的 CPU 处理单元，对输入的信号分别进行解调分析，满足继电器吸起条件时输出方波信号，输出至安全与门电路。与另一台接收器的安全与门输出共同经过隔离电路，动作轨道继电器。

A/D 为模数转换器，将输入的模拟信号转换成计算机能处理的数字信号。

载频条件读取电路设定主机、并机载频条件，由 CPU 进行判决，确定接收器的接收频率。同一载频、低频编码条件源，以反码的形式分别通过 CAND、CANE 总线送至 CPU_1 及 CPU_2。

CPU_1、CPU_2 根据确定的载频编码条件，通过各自识别、通信、比较确认一致，判断该条件有效，视为正常，不一致时，视为故障并报警。条件有效时，外部送进来的信号分别经过主机、并机两路模数转换器转换成数字信号。CPU_1、CPU_2 对外部信号进行单独的运算，判决处理。当接收信号符合幅度、载频、低频要求时，就输出 3 kHz 的方波，驱动安全与门电路。安全与门电路收到两路方波后，转换成直流电压驱动继电器。如果 CPU_1、CPU_2 的结果不一致，安全与门输出不能构成，则同时报警，电路中增加了安全与门的反馈检查，如果 CPU_1、CPU_2 有动态输出，那么安全与门就应该有直流输出，否则就认为安全与门故障，接收器进行报警。如果接收器接收到的信号电压过低，则判为列车分路。

安全与门电路将 CPU_1、CPU_2 输出的动态信号变成直流输出，驱动继电器（或执行条件）。

接收器设工作表示灯和故障表示灯。每台接收器内设一个工作表示灯，工作正常时工作表示灯亮绿灯，接收器故障时工作表示灯点红灯（其中 CAN 总线故障时不表现在工作指示灯上，在信号集中监测系统报警）。为便于对接收器数字电路的维修，每个 CPU 设置了一个指导维修人员查找设备故障的故障表示红灯，根据故障表示灯闪动状况，判断设备故障点。

（3）通信接口板

通信接口板（CI-TC）实现 CAN 总线通信协议间的互换。通信接口板采用双机热备冗余方式，可满足 10 个轨道电路通信。通信接口安装在车站列控中心主机柜中。通信接口板 CAN 地址的设置原则如表 2-33 所列。

表 2-33　通信接口板 CAN 地址的设置原则

CPU	ADR_7	ADR_6	ADR_5	ADR_4	ADR_3	ADR_2	ADR_1	ADR_0
CPU_1	奇校验	单元号		柜号				槽号
CPU_2	奇校验	单元号反码		柜号反码				槽号反码

单元号：移频柜的单元号都是 00；柜号：为工程设计中的移频柜编号；槽号：为区别主备通信盘设置，主通信接口板设置为 0，备通信接口板设置为 1；奇校验：为奇校验位。

（4）衰耗冗余控制器

衰耗冗余控制器实现正方向继电器复示及反方向继电器复示；通过主发送报警继电器或备发送报警继电器，实现总功出输出的切换；实现单载频区段主轨道电路的调整；实现单载频区段小轨道电路调整（含正向调整及反向调整）；实现主发送器和备发送器发送报警条件的回采。

主轨道信号经变压器 B_1 输入。变压器 B_1 匝数比为 116∶（1～146）。次级通过变压器抽头连接，可构成 1～146 级变化，按轨道电路调整参考表调整接收器电平。

根据方向电路，接收端接至不同的两端小轨道电路。故小轨道电路的调整按正、反方向进行。负载阻抗为 3.3 kΩ，为提高 A/D 模数转换器的采样精度，小轨道信号经过 1∶3 升压变压器 B_2 输出至接收器。

面板上有主发送工作灯、备发送工作灯、接收工作灯、轨道表示灯、正向指示灯、反向指示灯；主发送电源、备发送电源、主发送报警、备发送报警、总功出电压、总功出电流、接收电源、主机轨道继电器、并机轨道继电器、轨道继电器、轨道信号输入、主轨道信号输出、小轨道信号输出测试塞孔。

（5）双频衰耗冗余控制器

双频衰耗冗余控制器实现双载频区段主轨道电路调整；实现正方向继电器复示及反方向继电器复示；通过主发送报警继电器或备发送报警继电器，实现总功出输出的切换（总功出电压是主发送器输出还是备发送器输出）；实现主发送器、备发送器发送报警条件的回采。

根据方向电路，接收端接收不同载频的移频信号，故主轨道电路的调整按正、反方向进行。主轨道信号经变压器 SB_1 或 SB_2 输入，变压器 SB_1 或 SB_2 的匝数比为 116∶（1～146）。次级通过变压器抽头连接，可构成 1～146 级变化，按轨道电路调整参考表调整接收器电平。

面板上有主发送工作灯、备发送工作灯、接收工作灯、轨道表示灯、正向指示灯、反向指示灯；主发送电源、备发送电源、主发送报警、备发送报警、总功出电压、总功出电流、接收电源、主机轨道继电器、并机轨道继电器、轨道继电器、轨道信号输入、主轨道信号输出测试塞孔。

(6)防雷模拟网络盘

防雷模拟网络盘通过 0.25、0.5、1、2、2、2×2 km 电缆模拟网络模拟电缆参数，实现对 SPT 数字信号电缆的补偿；便于轨道电路调整；对通过传输电缆引入室内的雷电进行横向和纵向防护。

防雷模拟网络盘原理图如图 2-84 所示。模拟一定长度电缆传输特性，与真实电缆共同构成一个固定极限长度，由 0.25 km、0.5 km、1 km、2 km、2 km、4 km 共六节组成，通过串联连接，可以构成 10 km 以内的间隔为 0.25 km 的 40 种长度。使所有轨道电路不需要根据所在位置和运行方向改变配置。

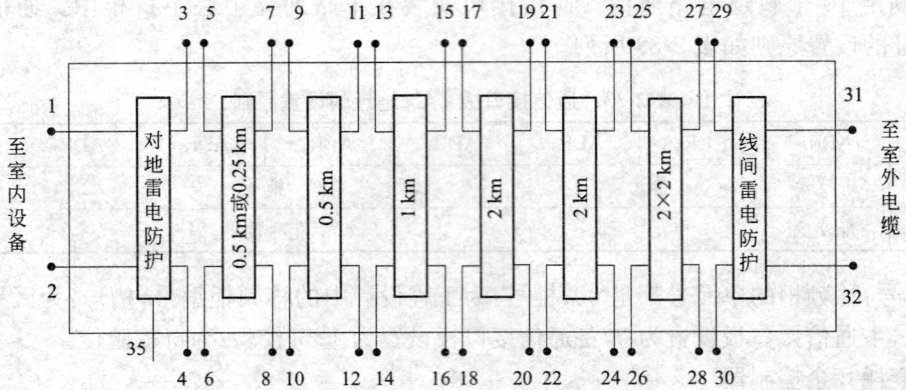

图 2-84 防雷模拟网络盘原理图

(7)无绝缘轨道电路机柜

无绝缘轨道电路机柜对外连接有下出线及上出线两种方式，根据现场需要选用。型号：ZPW · G-2000A/K。外形尺寸：900 mm×600 mm×2 350 mm。

每台机柜可安装 10 套轨道电路设备。每套轨道电路由主发送器、备发送器、接收器、衰耗冗余控制器组成。发送器冗余工作方式为主发送器、备发送器构成“1+1”双机热备结构，在机柜内部自行构成。接收器按照 1、2；3、4；5、6；7、8；9、10 构成双机并联运用结构，在机柜内部自行构成。

机柜正面由六层设备组成，由上至下分别是主发送器、备发送器、接收器、衰耗冗余控制器、衰耗冗余控制器、主发送器、备发送器、接收器。

机柜背面由上至下分别安装零层端子板、断路器组合板、零层端子板、电源端子板。上部的零层端子板用于机柜上半部 5 个轨道电路设备的对外接线；下部的零层端子板用于机柜下半部 5 个轨道电路设备的对外接线及列控中心与机柜之间的通信线连接。断路器组合板安装 20 个 10 A 和 10 个 5 A 断路器，10 A 用于发送器的过流保护，5 A 用于接收器的过流保护；电源端子用于发送器电源、接收器电源与供电电源屏的连接。

(8)无绝缘轨道电路接口柜

无绝缘轨道电路接口柜对外连接有下出线及上出线两种方式，根据现场需要选用。型号：ZPW · GK-2000A/K。外形尺寸：900 mm×600 mm×2 350 mm。

无绝缘轨道电路接口柜设备安装配比较灵活，既可放置防雷模拟网络组匣，也可放置继电器组合、综合采集分机、绝缘漏流测试组合等。最大容量为 9 台防雷模拟网络组匣。每个防雷模拟网络组合可安装 8 个防雷模拟网络盘。

6. 室外设备

(1)调谐匹配单元

调谐匹配单元可看作是继电编码的 ZPW-2000A 轨道电路中调谐单元(BA)和匹配变压器(TAD)的二合一设备。用于轨道电路的电气绝缘节和机械绝缘节处，根据本区段的载频频率选用。

调谐部分形成相邻区段载频的短路，且与调谐区内钢轨电感(或机械绝缘节处的机械绝缘节扼流空芯线圈)形成并联谐振，实现相邻区段信号的隔离和本区段信号的稳定输出。匹配部分主要作用实现钢轨阻抗和电缆阻抗的连接，以实现轨道电路信号的有效传输。

图 2-85 为调谐匹配单元原理图。端子 V_1、V_2、V_3、E_1、E_2 为 6 mm^2 万可端子。E_1、E_2 连接电缆，V_1、V_2 为匹配单元的测试端子，V_1 与 V_3 在使用中用 4 mm^2 多股铜线连接。A、B 为铜连接板，设备出厂时 A、B 间使用铜引接片连接。调谐匹配单元用于机械绝缘节处时，必须拆除 A、B 间铜引接片；调谐匹配单元用于电气绝缘节处时，必须用铜引接片和 Φ4 螺母将 A、B 间短接。U_1、U_2 为盒体外方的铜连接板用于与其他设备或钢轨的连接。

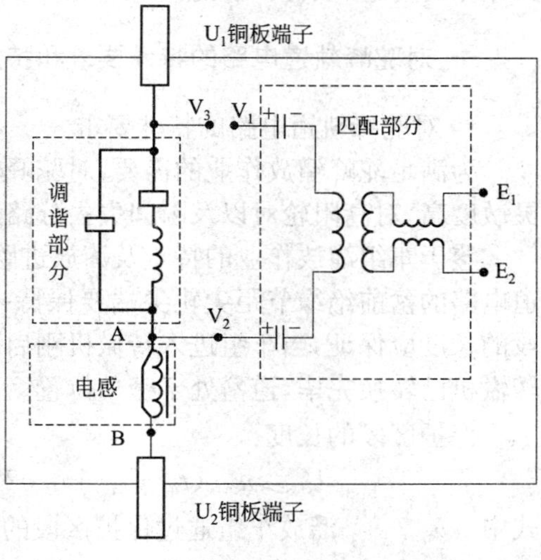

图 2-85　调谐匹配单元原理图

(2)空芯线圈

空芯线圈的作用是平衡两钢轨的牵引电流，实现上、下行线路间的等电位连接；改善电气绝缘节的 Q 值，保证设备工作的稳定性。

机械绝节的空芯线圈用于进出站口处，与调谐匹配单元形成并联谐振，使机械绝缘节电气参数与电气绝缘节电气参数等效，实现含有机械绝节的轨道电区段与双端均为电气绝缘节区段具有等长的传输长度。

(3)补偿电容

补偿电容采用高可靠的全密封电容(型号：ZPWC · BGM)，用来补偿因钢轨电感的感抗所产生的无功功率损耗，保证接收端信号有效信干比，使得轨道电路具有良好传输性能；并保证钢轨在同侧两端接地的条件下，轨道电路分路及断轨检查性能。

区间轨道电路区段和站内道岔轨道电路区段，当轨道电路区段长度大于 300 m 时，需要设置补偿电容，以改善轨道电路信号在钢轨线路的传输条件，保证轨道电路信号传输长度。

补偿电容容值的选择根据道床漏泄电阻值确定。道床漏泄电阻值小于 2 Ω · km 时，补偿电容值为 40 μF、46 μF、50 μF、55 μF 四种(不适用于站内道岔区)；道床漏泄电阻值不小于 2 Ω · km 时，补偿电容值为 25 μF 一种。补偿电容按照相等间距原则进行布置，电容间距根据不同情况通过计算确定。

(4)空扼流变压器

空扼流变压器(型号：BE-1000/ZPW)用于区间 ZPW-2000A 型无绝缘轨道电路区段需要将牵引回流线或保护线引入钢轨的地方，及其上、下行线路间横向连接线的地方，平衡牵引电流，使之不影响轨道电路的正常工作。

为了降低该设备的引入对区间轨道电路的影响，在不大于规定的不平衡牵引电流条件下，其对于轨道电路信号的阻抗不小于17 Ω。

BE(K)型扼流变压器接线如图2-86所示。

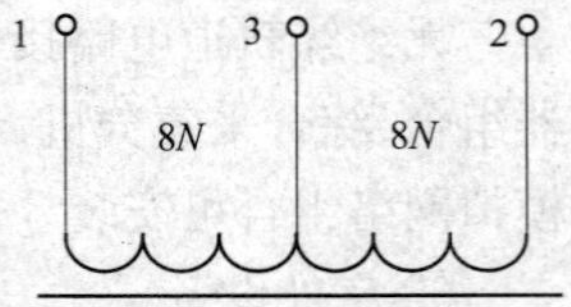

图2-86　BE(K)型扼流变压器接线图

第五节　驼峰轨道电路

驼峰轨道电路，主要指驼峰调车场溜放部分分路道岔所使用的轨道电路。驼峰轨道电路除了监督区段是否空闲及线路完整外，在溜放进路自动控制中起着十分重要的作用，它参与进路命令的传递、执行和取消。

一、对驼峰轨道电路的特殊要求和特点

1. 对驼峰轨道电路的特殊要求

为满足驼峰溜放作业的需要，对驼峰轨道电路提出其特殊的技术要求：应变速度快，分路灵敏度高，对高阻轮对以及瞬间失去分路效应的车辆应予以防护等。

鉴于车组溜放作业的特点及溜放进路上的道岔只设区段锁闭，为了作业安全，道岔区段轨道电路的岔前绝缘节距尖轨尖端要保持一定距离，即设置保护区段，如图2-87所示。保护区段的长度应保证，当车组进入转辙机刚启动的道岔区段轨道电路至车组第一轮对到达尖轨时，转辙机已转换完毕，道岔处于密贴位置。

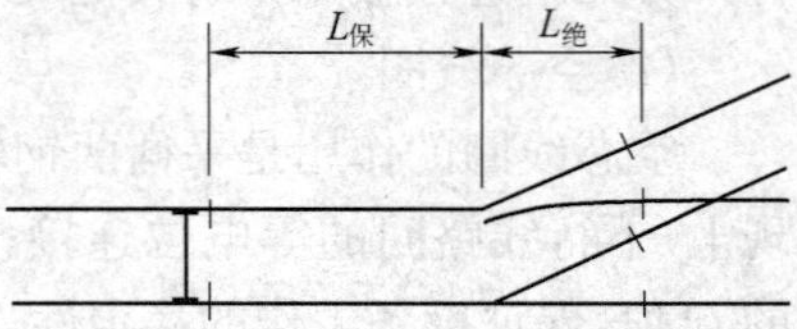

图2-87　岔前保护区段

保护区段的长度：

$$L_{保} \geqslant u_{max}(t_{继}+t_{转}+0.02)$$

式中　u_{max}——溜放车组通过保护区段的最大速度(m/s)；

$t_{继}$——轨道继电器等动作时间(s)；

$t_{转}$——转辙机动作时间(s)；

0.02——安全量。

2. 驼峰轨道电路的特点

驼峰轨道电路与一般轨道电路不同之处是：

(1)轨道电路长度较短，一般小于50 m。

(2)为适应轻车分路电阻大的情况，分路灵敏度要高(规定为0.5 Ω)，轨道继电器应可靠落下，释放时间要短。从车辆分路开始至前接点离开时止，其时间不超过0.2 s。

(3)为防止轨道电路瞬间失去分路作用时轨道继电器错误吸起，采用双区段制，即把一个轨道电路分成两段。

(4)由于长度短，受气候影响小，可实现一次调整。

二、驼峰交、直流轨道电路

驼峰轨道电路如图2-88所示，其中(a)是非电力牵引区段用的交流连续式轨道电路，(b)是电力牵引区段用的直流连续式轨道电路，以防止电气化干扰。

该轨道电路利用硒整流器的非线性特性，有车占用时，硒片上的正向电压降低，正向电阻急剧增加，从而加速轨道继电器的落下，提高了分路灵敏度。

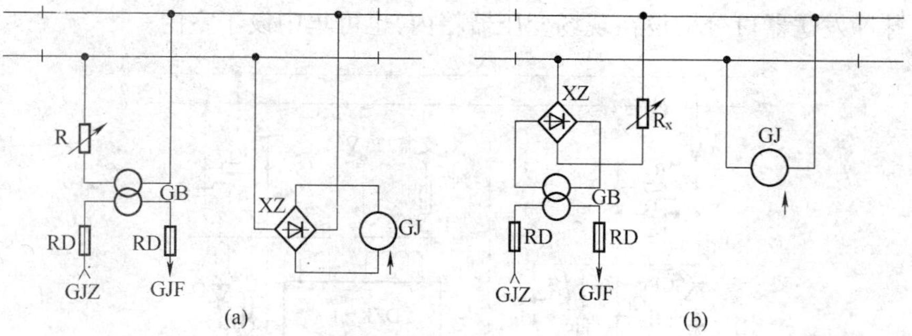

图 2-88 驼峰轨道电路

送受端轨道变压器采用BG_1-50 型或BG_1型，送电端限流电阻为 R-6/65 型，轨道继电器为 JWXC-2.3 型，硒堆或整流桥选用额定正向整流电流 1 A(电力牵引区段为 5 A)的器件。

三、双区段轨道电路

为防止轻车跳动失去分路作用使轨道继电器错误动作，分路道岔的轨道电路一般采用双区段轨道电路，如图 2-89 所示。

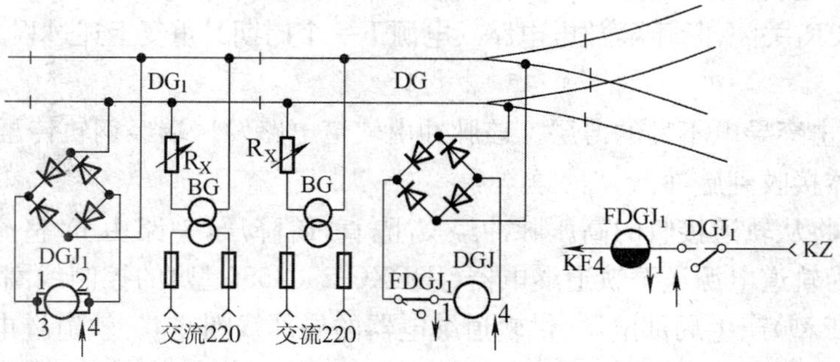

图 2-89 双区段轨道电路

具体做法是在保护区段短轨与道岔基本轨接缝处加设绝缘节，把一个轨道电路分成两个区段。前面的无岔区段命名为DG_1，后面的道岔区段称为 DG，各设一个轨道继电器DGJ_1和 DGJ。还设有DGJ_1的反复示继电器$FDGJ_1$(JWXC-H340 型)，将其后接点接至 DGJ 电路中。

当车组进入DG_1区段时，$DGJ_1\downarrow \rightarrow FDGJ_1\uparrow \rightarrow DGJ\downarrow$。这时，若轻车在$DG_1$上跳动，虽然$DGJ_1$会随车组的跳动而瞬间吸起，但由于$FDGJ_1$缓放，DGJ 不会吸起。待车组进入 DG 区段，DGJ 仍保持落下，此时因轻车再跳动，防止了道岔误动的可能。

四、驼峰高灵敏轨道电路

为了进一步提高轨道电路的分路灵敏度，解决高阻轮对造成的分路不良问题，研制了高灵敏轨道电路。

高阻轮对是由车轮本身的结构和材质及轮面锈蚀等原因造成的。驼峰溜放进路的轨面比较脏，从车组上散落下来的油污、沙子、煤屑等经车轮碾压形成导电不良的薄层，再加上雨雾水汽使轨面生锈，这些都导致分路不良，以至分路失效，可能在解体作业过程中造成严重后果。

高灵敏轨道电路是针对提高分路灵敏度和快速动作的目标设计的，电路如图 2-90 所示。主要由高压脉冲发送器、电子脉冲接收器、单闭磁轨道继电器组成。脉冲接收器和轨道继电器设在室内,脉冲发送器可分散设在现场变压器箱内,也可集中设于室内。

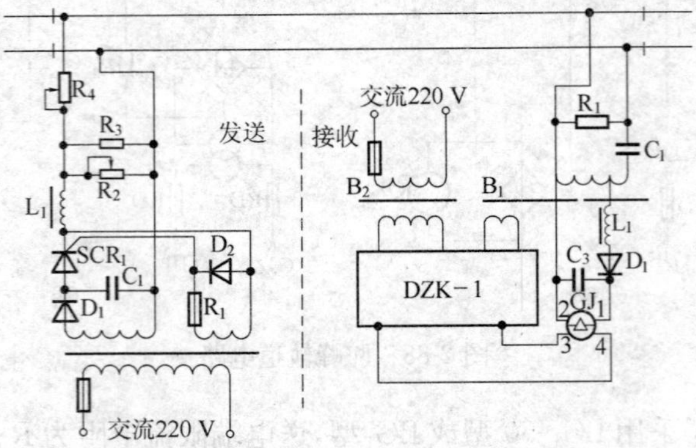

图 2-90　高灵敏轨道电路原理图

脉冲发生器利用二极管、电容、电阻、晶闸管将 50 Hz 交流电转换成为幅值约 100 V 的高压脉冲。当电源正半周 D_1 导通时,通过 D_1 向 C_1 充电,由于充电时间常数很小,使 C_1 电压很快充至电源电压峰值。电源负半周,正向触发电流加至晶闸管 SCR_1 控制极,当触发电流达到一定值时使 SCR_1 导通。SCR_1 导通后,C_1 向负载放电,产生电压脉冲。当 C_1 放电电流小于 SCR_1 的维持电流时,SCR_1 关闭,断开 C_1 放电电路。电源下一个周期又重复上述过程。于是产生 50 Hz 的脉冲。

高压脉冲可击穿导电不良的薄层。该脉冲由轨道电路发送端经钢轨传至接收端。区段无车占用时,接收器接收到脉冲。

脉冲接收器将从轨道接收的高压脉冲经 C_1 隔直,B_1 降压,一路由 D_1 整流,C_3 滤波成为较平滑的直流,作为轨道电源送至轨道继电器(JDBXC-550/550 型)的控制线圈 1-2;另一路驱动电子开关(DZK-1 型)产生局部电源,供轨道继电器的局部线圈 3-4。轨道继电器 GJ 的两个线圈得到同极性电源即吸起。当轨道电路被分路或其他原因使 GJ 的任一线圈失去供电时,GJ 落下。

发送设备的 R_3 和接收设备的 R_1 采用热敏电阻,进行温度调节。

由于电子开关具有很高的返还系数和开关速度,就使脉冲接收具有高返还系数和分路灵敏度(50 m 以下区段不小于 3 Ω,其他区段不小于 0.2 Ω)以及应变速度快(50 m 以下的区段不大于 0.2 s,其他区段不大于 0.5 s)。

相邻区段都为高灵敏轨道电路时,采用极性交叉的办法防护轨端绝缘的破损。由于脉冲接收器是有极性的,当轨端绝缘双破时,因相邻轨道电路送来的脉冲极性相反,不被接收。

分路道岔区段仍采用双区段轨道电路,来防护轻车跳动的问题。

在发送器、接收器内部分别接有压敏电阻,作横向防雷保护;在发送端、接收端与轨道连接处设有压敏电阻作纵向防雷保护。

除了用于驼峰的 TGLG 型高灵敏度轨道电路外,还有用于非电化区段以及直流电化区段的 GLG 型高灵敏度轨道电路,其轨道电路长度不大于 1 200 m,分路灵敏度 300 m 以下区段不小于 0.6 Ω,300 m 以上区段不小于 0.15 Ω;应变时间不大于 0.3 s。

第三章

轨道电路维护

第一节　轨道电路调整

一、轨道电路的调整

轨道电路的调整，要求在选择好限流电阻阻值和电源电压后，不论道床如何变化，各种参数如何波动，轨道电路都要能稳定可靠地工作，而不需要经常去调整，这就是一次调整法。

影响轨道电路的主要因素是道床电阻。轨道继电器的端电压随道床电阻变化的关系，用表格的形式列出来，就称为调整表，用曲线描绘出来就称为调整曲线。

二、调整表和调整曲线

调整表和调整曲线是依据轨道电路的转移阻抗公式，求得不同道床电阻值时的终端电流值，再根据终端电流值和轨道继电器的端电压的特征，用计算机编制出调整表和调整曲线。铁路技术部门总结了各种轨道电路的调整表、调整曲线，作为现场日常维修的依据，而不必进行反复计算。

所以，轨道电路调整，是在固定送电端限流电阻和受电端的情况下，按照调整表或调整曲线对送电端轨道变压器送电电压进行调整（通过轨道变压器端子的不同连接），以满足轨道电路对调整状态和分路状态的要求。

调整轨道电路，固定送电端限流电阻值，对可靠分路和防止送电端分路时设备过载有利；固定受端变压器和受端电阻，也有利于可靠分路和抗干扰。

表 3-1 为一送一受无受电分支的 97 型相敏轨道电路（$r_d = 0.5\ \Omega/km$）调整表。

表 3-1　一送一受无受电分支的 97 型相敏轨道电路调整表

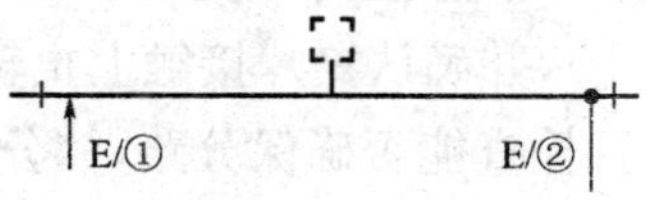

轨道电路长度 L (m)	无附加扼流					有附加扼流				
	R_X	R_S	U_B	U_{Jmin}	U_{Jmax}	R_X	R_S	U_B	U_{Jmin}	U_{Jmax}
1 500	4.4	0.0	11.7	15.2	36.5	4.4	0.0	12.8	15.3	35.1
1 400	4.4	0.0	10.6	15.1	34.1	4.4	0.0	11.5	15.2	32.9
1 300	4.4	0.0	9.6	15.1	32.0	4.4	0.0	10.4	15.1	30.9
1 200	4.4	0.0	8.7	15.0	30.0	4.4	0.0	9.5	15.0	29.1
1 100	4.4	0.0	7.9	15.0	28.3	4.4	0.0	8.6	15.0	27.5

续上表

轨道电路长度 L (m)	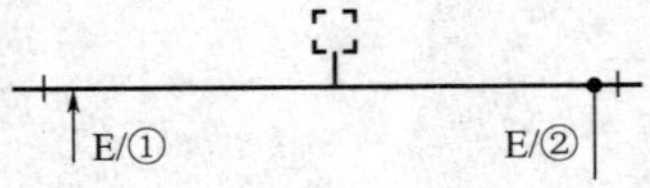									
	无附加扼流					有附加扼流				
	R_X	R_S	U_B	U_{Jmin}	U_{Jmax}	R_X	R_S	U_B	U_{Jmin}	U_{Jmax}
1 000	4.4	0.0	7.2	15.0	26.7	4.4	0.0	7.8	15.0	26.0
900	4.4	0.0	6.6	15.0	25.3	4.4	0.0	7.1	15.0	24.6
800	4.4	0.0	6.0	15.1	24.0	4.4	0.0	6.5	15.0	23.5
700	4.4	0.0	5.5	15.1	22.9	4.4	0.0	5.9	15.1	22.4
600	4.4	0.0	5.0	15.2	21.8	4.4	0.0	5.4	15.2	21.4
500	4.4	0.0	4.6	15.3	20.9	4.4	0.0	4.9	15.3	20.5
400	4.4	0.0	4.2	15.4	20.1	4.4	0.0	4.5	15.4	19.8
300	4.4	0.0	3.8	15.6	19.4	4.4	0.0	4.1	15.5	19.1
200	4.4	0.0	3.5	15.7	18.7	4.4	0.0	3.8	15.6	18.5
100	4.4	0.0	3.2	15.9	18.2	4.4	0.0	3.5	15.8	18.0

该调整表是按照满足调整、分路两种工作状态及送受电端设备不过载的原则而编制的。目的是使制式技术能力范围内的轨道电路实现一次调整。调整表是按照特定参数计算而得，轨道电路的实际情况和计算值有差异，本调整表只作为参考表。

调整表区别不同道床电阻、不同区段长度、不同受电端数量、不同无受电分支数量、有无附加扼流，分别规定送电端轨道变压器的应调电压 U_B（作为调整标准），并相应给出轨道继电器的最高、最高参考电压 U_{Jmin}、U_{Jmax}（供日常监测轨道电路运用特性的参考）。

三、调整表的使用

轨道电路均应在送电端进行调整，调整方法为改变轨道变压器的输出端子，以找出合适的输出电压（U_B），送电端限流电阻（R_X）应按参考调整表中相应的规定值选取。

所有受电端变压器的变比和受电端加串的电阻（R_S），均应按参考调整表中的给出值选取。

轨道电路要做到一次调整，一般应经历一次雨季（漏泄最大时）把轨道继电器端电压调整到不低于表中所列最小值（U_{Jmin}），并确认翼片接触上止轮；晴天后再检查轨道继电器端电压应小于表中所列最大值（U_{Jmax}），且检查能否确保分路，如分路良好则该区段即能实现一次调整。

调整表所给出的应调电压值 U_B，是对应于信号楼向轨道电路供电的电压额定值 220 V 时，各轨道区段发送变压器应输出的端电压。如果信号楼向轨道电路供电电压不是 220 V，应核算出应调电压值。但若轨道电路供电电压是经稳压给出的，则不必核算。

轨道电路的实际长度若介于调整表给出的挡别之间时，其应调电压允许就近选靠挡值。

轨道变压器实际输出电压（带载测量）不等于应调电压值时，除极限使用长度外，允许就近选靠输出端子；在极限使用长度时，只允许选定实际输出电压不大于应调电压值的端子。

例如，一段轨道电路长 850 m，为一送一受无受电分支的 97 型相敏轨道电路（r_d = 0.5 Ω/km），从调整表中可得 U_B = 6.6 V。再查表 2-7 BG_2-130/25 型变压器Ⅱ次线圈使用端子连接表，6.6 V一栏，是连接Ⅱ$_3$-Ⅲ$_1$，使用Ⅱ$_2$-Ⅲ$_2$。或者查BG_2-130/25型Ⅱ次线圈Ⅱ次端子电压，有5.28 V和1.32 V，两者加起来就是6.6 V。此时BG_2-130/25型变压器连接Ⅱ次线圈的端子的2-3和Ⅲ次线圈的端子1-2即可。轨道电路调整后，应进行分路试验。

调整25 Hz相敏轨道电路时应注意：

(1)严格按调整表(调整曲线)所要求的轨道线圈的端电压的范围进行调整，留出电源电压波动的适当富裕量。一般应采取改变送电变压器Ⅱ次抽头及连接跨线的方法，调整送电电压，Ⅱ次侧采用正串、反串增减输出电压，使之符合道床的自然状况。在调整时，凡是能造成扼流变压器Ⅱ次开路时，都要做好防护。

(2)在最不利情况下(晴天、道床最好时)，用标准分路线(0.06 Ω)进行送分、受分和岔分时，轨道继电器线圈残压应小于7.4 V，轨道继电器前接点应可靠断开(一送多受，只要一个轨道继电器线圈残压符合上述要求即合格)。

(3)调整轨道电路时，不允许将各端限流电阻调到低于技术要求的数值，不允许改变各端匹配变压器的变比。因此轨道电路调整前必须事先检查各部电阻阻值的变化与定型图是否相符，然后再进行电压调整。

(4)根据分路灵敏度和断轨灵敏度的要求，轨道电路受电端的输入阻抗应当在0.2～0.5 Ω范围内。否则，如果此阻抗小于0.2 Ω，分路灵敏度就低于标准值，如大于0.6 Ω，就不能检查断轨。

(5)对长轨道电路，在道床电阻小的时候(雨季)，不能把轨道继电器线圈电压调得过高。

四、ZPW-2000移频轨道电路调整

ZPW-2000移频轨道电路调整分为两部分，即主轨道电路调整与小轨道电路调整。

1. 主轨道电路调整

主轨道电路调整主要考虑各闭塞分区在载频及长度一定时该区段的发送电平、接收电平大小，以及如何跨接封连相应端子，使接发设备工作在所要求的电平量值范围内。

调整时根据各区段的载频f_0与长度L，首先在轨道电路调整表中查出相应的接收电平与发送电平级数，然后根据各自的电平级数在接收电平调整表中查出衰耗变压器B_1-Ⅱ次侧不同抽头端子与主并机相连的对应端子；在发送电平调整表中查出发送器功放输出端子跨接的对应关系。跨接封连的具体实施则在衰耗盘的96芯插座上进行，按表中的对应关系将相关端子用跨线方式连接即可。

在轨道电路调整表中不仅可查找接、发电平级数，还可查找对应区段应设的补偿电容的数量，以便根据该数量计算出设置补偿电容的步长，补偿电容的步长即为安装补偿电容时的间距。

2. 小轨道电路调整

小轨道电路调整，目的在于当小轨道接收输入端有一定的输入信号时，为使接收器小轨道输出的"小轨道执行条件电压"满足一定要求，需在衰耗器内选择适当的衰耗电阻接入，不同幅度的接收输入电压，应接入不同的衰耗电阻，才能使接收器小轨道输出满足要求的小轨道电路执行条件电压。即在1 700 Ω负载，无并机接入状态下不小于20 V。

小轨道电路调整时首先用专用选频表(CD96-3)在衰耗盘面板输入塞孔上测出小轨道电路的输入信号，然后按照小轨道电路调整表在衰耗盘的96芯插座上跨线即可。

小轨道电路调整有正、反向运行两种情况。为此在衰耗盘内分别设有两套衰耗调整电阻，供正向运行或反向运行时的小轨道电路调整之用。

第二节 轨道电路维修

一、轨道电路的维修内容

1. 日常养护

轨道电路日常养护的事项有：

①检查钢轨绝缘外观良好，轨缝标准。

②轨距杆、道岔连接杆、连接板及安装装置绝缘外观检查。

③检查送、受端引线，轨端接续、道岔跳线完好，防混措施良好。

④检查外界对设备的干扰，发现问题及时处理。

⑤检查箱盒有无破损、漏水，加锁装置良好。

⑥检查箱盒外部螺栓良好。

⑦访问车站值班员，了解运用情况。

⑧基础面及设备外部清扫、注油。

⑨更换不良绝缘。

⑩更换断股导接线、钢丝绳，对缺油钢丝绳补油。

2. 集中检修

轨道电路集中检修的事项有：

①检查、测试轨道绝缘，更换不良绝缘、导线及部件。

②检查、测试轨距杆绝缘，不良更换。

③检查送、受端箱盒通风、防尘状况，不良整修。

④钢丝绳除锈、涂油、整修。

⑤检查、补齐、整修引接线、接续线、道岔跳线、扼流变压器中心连接板（线）。

⑥基础面及设备外部清扫、注油。

⑦分路测试试验。

⑧液压断路器检查、试验。

⑨极性交叉校核和绝缘破损试验。

⑩电气化区段扼流变压器开盖检查。

⑪电气特性Ⅰ级测试。

⑫配合电气特性Ⅱ级测试。

⑬配合更换器材及试验。

⑭测试防雷元件，不良更换。

⑮箱、盒清扫、油饰，书写代号。

⑯检查、更换熔断器，核对容量。

⑰配合轨道电路标调。

⑱配合中修。

⑲配合工务更换绝缘和不良轨距杆。

二、维修轨道电路的注意事项

维修轨道电路时的注意事项有：

(1)维修轨道电路时,必须先登记,联系妥善后方可进行。

(2)铆塞钉时手锤要敲得狠、敲得准。塞钉不可不出头,但也不可一铆到底,以铆紧并出头2～3 mm,敲上去梆梆响为佳。若因孔小,塞钉出现“肥边”时,应将其凿去后再继续铆,不可猛敲猛砸,造成塞钉未出头但后部已弯曲。

(3)检查塞钉线铆接是否牢固,不宜每次用手锤猛敲。如果塞钉本来已铆得很紧,再受到猛力敲击,塞钉本身无法进入眼孔,只会弯曲或尾部堆大。

(4)在道岔区段发现不良塞钉线时,不可贸然进行更换,须与车站值班员联系同意后方可进行,否则有可能关闭已开放的信号机。道岔区段的各种钢丝绳、跳线的更换亦需取得车站值班员的同意(更换钢丝绳、跳线须在天窗点内进行,严重危及行车安全可以临时要点更换)。

(5)钢丝绳引入固定根母不可松动,各种钢丝绳断股超过1/5时应立即进行更换。轨端绝缘破损或测试不达标时,应及时通知工务部门配合更换。尤其要注意辙叉部分的绝缘检查。

三、轨道电路的主要维修事项

1. 更换和整治轨道电路送、受电等阻线

更换送、受电等阻线前应做好充分的准备,如检查新等阻线的长度是否合适、接线丝扣是否良好,将原使用的等阻线卡钉先去掉一部分,剩余的卡钉松动一下。要点后先拆除箱、盒内的螺帽,再冲击塞钉。新的塞钉按钢丝绳朝下引口铆入轨孔,将余量顺拧紧盘成圈,带扣的一端也按朝下引口方向塞入箱、盒帮孔内,加绝缘垫圈、铁垫圈,将螺帽拧紧,即可恢复送受电。盘成圈的余量用卡钉固定。

维修良好的送、受电钢丝绳应为:

①等阻线在箱、盒外帮口应不能拧动,两绳不应交叉。等阻线换装前应涂防锈漆和黑漆或灰漆(涂塑的不油漆)。在等阻线与塞钉、带丝扣螺栓焊接口,应口朝下,并涂以牛油。

②塞钉铆入轨孔内以透出2～3 mm为好,一铆到底或未透出即已弯曲的均属不良。带丝扣螺栓与箱帮间应加橡皮圈,以防雨露渗入。

③卡钉固定时前后成“八”字形,固定深度以卡住等阻线面并留有0.5～1 mm的间隙为佳,涂塑等阻线尤其不可钉得过紧,日后维修对裸等阻线涂水沥青较好。

2. 弯曲变形塞钉线的处理

由于工务部门给钢轨连接夹板(鱼尾板)、螺栓涂油时将塞钉线撬出,或更换钢轨其工程施工时钻眼距离不当等原因,常使塞钉线弯曲变形。有的伸得过长使圆弧消失,有的余量过多使中间隆起,有的眼孔过高使线条高过轨面,有的弯弯曲曲。变形的塞钉线较多时,应进行重点整治,处理方法是:

①对不合适的眼孔,要重新钻孔,保证两塞钉间距940 mm,距轨面,70 mm,要采用9.7～9.9 mm的麻花钻头,不可任意改动。

②对过大或过小的眼孔,也应重新钻孔,将塞钉敲细或堆粗均非长久之计。

③眼孔钻得过高或余量过多,使塞钉线中间隆起。整治时,两人各用一个削尖木把,插入塞钉线圆弧内,以塞钉为支点同时用力将圆弧向下撬,低于轨面后再用长把螺丝刀或扳手把将圆弧向外撬,使之平直整齐。

④塞钉线弯扭时,整治同上述方法。将线条伸直后。不要左右松动,用手锤将弯扭处垫着钢轨上部边沿敲直,敲直后再抽出木把,将圆弧向轨外撬一下就可恢复原状,以线条不超出轨

面，两端不碰鱼尾板边角为好。

3. 轨道电路变压器箱内配线的更换

更换轨道电路变压器箱配线的方法是：

①轨道电路变压器箱内配线的更换应纳入施工计划，在车站值班员室设专人联系。

② 先将旧设备移出箱外，如配线短无法移出，则另搞一套临时送、受电设备，将其配线临时与变压器箱端子连接，旧设备即可拆至箱外，将箱内位置让出。

③ 进行箱内密封处理和油漆，然后在油漆一新的底板上，将经过整修的送、受电设备布置好填入箱内并用木螺丝固定。如蛇管口堵孔螺栓或一侧钢丝绳引入螺栓影响填入，可拆除堵孔螺栓或要点拆除钢丝绳引入螺栓，填入后立即恢复原接线。

④ 底板填入后，将连向端子板的线条穿入各自的配线板眼孔内制环待用。

⑤ 测量、记录送、受电电压。新设备换上后，万一无法正常工作，可随时恢复临时送、受电设备或使用移出箱外的原设备。

4. 电气化区段轨道电路的维修

在电气化区段进行轨道电路作业时，严禁中断牵引电流回流。凡有可能中断时，必须首先做好防护。

(1)更换钢轨绝缘

在电气化区段配合工务更换钢轨绝缘时，首先要由工务与行车人员联系要点，并作拆断线路的防护。更换时要特别注意不准损坏牵引电流的回流设备，如钢轨上的钢丝绳、引接线等，严禁断开接向扼流变压器连接线中任何一侧或两个扼流变压器中性点的连线。在更换道岔区段中的极性绝缘时，严禁封连绝缘两侧钢轨。换后要认真检查各级断路器、器材有无因过流烧损现象、送受端设备工作是否正常。全部检查完毕后才能通知工务部门销点。

(2)更换扼流变压器

日常维修或施工时，在运行的电气化区段更换扼流变压器时，应采取以下防护措施，以保证牵引电流(回流)不中断。

①首先检查被换扼流变压器和待换扼流变压器的各部性能，连接部分是否良好，部件是否齐全。

②在向行车人员联系要点停止该区段(包括相邻区段)使用的情况下，首先连接好两区间的回流连接线。如图 3-1(a)所示，或直接使用两个横向回流连接线，一条纵向连接线按图 3-1(b)所示连接(俗称“两横一纵”)。

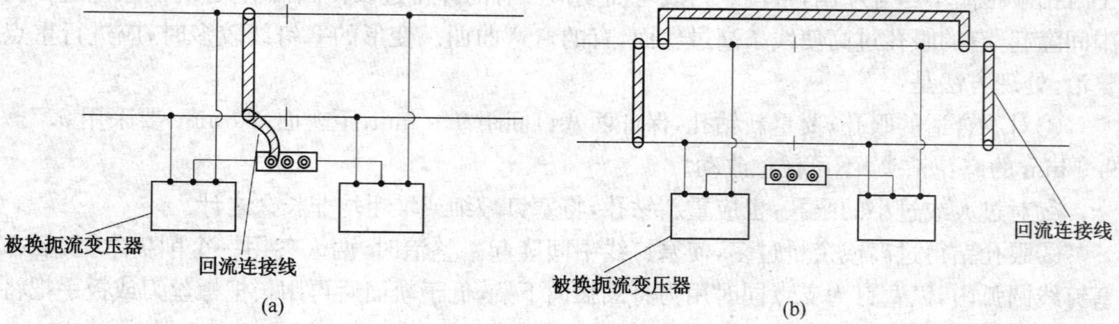

图 3-1　更换扼流变压器时的连接

③确认牵引电流被连接好后，拆下被换扼流变压器，换上新扼流变压器，各部连接好后，再撤下回流连接线或“两横一纵”连接线，最后进行复查测试和试验。

（3）更换扼流变压器箱连接线

更换扼流变压器箱连接线时应特别注意不能中断牵引电流（回流）。所以必须在给点更换前，先将回流连通，即利用“两横一纵，跨过绝缘节”连接好，如图 3-2 所示。然后再换上同型号的连接线，待新换线接好后，再撤除“两横一纵”回流线。

（4）更换两相邻扼流变压器中性连接板

更换两相邻扼流变压器中性连接板（正常情况无回流铁板的）时，也要先将回流连通，也就是用“两横一纵”回流线跨过绝缘节连接好，如图 3-3 所示。待换好的中性连接板全部连好后，再撤除“两横一纵”回流线，使设备恢复正常。

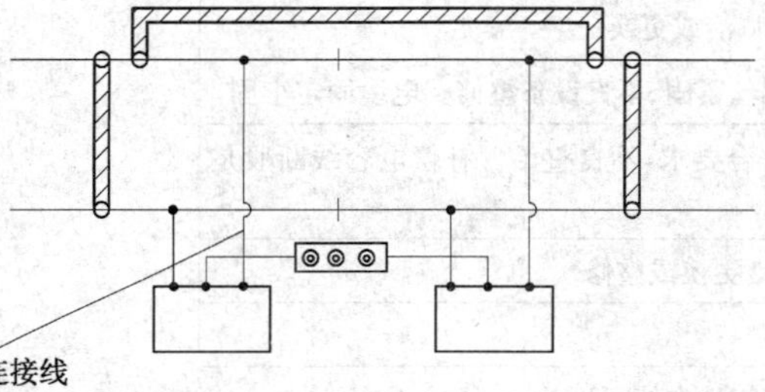

图 3-2　更换扼流变压器箱连接线时的连接

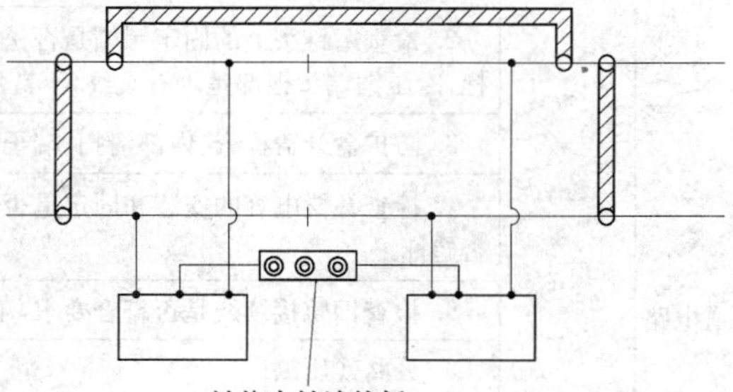

图 3-3　更换两相邻扼流变压器中性连接板时的连接

更换带吸上线（或回流线）两相邻扼流变压器的中性连接板时，也需在更换前做好“两横一纵”临时回流连接线的连接，如图 3-3 所示。并将吸上线或回流线临时沟通至钢轨，连接好后再由供电人员配合撤下吸上线（或回流线），装好新中性连接板后，再连接好吸上线（或回流线），全部连接好再撤除“两横一纵”临时回流线。

当发现扼流变压器箱连接线、扼流变压器箱中性连接板以及连接的吸上线、回流线被刮断时，电务维修人员绝对不能擅自处理，应首先通知车务人员请求不准电力机车进入有关区段运行，再与供电部门联系协同一起处理。可首先做好安全防护，即用“两横一纵”回流线跨过故障处所，连通回流，然后方可进行更换处理。待处理连接好后，再撤除“两横一纵”回流线。

（5）配合工务更换钢轨

配合工务更换钢轨一般分为两种情况：一种是普通轨道电路区段内的钢轨；另一种是轨道区段终、始端带钢轨绝缘处的钢轨。

第一种位置处钢轨更换时只要将轨端接续线的塞钉孔钻好（有旧孔时需用砂布打磨除锈，如若旧孔过大塞钉打入时有可能造成接触不良，所以也要重新钻孔），再用回流连接线（“一纵”即可）跨过待换的钢轨沟通回流，然后才能打下钢轨接续线，拆旧轨换新轨。新轨换好后，打好接续线，才能撤下“一纵”回流线。

第二种情况，更换绝缘处的钢轨，除按要求准备钢轨钻孔外，还需用“两横一纵”回流线跨过绝缘节和被换钢轨连接好，保证回流畅通，然后才能拆绝缘、扼流变压器连接线以及接续线。待新轨换好后，应装好绝缘，连接好扼流变压器连接线和轨端接续线，随后才能撤除回流线。

四、ZPW-2000 系列轨道电路的维护

ZPW-2000 系列轨道电路设备分室内、外两部分，其检程周期分为日常养护和集中检修两

种方式,轨道电路的测试包含在日常维护和集中检修过程中。ZPW-2000 系列轨道电路的维修工作内容、周期如表 3-2 所列。

表 3-2　ZPW-2000 系列轨道电路维修工作内容、周期

设备名称	修程	工作内容	周　期
轨道电路	日常养护	1. 检查调谐区 BA、BP 及平衡线圈的钢包铜引接线完好	每月不少于 2 次
		2. 检查补偿电容及卡具完好	
		3. 检查防护盒外观急加锁完好	
		4. 检查钢轨接续线完好。补齐缺损的接续线	
		5. 检查轨道电路有无受外界干扰	
	集中检修	1. 检查钢包铜引接线的安装及固定是否符合要求,不良整治	每年 1 次
		2. 检查塞钉头上的固定螺帽是否松动,冷压铜端头与轨面间接触电阻是否超标,冷压铜端头根部是否有裂纹,不良的整治或更换	
		3. 防护盒开盖检查、内部清扫、端子螺丝紧固、不良设备整修。电缆固定牢固	
		4. 检查补偿电容的安装和固定是否符合要求,不良整治。补偿电容线断股是否超标	
		5. 检查钢轨接续线是否符合要求,不良更换或整修	
		6. 分路残压测试	
		7. 轨道电路送受电端调谐区设备电气特性在线测试并记录	
		8. 补偿电容阻抗在线测试并记录	
		9. 绝缘轨距杆漏电流阻抗测试	
		10. 防护盒防水整修	
		11. 对防护盒上字迹不清的名称及电容防护罩上字迹不清的编号用白色调和漆重新刷写	
		12. 各箱盒地线测试,不良的整治	
		13. 防护盒界限测量	
		14. 线路道床检查	
		15. 设备基础桩油漆、扶正;硬面化修补	2 年 1 次
室内设备	日常养护	1. 器材无过热现象。日常测试	每班 1 次,无人值班站每月 2 次
		2. 检查温控单元是否设定在规定范围内,散热单元、温控单元是否正常工作	
		3. 观察维护机告警、预警信息	
		4. 检查站内防雷元件、区间防雷元件劣化窗显示绿色	
	集中检修	1. 轨出 1(主接入)电压、轨出 2(调接入)电压分析	每月 1 次
		2. 发送器、功放器电气参数在线测试并记录	
		3. 接收器轨道继电器电压测试	每年 1 次
		4. 电缆模拟单元电气参数在线测试并记录	
		5. 衰耗滤波器电气参数在线测试并记录	
		6. 电缆绝缘测试	
		7. 检查贯通地线,不良的整修	
		8. 其他内容同信号机械室组合架的要求	

信号机、电缆线路的维护内容、周期同集中联锁信号机、电缆线路。

注意：轨道电路原则上不得因气候条件进行“二次调整”，不得已时，需经电务段同意、授权。二次调整时，应明确注明原因（如：轨枕绝缘特性不良；线路石砟碰轨底；轨枕板面泥土淤积受潮连电；制动铁屑受潮连电……）。

第三节　轨道电路电气特性测试

电气特性测试，对于及早发现隐患、提高轨道电路性能具有重要作用。轨道电路种类繁多，但对于各种轨道电路，主要测量其各部位的电压、电流，以及轨道电路的一次参数。

一、25 Hz 相敏轨道电路测试

25 Hz 相敏轨道电路测量项目包括：电源电压，送电、受电变压器Ⅰ、Ⅱ次电压，限流器电压降，送、受电端轨面电压，送、受电扼流变压器信号圈、轨道圈电压，继电器轨道线圈端子电压，分路残压测量（入口电流），极性交叉检查、轨道与局部相位角测试。必须采用专用仪表进行测量。

1. 常规测试

（1）电源电压

电源电压即电源屏送出的轨道电路电源电压，可用选频电压表在分线柜有关端子上测得。

（2）送电、受电变压器Ⅰ、Ⅱ次电压

测送电变压器Ⅰ次电压时，将选频电压表的两棒并接在 I_1、I_4 端子上测得。该电压由电源屏直接供出，除去电缆芯线压降，应保持在交流 210～220 V。测送电变压器Ⅱ次电压时，将选频电压表在轨道电路调整状态下，并接在Ⅱ次侧的使用端子上。轨道电路的开路电阻在 100 Ω 以上时，该电压应为 2.5 V 左右。一送多受或股道区段适当高些。

受电变压器Ⅰ次电压为受电端轨面电压减去引接线压降，一般应为 0.8 V 左右。用选频电压表并接在受电变压器的 $Ⅲ_1$、$Ⅲ_3$ 端子上测得。用选频电压表接在受电变压器的 I_1、I_4 端子上测得。

（3）限流电阻压降

轨道电路在调整状态下，限流电阻压降随轨道变压器Ⅱ次侧端电压而变化，将选频电压表并接在限流电阻器上、下端子上即可测得。一般为 1.5 V 左右。

（4）送电端轨面电压

送电端电压等于送电变压器Ⅱ次侧输出电压减去限流电阻压降和钢丝绳上的压降。正常情况下，如轨道变压器Ⅱ次侧输出电压为交流 2.5 V，限流电阻压降为 1.5 V，送电端轨面电压应为 1 V 左右。将选频电压表两棒分别与送电端两钢轨轨面明亮处作良好接触即可直接测出。

（5）受电端轨面电压

受电端轨面电压与轨道区段长短、受电端数量、轨道传输中的压降等因素有关。用选频电压表在受电端轨面直接测得受电端轨面电压。一般应为 0.8～0.9 V，一送多受的各受电端轨面电压会有不同。

（6）送电、受电扼流变压器信号圈、轨道圈电压

在调整状态，用选频电平表在送、受电扼流变压器信号圈、轨道圈上测得。

（7）继电器轨道线圈端电压

受电变压器Ⅱ次电压减去电缆馈电线压降即为轨道继电器端电压。将万用表放在交流25 V(挡)从继电器的3、4端子上测得。

如装有轨道电路测试盘，轨道继电器端电压可由该测试盘测得。

(8)分路残压

轨道电路区段被占用后，轨道继电器落下，在它的线圈上仍可能有电压，该电压称为轨道电路分路残压。用0.06 Ω标准分路线分路轨道电路，用选频电压表直接从轨道继电器的3、4端子上测得。该残压不得超过7.4 V。

(9)极性交叉检查

①电压法

25 Hz相敏轨道电路极性交叉检查可采用电压法来进行，有两种可供选用的检有两种可供选用的检查方法，现以带扼流变压器为例，如图3-4所示。

方法一：$U_1>U_5$或$U_1>U_6$或$U_4>U_5$或$U_4>U_6$成立时，有相位交叉；

方法二：$2U_1>U_2$或$2U_1>U_3$或$2U_4>U_2$或$2U_4>U_3$成立时，有相位交叉。

有扼流变压器处的各点电压表示如图3-4所示。图中，实线箭头表示50 Hz牵引电流，虚线箭头表示25 Hz信号电流；图示为相位交叉情况；假定两边的25 Hz电压按图所示方向无相位差。

对于无扼流变压器的钢轨绝缘处相位交叉的检查测试方法完全与有扼流变压器时相同。因此时所测各处电压基本上就是信号电压，没有或可忽略50 Hz牵引电流造成的电压。但需指出的是，采用上面两种方法的基础是考虑到实际上轨条对地绝缘不可能是无限大，从而两相邻轨道电路各点对地的电位能构成它们之间的电位差(U_1-U_6)。

②相位法

由于电气化区段牵引电流的存在，流径两根钢轨的牵引电流存在着不平衡性，以及相邻轨道电路区段钢轨绝缘可能破损等原因，所以用非电气化区段的电压法来测量相邻轨道电路的相位交叉，很可能产生误判，所以要测试极性交叉最好还是利用相位表直接测量最为准确、方便。

在绝缘节左右两边轨面电压差较大情况下，直接利用相位表测试相位差来测试极性交叉。将相位表选至25周电压相位差挡，按照图3-5所示，四根测试线同时测试绝缘节两端25 Hz轨道电路电压，当仪表显示相位差为180°左右时，极性交叉，否则不交叉。

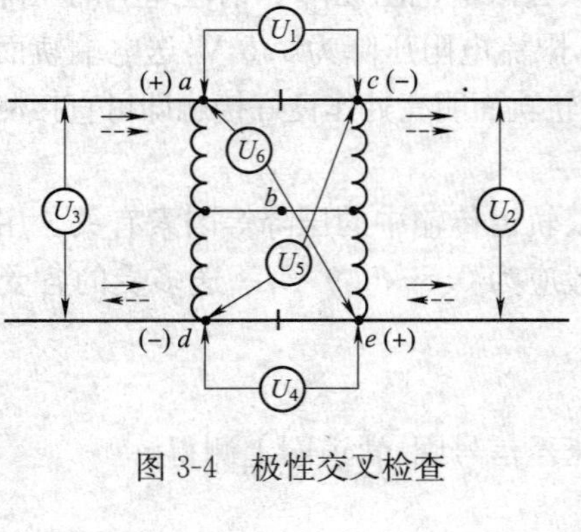

图3-4 极性交叉检查

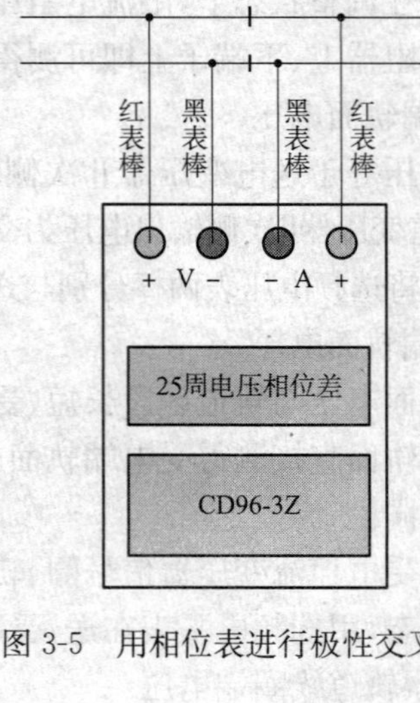

图3-5 用相位表进行极性交叉检查

(10)实际工作相位角

实际工作相位角一般利用相位表直接测量。

(11)轨道电路中各种绝缘部件的测试

轨道电路中有轨距杆绝缘,尖轨滑床板绝缘,道岔第一、二、三连接杆绝缘,转辙机大角钢绝缘,轨端绝缘,送受电钢丝绳与箱、盒间的绝缘等绝缘件,用电表测试各种绝缘件时,可带电测试,也可不带电测试。

① 轨距杆绝缘的测试

轨距杆的带片绝缘管分设于两头,每爪内套一个。如果绝缘管套入爪孔内的位置不正确,或紧固螺帽与绝缘管片未加同直径的铁垫片,拧紧螺帽时会使管身破损,弹簧垫圈日久楔入管圈内与爪面相碰,都能使绝缘不起作用。

带电测试时,先在杆上用尖口钳或锯弓开一个亮面,将万用表放在交流 10 V 挡,一棒接杆身,另一棒依次与两轨面相接触,万用表均不应有读数。如有读数,说明轨距杆与钢轨间的绝缘已破损。该种方法称为电压法。或者将万用表放在 ×10 电阻挡,一棒接杆身,另一棒接轨面,表针所指即为它们之间的绝缘值。如为 0 Ω 说明绝缘已失去作用。若阻值较小,可换 ×1 电阻挡测量,能测得很精确的绝缘值。但须注意不可用两棒去测量两轨面,或测量一组绝缘已破损的杆身与另一组绝缘良好的轨面,以防人工短路。该种方法称为电阻法。

② 滑床板绝缘、道岔连接杆绝缘的测试

它们的绝缘设在中间,上下铁夹板与杆子间设有绝缘片,杆身与固定螺栓间均套绝缘管,夹板与螺栓相通,但与杆身相隔,杆子与各自的轨底相连。用电压表测试轨面与夹板包括所有螺栓间的绝缘电阻。

③转辙机大角钢绝缘测试

可用电压表或电阻法进行,轨面与大角钢间不应有电压,电阻不应为零。两根角钢共用 8 只耳铁螺栓固定,只要其中有一只与角钢相碰,由于小角钢的连接,使其他 7 只螺栓与大角钢间的绝缘无法测出,只能一只一只地卸掉,才能查出相碰的螺栓。

④轨端绝缘的测试

基本轨、夹板、螺栓间皆有绝缘,但由于轨条爬行或眼孔不对,往往使螺栓弯曲,在中间与基本轨相碰。通过测量轨面与基本轨的三只螺栓间的夹板与六只螺栓间的绝缘来判断轨端绝缘是否良好。

⑤送、受电钢丝绳与箱、盒间绝缘的测试

这些绝缘的组成较简单,直接观察也能看出其良好与否。

2. 采用专用仪表测试

为适应电气化铁路发展的需要,确保 25 Hz 相敏轨道电路稳定可靠的工作,应采用适用于 25 Hz 相敏轨道电路在线动态测试的专用仪表,完善 25 Hz 相敏轨道电路的测试装备。

(1)专用仪表简介

①选频电压表

选频电压表仅用于对 25 Hz 电压的测量,例如 25XP-1 型选频电压表。该仪表采用高阻 FET、集成电路元件构成有源带通滤波器,可对 25 Hz 信号电压进行准确测量,而对非测量对象的 50 Hz 工频及移频信号电压进行衰减(40 dB)。该仪表采用真有效值测量电路,对 25 Hz 信号电压在传输过程中的非正弦波失真信号也可进行有效值测量。使用方法与普通数字电压表相同。该仪表为便携式设计,采用两节 9 V 电池供电,整机耗电与普通数字万用表相当。测量范围为 1～500 V，测量精度为 0.1 V，滤波器通带宽度为 1 Hz（−3 dB）。

②相位表

相位表仅用于 25 Hz 轨道电路相位差的测量，例如 25XW-1 型相位表。该仪表由集成电路元件构成，相位差值由液晶数字显示器直接显示。该仪表为便携式设计，采用两节 9 V 电池供电，整机耗电与普通数字万用表相当。最大输入电压为 300 V，测量范围为 0～180°，测量精度为 0.1°。使用注意事项：该仪表两路输入为共地电路，在两路并接于同一路电源测零相差时，注意使用相同颜色（极性）表笔并接，避免造成电路短路。

③轨道电路相位/极性交叉检查仪

轨道电路相位/极性交叉检查仪适用于 25 Hz 相敏轨道电路相位角的检查、邻接区段极性交叉的检查，例如 CT268A 型轨道电路相位/极性交叉检查仪。采用 LCD 液晶显示。仪表正面中部设有电源开关 K_1（ON/OFF）、功能选择开关 K_2（交叉/相位）、轨道电路制式开关 K_3（25 Hz/50 Hz）。现场测试时，根据需要进行相应选择。仪表正面下部设有两对 4 个输入口，分别配有两对输入线，用于极性交叉检查和相位检查。

测量功能开关置于"交叉"时，"180"表示邻接轨道区段实现了极性交叉，未交叉显示"000"。测量功能开关置于"相位"时，LCD 显示的是被测量两对象电压相位差。测量范围为 0～180°（误差±1°）。仪表电源采用 5×1.2 V 可充电电池，当 LCD 出现欠电显示时，需要及时进行充电。

④相敏轨道电路测试盘

C1267A 型 25 Hz 相敏轨道电路相位/电压监测仪安装在 CT267-C 型 25 Hz 相敏轨道电路测试盘上，直接显示 25 Hz 交流电压、相位、直流电压等参数，测量一次性完成，替代既有站轨道电路测试盘上面安装的电压表。测试盘仪表采用大规模集成电路和微处理器等先进技术，具有测量精度高、安装操作方便等特点。

根据站内轨道电路区段数量，分为 26 位、48 位 CT267-C 型 25 Hz 相敏轨道电路测试盘。测试盘上区分不同测试对象（轨道区段）的按钮选用带 LED 指示的电子开关。按下某轨道区段的按钮，该按钮亮灯，表示该轨道区段的电气参数已传到测试仪上。

测试仪能同时显示该轨道区段 25 Hz 轨道电压值、该区段电压与轨道电压之间的相位差。如果轨道继电器选用 JXW-25 型微电子相敏接收器，测试仪直流 LED 将显示接收器供给执行继电器的直流电压。测量量程：相位 0～180°（误差±1°）；轨道电压（0～50 V）；局部电压（0～120 V）。测量频率：25 Hz。防卫度：≥30 dB（抗 50 Hz 干扰）。

使用方法：

a. 测量开始时打开电源开关，测试仪相位显示 LED（上部）出现"—EE—"，交流电压显示 LED 出现"000"，直流电压显示 LED 出现"000"。根据接入测试盘的局部电源 1 或局部电源 2，分别按下相位显示 LED 旁联锁按钮中局部一或局部二按钮，表示该路局部电压已接入测试仪，否则相位显示将出现错误。按下轨道、局部、移频中任一按钮时，交流电压显示 LED 将显示被测轨道区段的 25 Hz 轨道电压、25 Hz 局部电压、叠加的移频发码电压。

b. 按下需要测量轨道区段对应的按钮，该按钮指示灯点亮，表示该区段电气参数接入测试仪。此时相位 LED 指示该轨道区段局部电压与轨道电压之间的相位差，交流电压 LED 在处于"轨道"位时表示该轨道区段的轨道电压，处于"局部"位时表示该轨道区段局部电源电压，处于"移频"位时表示叠加有移频发码轨道区段的移频发码电压。直流电压 LED 显示的是采用 JXW-25 型微电子相敏接收器的轨道区段执行继电器的工作电压，如果灯不亮，无轨道电压，无相位，说明该区段占用有车或出现故障；如果有轨道电压，有相位，说明 JXW-25 型微电子相敏接收器无输出。

c. 需要改变测试对象（改变不同轨道区段）时，先按压着灯按钮一次，该按钮灭灯，让正在测试的区段退出测试仪；再按代表需测试轨道区段的按钮，该按钮指示灯点亮，表示该轨道区段电气参数已代替先前测试区段进入测试仪。读取的数据为新区段电气指标。

d. 该测试盘设有自动关机功能，要停止测试工作时，可按压电源开关一次退出。也可以让其自动停时关机，当测量时间过长，测试仪发生自动关机后，等待 5 s 后再打开电源开关可重复开机，自动停时出厂时暂定为 40 min 左右。

e. 若电源开关按下后，相位表显示乱码，是微处理器复位不全，只需重新按一次电源开关即可正常工作。

f. 当把相位开关按钮置相位位或轨道区段有车占用时，电压 LED 显示器显示轨道区段残压，相位 LED 将出现"—EE—" 符号。

g. 如果不需要写字板记录台，可自行卸去。

h. 采用 JXW-25 型微电子相敏接收器的轨道区段占用时直流 LED 显示"000"，该区段按钮按下不亮灯，测试仍按 c 条办理。

i. 当某一咽喉大多数轨道区段相位显示 LED 出现相位为"－×. ×°"时可由局部一变换成局部二（或反之），相位显示 LED"－"号即能消失。个别区段出现"－××. ×°"时，表示该轨道区段实际相位为［180°＋(——××. ×°)］，即大于 90°。

⑤ME2000P 轨道电路故障分析系统

ME2000P 轨道电路故障分析系统是分析轨道电路各种信号的专用系统，由设备主机和系统软件两部分组成，设备主机完成数据的采集，系统软件完成数据的记录、分析和显示。两者之间通过 USB 有线或 WIFI 无线网络通信。系统不间断地高速检测轨道信号，轨道信号的任何干扰和不正常情况都被全部记录下来，极大地方便了对故障的排查。并可实现极性交叉、电容、电阻等的测量。ME2000P 轨道电路故障分析系统面板布置如图 3-6 所示。

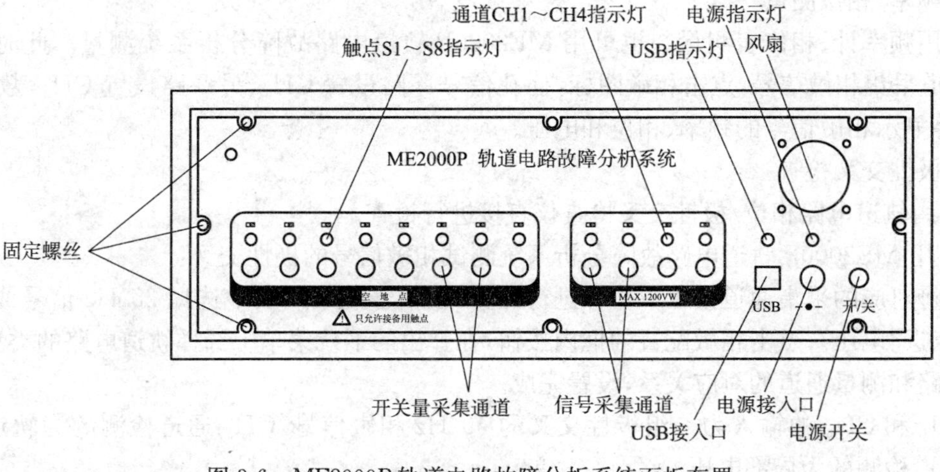

图 3-6　ME2000P 轨道电路故障分析系统面板布置

设备可以测量电压、电流、开关量等信号，不同的信号需要采用不同的测量连接方式。测量电压时，将测试线的一端接入设备主机信号采集通道，另外一端通过测试插头或鳄鱼夹连接到待测电路上。

⑥CT268A3电压相位测试仪

CT268A3电压相位测试可以同屏测量25/50 Hz电压、相位角，进行极性交叉检查。其板布置如图3-7所示。

首先按"开/关"键，进入开机画面，再按"确认"键按钮，进入菜单，通过上下方向按键选择需要测定的项，然后确定即可进行相应的测量。

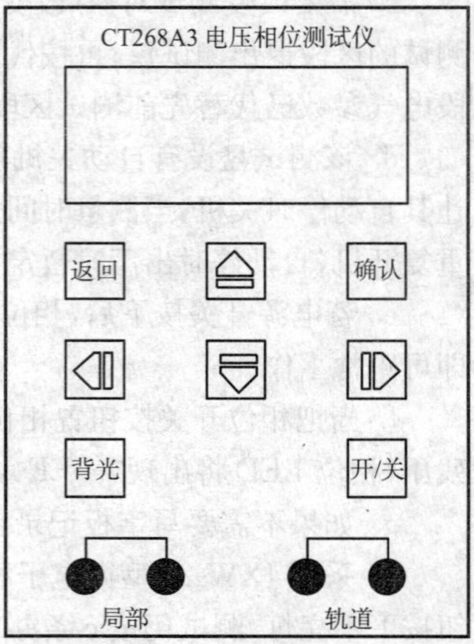

图3-7　CT268A3电压相位测试仪面板布置

(2)测量方法

①电源电压测量

用选频电压表测量25 Hz电源屏输出的轨道电压、局部电压。轨道电压应为(220±6.6) V，局部电压应为(110±3.3) V。

②送电、受电变压器Ⅰ、Ⅱ次电压测量

在调整状态，用选频电压表在送电、受电变压器Ⅰ、Ⅱ次端子上测得。

③限流器电压降测量

在调整状态，用选频电压表在限流器两端测得。

④送、受电端轨面电压

在调整状态，用选频电压表在送、受电端轨面上测得。

⑤送、受电扼流变压器信号圈、轨道圈电压

在调整状态，用选频电压表在送、受电扼流变压器信号圈、轨道圈端子上测得继电器轨道线圈端子电压。

⑥分路残压测量

在用0.06 Ω标准分流线分别在轨道电路两端分流，轨道继电器应可靠落下，测量此时轨道继电器端子上的交流电压，即为分路残压 。可用相敏轨道电路测试盘进行测量。

⑦频率、相位测量

可用频率计、相位表测量。也可用ME2000P轨道电路故障分析系统测量。此时，CH_1、CH_2通道采集相敏信号，点击相敏图标，插孔信号一路设置CH_1，另一路设置CH_2，数据播放时，屏幕显示相敏信号的频率、相位和电压。

⑧极性交叉检查

a. 用轨道电路相位/极性交叉检查仪直接进行检查。

b. 用ME2000P轨道电路故障分析系统测试相敏信号的极性交叉：

先将对应的采集通道按以下步骤进行配置：在信号制式列表中选择25 Hz信号或50 Hz信号，点选"电压"；点击相敏配置的框内按钮，在弹出的下拉菜单中选择轨道电路的类型；确认轨道电路和测量通道的对应关系，设置完成。

CH_1和CH_3的输入为一组极性交叉的50 Hz相敏信号，CH_1通道检测的为轨道电压，CH_3通道检测的为局部电压。

CH_2和CH_4的输入为一组极性交叉的25 Hz相敏信号，CH_2通道检测的为轨道电压，CH_2通道检测的为局部电压。

四个通道可以同时测量两组相敏信号，并可自由组合。

若屏幕显示两相敏信号相位相差180°，则极性交叉。

c. 用 CT268A3 电压相位测试仪检查极性交叉：

在进行 25 Hz 相位时，左端表笔接局部电压；右端表笔接轨道电压，红色接＋，黑色接－，如图 3-8 所示。

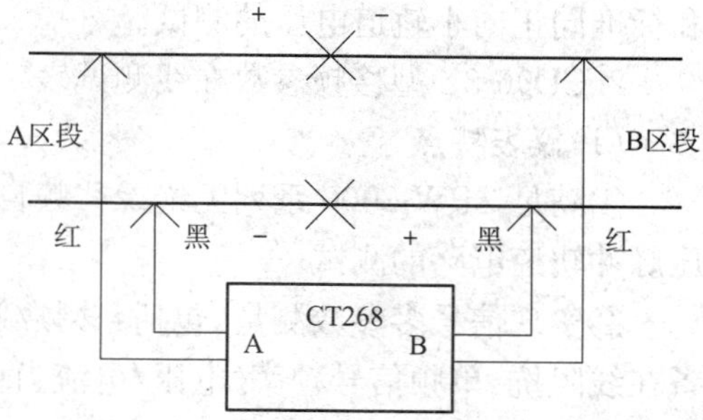

图 3-8　用 CT268A3 电压相位测试仪检查极性交叉

选择 25 Hz 相位，然后“确定”，即进入 25 Hz 相位测量，待电压稳定后，即可读取相位值，按下确定键可保存当前测量记录到存储区。若要测量钢轨上的相位值，则一组表笔接一侧钢轨，另一组表笔接另一侧钢轨测量。在进行相位测量时，仪表提供对相位极性是否交叉的判断，其判断依据为：

设测量得到的相位为 X；如果 $X>180°$，X 减去 180°。$X<70°$，极性不交叉。$70°<X<110°$，不显示。$X>110$ 极性交叉。

⑨轨道与局部相位角测试

可用相敏轨道电路测试盘进行测量。

二、ZPW-2000 移频轨道电路测试

ZPW-2000 轨道电路的测试项目包括：室内部分有接收器、发送器电源电压测量，发送器功出电压、移出电压测量，载频测量，接收器轨入、轨出电压测量，轨道继电器端电压测量，电缆模拟网络测试，衰耗滤波器测试等；室外部分有发送端、接收端匹配变压器端电压测量，发送端、接收端轨面电压测量，发送端、接收端调谐单元端电压测量，入口电流测量，发送端、接收端分路电压测量，补偿电容测试，调谐单元、空芯线圈、匹配变压器阻抗测试等。须采用移频参数在线测试仪进行测量。

1. 主要测试项目

(1)主轨道输出电压测试

每周一次。在衰耗器“轨出 1”测试孔测试其电压值一般不得低于 336 mV，雨天要加大测试频次。在“轨出 2”测孔测试小轨道输出电压值为 AC 100～130 mV。

(2)发送器的功出电压测试

每月一次。在发送器“功出”测试孔测试其电压值应与轨道电路调整表给出的范围相一致。

(3)其他各项测试

每年一次。

在发送器电源测试孔测试发送器工作电压、接收器电源测孔测试接收器工作电压，应为 DC (24.5±0.5) V；

在衰耗器测孔测试主轨道继电器、并机轨道继电器、轨道继电器、主机小轨道继电器、并机小轨道继电器及小轨继电器电压，均不得小于 20 V；

在模拟网络盘“电缆”、“防雷”、“设备”三个测试孔分别测试各区段的电压；

在最不利条件下用 0.15 Ω 分路线在轨道电路任一处轨面(小轨区段除外)分路，测试衰耗器“轨出 1”测孔的分路残压，应小于或等于 140 mV。

反向小轨道电压的测试利用天窗点将区间运行方向改变为反向后进行测试，其测试方法

和标准同正向小轨道电压的测试。

2. CD96-3Z 型移频参数在线测试表

(1)仪表特点

①满足 ZPW-2000 系列无绝缘移频自动闭塞设备在线测试，以及相敏轨道电路、不对称高压脉冲轨道电路的测试。

②实现信号多参数测量，包括：移频载频频率/低频调制频率、移频选频电压/电流、移频设备在线阻抗、单频信号频率/电压/电流、直流电压。

③针对 ZPW-2000 测量对象的具体要求制定测量精度和分辨率：超低阻抗 10 μΩ、超低电压 0.01 mV、超低电流 0.03 mA、移频选频测量载频频率 0.1 Hz/调制频率 0.01 Hz、单频宽带频率测量 0.01 Hz。

④根据现场测试连接的需求，配备专用测试连接配件。

(2)仪表功能

①作为 ZPW-2000 系列无绝缘移频自动闭塞设备维修测试专用仪表，在不拆除任何使用设备配线条件下，CD96-3Z 型移频参数在线测试表实现对室内外各项设备电气参数的在线测试，包括：塞钉接触阻抗测量；补偿电容值测量；调谐单元零阻抗、极阻抗测量；空芯线圈阻抗测量；匹配变压器电缆侧/轨道侧输入阻抗、输出阻抗测量；引接线阻抗测量；室内接收器输入阻抗测量；绝缘轨距杆漏泄电流测量；0.6 Ω、0.15 Ω 等类型的分路线阻值校准等。

②CD96-3Z 型测试表兼容了 CD96-3S 型测试表的全部功能，因此同样具备下述测试功能：四种载频信号的电压/电流值同屏测量显示、调谐区/站内股道双载频信号的载频频率/低频频率/电压/电流值同屏测量显示、单频信号的频率/电压/电流值同屏测量显示、25 Hz/50 Hz 信号的电压/电流值同屏选频测量显示、直流信号电压值测试。

③在键盘中设了“?”键，并为该键位编制了各级菜单、项目、操作步骤的讲解屏面和说明，实现了各屏操作的现场讲解，即实现“讲解员”功能。

④按动“拍照”键，可以自动将当前的整屏显示截屏，生成截屏照片保存，并可随时翻阅查看，以便对测试结果进行进一步讨论，或作为测试证据。

(3)测试线使用

根据现场测试的特殊需求，配备有一套测试连接工具，包括：双频段电流钳、专用充电器、测试线、测试表笔、大测试鳄鱼夹、小测试鳄鱼夹、测试塞头、测试磁吸、测试夹钩。通过“公用测试线”与各种测试连接工具的转接，满足现场各种场合单人在线测试的连接需求。测试磁吸自行吸附于钢轨轨面，实现仪表与轨面的可靠测试连接。测试鳄鱼夹夹于传输信号的钢缆、螺栓、端子上，实现可靠测试连接。测试塞头插塞于设备测试塞孔之上，实现其测试连接，彻底解决了塞头接触不良的难题。测试夹钩夹于信号导线裸露头上或元器件引腿之上，实现其测试连接。

(4)仪表的键盘定义

? 键：提供项目说明或屏面操作帮助；

开键：开启供电电源；

关键：关断供电电源；

△键：上下移动、增减、翻选；

▽键：左右移动、翻选；

背光键：背光照明开/关；

V/A 键:开通 V(或 A)端口,且切断 A(或 V)端口;

确认键:确认、选中;

返回键:返回、退出;

拍照键:测试全屏锁定反显。

(5)屏中反显字符含义

$F_{中}$:移频中心频率的标题代号;

$F_{上}$:移频上边频的标题代号;

$F_{下}$:移频下边频的标题代号;

25:25 Hz 基波的标题代号;

50:50 Hz 基波的标题代号。

(6)屏中特定提示符含义

- - -:本显示位数值无法确认;

?:本显示位频率值仅供参考。

3. 移频设备在线测试

(1)室内设备在线测试

将仪表公用测试线与主表上方测试孔连接。然后,将公用测试线与测试塞头连接。

①开启仪表电源开关,在主菜单选择"ZPW-2000"项,然后按"选中"键进入测试选项屏。

②测试电源电压等直流电压。移动△键至"直流"测试选项,按"选中"键既可。在衰耗器面板的"发送电源"、"接收电源"和 GJ、XGJ 等塞孔上进行系统设备的直流电压参数测试。

③测试发送功出、轨入和轨出载频信号。按"菜单"键,移动△键至"单载频"测试选项,按"选中"键,在衰耗器面板的相应塞孔进行测试。可测得信号的上、下边频频率和电压值,测得移频信号的中心频率和电压值,测得低频信息的频率值。也可以在"菜单"中选择"多载频"测试选项进行测试,可以测得载频信号的中心频率和电压值。该方法适用于不能确定载频的情况下进行测试。

(2)室外设备在线测试

①调谐单元(以下简称 BA)零阻抗和极阻抗的在线测试

a. 电流测试

将仪表公用测试线与 DLH-09 型电流钳和测试鳄鱼夹连接。电流钳卡在 BA 铜引线板与匹配变压器 TAD 连接线内方测试(此时测试鳄鱼夹必须空置),如图 3-9 所示。BA 既有本区段的电流 i_A,又有相邻区段的电流 i_B,但不应包括 TAD 的电流。

开启仪表电源开关,在主菜单选择"ZPW-2000"项目,然后按"选中"键进入测试选项屏。在测试选项屏移动△键至"BA"测试选项,按"选中"键进入电流测试屏,待电流测试值稳定后按"选中"键进行确认,测得 i_A 和 i_B。

b. 电压测试

断开电流钳测试线。将测试鳄鱼夹夹在 BA 铜引线板上(该值不包括其他电阻)。按"选中"键进行电压测试,待电压测试值稳定后按"选中"键确认,测得 U_A 和 U_B。仪表自动计算并给出 BA 两种载频的极阻抗和零阻抗值。

②空芯线圈 SVA 阻抗的在线测试

a. 电流测试将仪表公用测试线与电流钳和测试鳄鱼夹连接。将电流钳卡在 SVA 铜引线板上(此时测试鳄鱼夹必须空置)。SVA 既有本区段的电流 i_A,又有相邻区段的电流 i_B。开启仪表电源开关，在主菜单选择“ZPW-2000”然后按“选中”键进入测试选项屏。在测试选项屏移动△键至“SVA”测项，按选中键进入电流测项屏，电流测试值稳定后按“选中”键，测得 i_A 和 i_B。

b. 电压测试

断开电流钳与公用测试线连接。将测试鳄鱼夹夹在 SVA 铜引线板上(该值不包括其他电阻)。按“选中”键进行电压测试，待电压测试值稳定后按“选中”键确认，测得 U_A 和 U_B。仪表自动计算并给出 SVA 两种载频的阻抗值。

③机械空芯线圈(以下简称 SVA′)阻抗的在线测试

SVA′有 1 700 Hz、2 000 Hz、2 300 Hz 和 2 600 Hz 四种载频，其阻抗的在线测试方法与 SVA 相同，只是 SVA′只有一种载频阻抗。

④匹配变压器(以下简称 TAD)阻抗的在线测试

TAD 有四个接线端子，E_1、E_2 与室内电缆连接。V_1、V_2 通过 BA 铜引线板与轨道电路连接，如图 3-9 所示，当室内为发送时，信号为 f_A；室内为接收时，信号为 f_B、f_c(主轨信号和小轨道信号)。

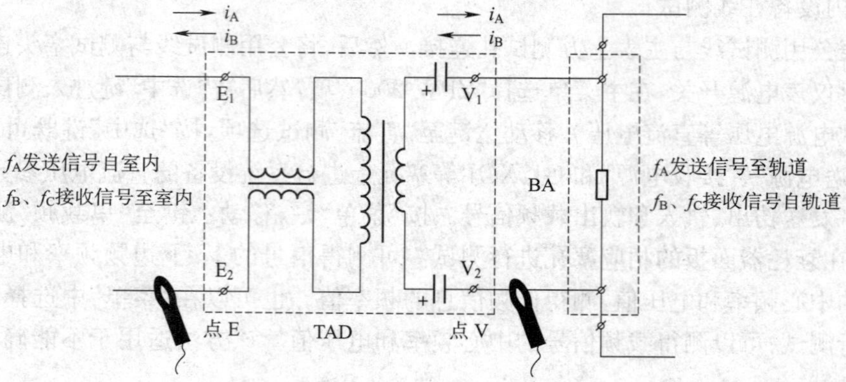

图 3-9　匹配变压器接线示意图

TAD 室内侧电流取自 E_1、E_2 与室内电缆连接处，室外侧电流取自 V_1、V_2 与轨道电路连接处。

a. 室内为发送时阻抗测试将仪表公用测试线与电流钳和测试鳄鱼夹连接。将电流钳卡在 TAD 的 E_1 或 E_2 端子引线上(此时测试鳄鱼夹必须空置)。开启仪表电源开关，在主菜单选择“ZPW-2000”项，然后按“选中”键进入测试选项屏。在测试选项屏移动△键至“TAD”测试选项，按选中键进入电流测试屏，电流测试值稳定后按“选中”键，测得本轨道的电流值。

断开电流钳与公用测试线的连接，将测试鳄鱼夹夹在 E_1、E_2端子上，按“选中”键进行电压测试，待电压测试值稳定后按“选中”键，测得本轨道载频的电压值。仪表自动计算并给出 TAD 输入阻抗值。

端子 V_1、V_2 输入阻抗值测试方法同 E_1、E_2 阻抗值测试，只是将仪表接在 TAD 的 V_1、V_2 端子上进行测试。

b. 室内为接收时阻抗测试将仪表公用测试线与电流钳和测试鳄鱼夹连接。将电流钳卡在 TAD 的 V_1 或 V_2 引线上(此时测试鳄鱼夹必须空置)。

开启仪表电源开关，在主菜单选择“ZPW-2000”项，然后按“选中”键进入测试选项屏。

在测试选项屏移动△键至“TAD”测试选项，按“选中”键进入电流测项屏，待电流测试值稳定后按“选中”键，测得主轨道和小轨道两种载频的电流值。

断开电流钳与公用测试线的连接。将测试鳄鱼夹夹在 V_1、V_2 端子上，按“选中”键进行电压测试，待电压测试值稳定后按“选中”键确认，测得主轨道和小主轨道两种载频的电压值。仪表自动计算并给出 TAD 主轨道和小主轨道两种载频的输入阻抗值。

端子 E_1、E_2 输入阻抗值测试方法同 V_1、V_2 阻抗值测试，只是将仪表接在 TAD 的 E_1、E_2 端子上进行测试。

⑤补偿电容值的在线测试

a. 电压测试将仪表公用测试线与电流钳和测试磁吸连接的钢轨轨面上（此时电流钳必须空置）。将测试磁吸吸附在电容引接线端正上方开启仪表电源开关，在主菜单选择“ZPW-2000”项，然后按“选中”键进入测试选项在测试选项屏移动△键至“补容”测试选项，按“选中”键，进入电压测试屏。待电压测试值稳定后，按动“选中”键确认后，方可撤回磁吸。

b. 电流测试

断开测试磁吸，将补偿电容任一端引接线卡入电流钳，按“选中”键进行电流测试。当电流测试值稳定后，按“选中”确认，此时，经换算得出被测补偿电容的值。

⑥塞钉与钢轨交流接触电阻的在线测试

塞钉接触阻抗测试属于微量值测试，应严格按要求进行操作。

a. 塞钉电流的测试将仪表与电流钳和塞钉测试线连接。开启仪表电源开关，在主菜单选择“ZPW-2000”，然后按“选中”键进入测试选项屏。在测试选项屏移动△键至“塞钉”测试选项，按“选中”键，进入电流测试屏。将电流钳卡入塞钉引接线，测出电流值（此时电压测试端必须空置）；当电流测试值稳定项后，按动“选中”键确认后，方可撤回电流钳。

b. 塞钉接触电压的测试

塞钉接触电压的测试，必须使用出厂配备的塞钉测试线，不允许使用公用测试线。塞钉测试线测试端的一个测试插柄选插“小鳄鱼夹”，另一个测试插柄选插“测试磁吸”，并插入磁吸侧面的塞孔中。

将小鳄鱼夹夹在塞钉引接线的线鼻上，磁吸吸附于小鳄鱼夹啮夹点垂直方向的钢轨轨面上（这时须注意“测试磁吸”的引线与“小鳄鱼夹”的引线所形成的平面应尽量与钢轨垂直），进行电压测量（此时电流钳必须空置）。

按“选中”进行电压测试，待电压测试值稳定后，按“选中”键确认，此时，可得出被测塞钉接触阻抗值。测试过程中，测试人员须站在轨道外侧。测试表距离钢轨轨面高度应不低于 60 cm，以避免电流电磁场干扰过大影响仪表测量。

⑦绝缘轨距杆的在线测试，在干燥条件下直接将 CD96-3S 型电流钳卡在绝缘轨距杆上进行测试。绝缘轨距杆绝缘材料完好条件下，电流多由表面附着脏物造成。有的由于轨距杆中间分界处铁锈延伸连接两端造成。应简易判断剔除脏物、铁锈，并在连接处涂黄油等。

⑧分路灵敏度线电阻的在线测试将仪表与电流钳和测试磁吸连接。

a. 电流的测试将仪表电流钳卡在分路线上进行分路电流测试。开启仪表电源开关，在主菜单选择“ZPW-2000”，然后按“选中”键进入测试选项屏。在测试选项屏移动△键至“分路线”测试选项，按“选中”键，进入电流测试屏。待电流测试项值稳定后，按动“选中”键确认。

b. 电压的测试

将测试磁吸吸在轨顶尽量接近分路线点测电压。该方式测试结果包含了分路线与钢轨的接触电阻。也可采用有足够压力的专用“杠杆压力分路灵敏度线”，轨面经过砂纸打磨，认为与钢轨接触电阻可忽略时可直接在杠杆两端铜头上测电压。

按“选中”键，进行电压测试，待电压测试值稳定后，按动“选中”键确认。一般电压表在最小值(最佳接触状态)时确认取值。

4. 用 ME2000P 轨道电路故障分析系统测试移频轨道电路

此时，CH_1通道采集移频信号，点击“移频”图标，打开功能测量，再点击“电压/局部”插孔，将信号输入设置为 CH_1，数据播放时，屏幕显示移频信号的上下边频、中心载频、低频、电压，以及混叠 25 Hz、50 Hz 的频率和电压。

三、轨道电路一次参数测量

轨道电路的一次参数测量包括钢轨阻抗、阻抗角、道床电阻的测量等。

1. 开路、短路相位表法

测量接线如图 3-10 所示。将受电端的设备在引接线处断开，在送电端测出轨面上的开路电压 U_{1K} 和开路电流 I_{1K}；改变电源极性，用同样的方法测得 U_{2K} 和 I_{2K}。取两次测量结果的算术平均值(以消除迷流的影响)。开路电压 $U_K=(U_{1K}+U_{2K})/2$，开路电流 $I_K=(I_{1K}+I_{2K})/2$。再将受电端轨面短路，测出送电端轨面上的短路电压 U_{1d} 和短路电流 I_{1d}；改变电源极性，用同样的方法测得 U_{2d} 和 I_{2d}；取两次测量结果的算术平均值。短路电压 $U_d=(U_{1d}+U_{2d})/2$，短路电流 $I_d= I_{1d}+I_{2d}$。开路电阻 $R_K= U_K/I_K$，短路电阻 $R_d= U_d/I_d$。将它们代入下列公式可求出钢轨电阻和道床电阻：

$$\gamma=\operatorname{arcth}\sqrt{R_d/R_K}/L \quad (1/\text{km})$$

$$r_G=\gamma\sqrt{R_K\cdot R_d} \quad (\Omega/\text{km})$$

$$r_{DZ}=\sqrt{R_K\cdot R_d}/\gamma \quad (\Omega/\text{km})$$

式中 γ——轨道电路的传播常数；

L——轨道电路的长度(km)。

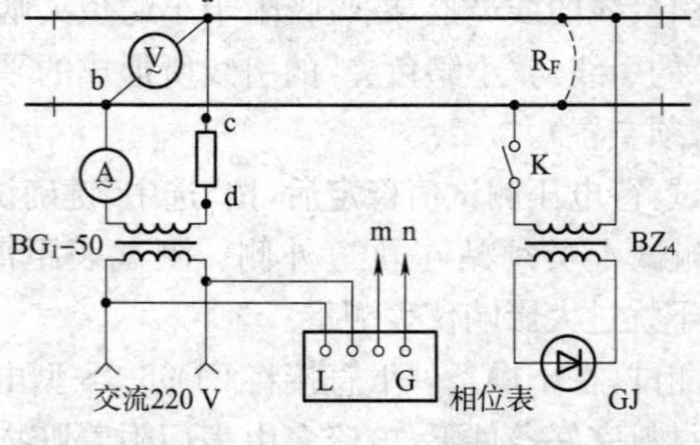

图 3-10 开路、短路相位表法测量轨道电路的一次参数

还要用相位表测出开路、短路阻抗幅角。将相位表的两引线 m、n 接在轨面 a、b 两点，分别测出开路、短路时的电压幅角 φ_{UK}、φ_{Ud}；再把 m、n 接线接在电阻两侧的 c、d 两点，测出开路、短路时的电流幅角 φ_{IK}、φ_{Id}，即可计算开路、短路阻抗幅角 φ_K、φ_d：

$$\varphi_K=\varphi_{UK}-\varphi_{IK}$$

$$\varphi_d=\varphi_{Ud}-\varphi_{Id}$$

据此可算出开路、短路阻抗的模及幅角：

$$|Z_K|=\left|\frac{U_K}{I_K}\right| \qquad |Z_d|=\left|\frac{U_d}{I_d}\right|$$

$$T=\sqrt{Z_d/Z_K} \qquad \varphi_T=\frac{\varphi_d-\varphi_K}{2}$$

将算得的数值代入下列公式，可算出钢轨阻抗和道床电阻的模和幅角。

$$\tan 2\beta L=\frac{2T\cos\varphi_T}{1+T^2} \qquad \tan 2\alpha L=\frac{2T\sin\varphi_T}{1-T^2}$$

$$|\gamma|=\sqrt{\alpha^2+\beta^2} \qquad \varphi_\gamma=\arctan\frac{\alpha}{\beta}$$

$$Z_G=\gamma\sqrt{Z_d\cdot Z_K} \qquad \varphi_G=\frac{\varphi_d+\varphi_K}{2}+\varphi_\gamma$$

$$r_{DZ}=\frac{\sqrt{Z_d\cdot Z_K}}{\gamma} \qquad \varphi_{DZ}=\frac{\varphi_d+\varphi_K}{2}-\varphi_\gamma$$

式中　γ、φ_γ——传播常数及幅角；

Z_G、φ_G——钢轨阻抗的模及幅角（Ω/km）；

γ_{DZ}、φ_{DZ}——道床电阻及幅角（Ω/km ）。

注意事项：

①测试前应检查轨端绝缘和轨距杆绝缘是否良好。

②进行迷流检查。迷流由电力设备接地电流或相邻轨道电路电源经大地串入，对测量准确性影响很大。检查方法如图 3-11 所示，将送、受电端断开，测量轨面上是否有电压。若有电压，可用短路线短路轨面约 30 s 左右后，再测轨面电压。如仍有电压，则轨道电路有迷流干扰。或者采用电流表法检查，在送电端断开，受电端串入低量限电流表，看是否有电流存在。

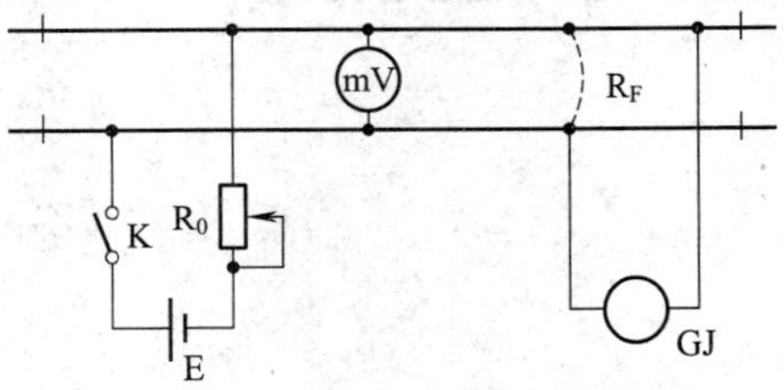

图 3-11　迷流检查

③测量时要同时读出送、受电端电压、电流数值。

④送、受电端的两块电流表准确度应尽可能相同，否则将影响钢轨阻抗角的测量。

⑤短路测量时应将轨面打光，用钢轨夹子把短路线（0.06 Ω）顶住轨面，以减小接触电阻。

⑥在测量过程中不得有列车通过。

2. 开路—短路相位表法

当轨道电路道床电阻较低或轨道电路较长时，用开路—短路相位表法测得的开路阻抗和短路阻抗的模几乎相等，有时开路阻抗小于短路阻抗。这时 $T=\sqrt{Z_d/Z_K}\geqslant 1$，$\tan 2\alpha L=\frac{2T\sin\varphi_T}{1-T^2}$，$1-T^2$ 接近于零或负值，就无法判断 α 在第几象限，也就无法算出轨道电路的一次参数。为此，可在距送电端 300～600 m 处，做第二次短路测量，分别测出 U_{2d}、I_{2d}、φ_{2Ud}、φ_{2Id}，并代入下式：

$$\dot{Z}_{2d}=\frac{U_{2d}}{I_{2d}}\angle\varphi_{2Ud}-\varphi_{2Id}=Z_{2d}\angle\varphi_{2d}$$

特性阻抗与轨道电路长度无关。

$$\dot{Z}_C=\sqrt{Z_{1d}\cdot Z_K}\angle(\varphi_{1d}+\varphi_K)/2\text{，即 th }\dot{\gamma}L_2=\dot{Z}_{1d}/\dot{Z}_c$$

由此可通过下列公式计算一次参数：

$$Z_{2d}=\frac{U_{2d}}{I_{2d}} \qquad \varphi_{2d}=\varphi_{2Ud}-\varphi_{2Id}$$

$$T=Z_{2d}/\sqrt{Z_{1d}\cdot Z_K} \qquad \varphi_T=\frac{2\varphi_{2d}-\varphi_{1d}-\varphi_K}{2}$$

$$\tan 2\beta L_2=\frac{2T\cos\varphi_T}{1+T^2} \qquad \tan 2\alpha L_2=\frac{2T\sin\varphi_T}{1-T^2}$$

$$|\gamma|=\sqrt{\alpha^2+\beta^2} \qquad \varphi_\gamma=\arctan\frac{\alpha}{\beta}$$

$$Z_G=\gamma\sqrt{Z_{1d}\cdot Z_K} \qquad \varphi_G=\frac{\varphi_{1d}+\varphi_K+2\varphi_\gamma}{2}$$

$$r_{DZ}=\sqrt{Z_{1d}\cdot Z_K}/\gamma \qquad \varphi_{DZ}=\frac{\varphi_{1d}+\varphi_K-2\varphi_\gamma}{2}$$

式中　Z_{1d}、φ_{1d}——第一次短路阻抗的模及幅角；

Z_{2d}、φ_{2d}——第二次短路阻抗的模及幅角；

L_2——第二次短路点距送电端的距离。

3. 短路—短路相位表法

在低道床电阻或长轨道电路的情况下，为测得正确结果，可采用短路—短路相位表法，测量接线如图 3-12 所示。在距送电端 300 m 处用短路线短路，测出送电端轨面电压 U_{1d} 和幅角 φ_{1Ud}，送电端短路电流 I_{1d} 和幅角 φ_{2Ud}，代入下式，计算出一次参数：

$$Z_{1d}=\frac{U_{1d}}{I_{1d}} \qquad \varphi_{1d}=\varphi_{1Ud}-\varphi_{1Id}$$

$$Z_{2d}=\frac{U_{2d}}{I_{2d}} \qquad \varphi_{2d}=\varphi_{2Ud}-\varphi_{2Id}$$

$$Te^{j\varphi\gamma}=\sqrt{\frac{2Z_{1d}-Z_{2d}}{Z_{2d}}}$$

$$\tan 2\beta L=\frac{2T\cos\varphi_T}{1+T^2} \qquad \tan 2\alpha L=\frac{2T\sin\varphi_T}{1-T^2}$$

$$\gamma=\sqrt{\beta^2+\alpha^2} \qquad \varphi_\gamma P=\arctan\frac{\alpha}{\beta}$$

4. 开路、短路受电端测电压或电流法

测量接线如图 3-13 所示。开路测试时，在受电端测一次电压值 U_Z，代入下式计算一次参数：

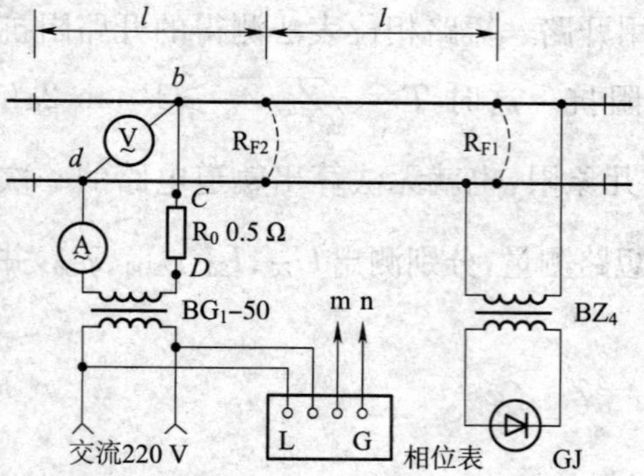

图 3-12　短路—短路相位表法

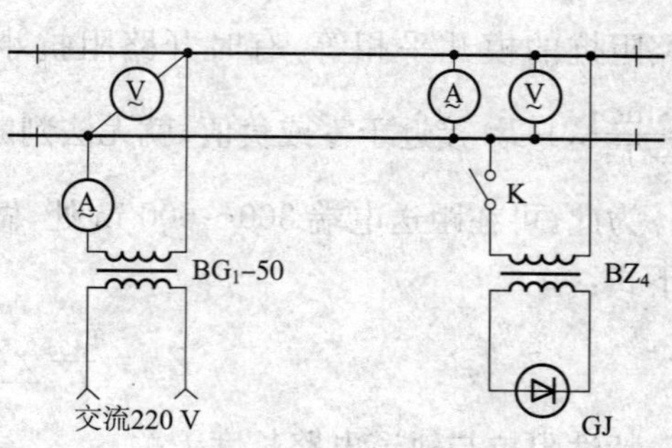

图 3-13　开路、短路受电端测电压或电流法

$$\text{ch } 2\beta L=\frac{U_K^2}{U_Z^2}\left(1+\frac{Z_d}{Z_K}\right) \qquad Z_d=U_d/I_d$$

$$\cos 2\alpha L=\frac{U_K^2}{U_Z^2}\left(1-\frac{Z_d}{Z_K}\right) \qquad Z_K=\frac{U_K}{I_K}$$

$$\gamma=\sqrt{\alpha^2+\beta^2} \qquad \varphi_\gamma=\arctan\frac{\alpha}{\beta}$$

$$Z_G=\gamma\sqrt{Z_d\cdot Z_k} \qquad r_{DZ}=\frac{\sqrt{Z_d\cdot Z_K}}{\gamma}$$

短路测试时，受电端测出短路电流 I_d，可用下式计算出 β 及 α 值：

$$\text{ch } 2\beta L=\frac{I_d^2}{I_Z^2}\left(1+\frac{Z_d}{Z_K}\right) \qquad \text{ch } 2\alpha L=\frac{I_d^2}{I_Z^2}\left(1-\frac{Z_d}{Z_K}\right)$$

将 β、α 代入求 Z_G、r_{DZ}的公式，即可以求出一次参数。

5. 移频轨道电路一次参数测量

测量接线如图 3-14 所示。将受电端开路，测量发送端轨面开路电压 U_{SK}和接收端轨面开路电压 U_{ZK}，代入下式可算出电压衰耗系数 K_U：

$$\dot{K}_U=\frac{\dot{U}_{SK}}{\dot{U}_{ZK}}=\text{ch }\dot{\gamma}L$$

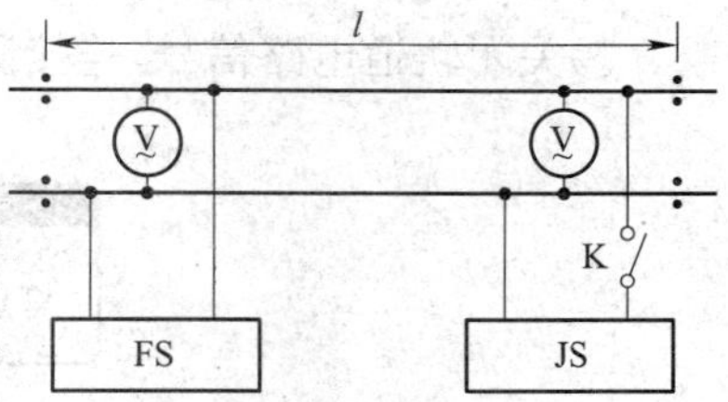

图 3-14　移频轨道电路一次参数测量

因 K_U 是 $|\gamma_L|$ 的函数，可得：

$$|\gamma_L|=\left|\sqrt{\frac{Z_G}{r_{DZ}}}\right|\cdot L$$

式中　Z_G——钢轨阻抗；

r_{DZ}——道床电阻；

γ——传播常数；

L——轨道电路长度。

道床电阻$|\gamma_L|$：

$$|\gamma_L|=\left|\sqrt{\frac{Z_G}{r_{DZ}}}\right|\cdot L$$

由算出的 K_U 值和不同信号的电源频率，通过 $Ku=f(\gamma_L)$曲线可查出相应的$|\gamma_L|$值，从而求出道床电阻值。

6. 利用专用测量装置测量轨道电路的一次参数

例如，可用 ME0802 型轨道参数测量装置测量道床电阻、钢轨电阻、钢轨电感。该仪器具有测量方式简单，测量结果精确的特点。基本原理是通过对检测的轨道施加一定的扫描信号，然后检测轨道对扫描信号的回应，通过软件计算获取轨道参数。其面板布置如图 3-15 所示。

(1)钢轨电阻电感测量

在既有线路测量时，无法将钢轨开路，必须选择双短路测量模式。

所有的测量模式都分为两种状态，需要在该模式的状态 1 下，完成一次数据测量，然后再在该模式的状态 2 下，完成一次数据测量，根据两次测量结果，才可以计算出最终的结果。测量结果显示单位为 Ω/km 和 mH/km。

测量步骤如下：

①将设备开机，用 USB 线连接设备和计算机，打开相应的测量软件。

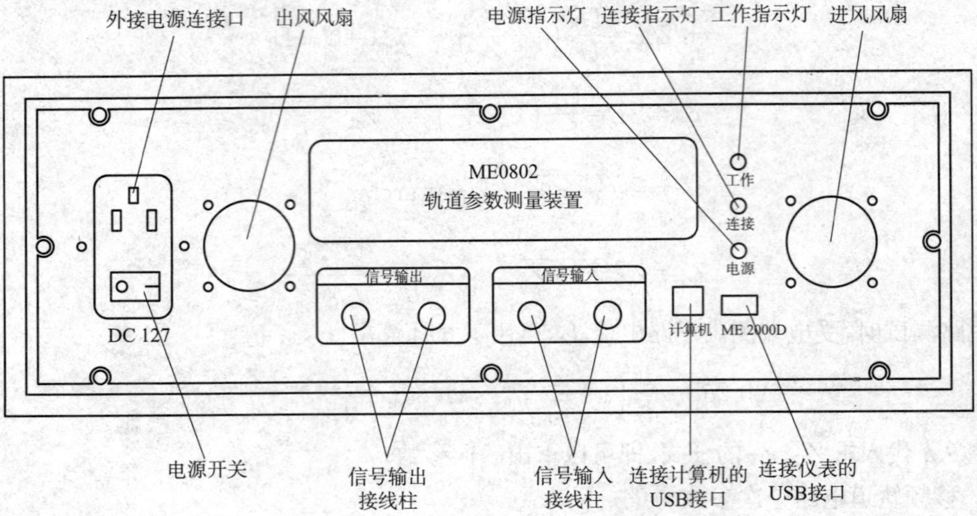

图 3-15　ME0802 型轨道参数测量装置面板布置

②在轨道参数测量界面点击“测量”模式选择图标，选择双短路测量模式。

③关闭轨道电路信号，连接测量线，如图 3-16 所示。步骤为：

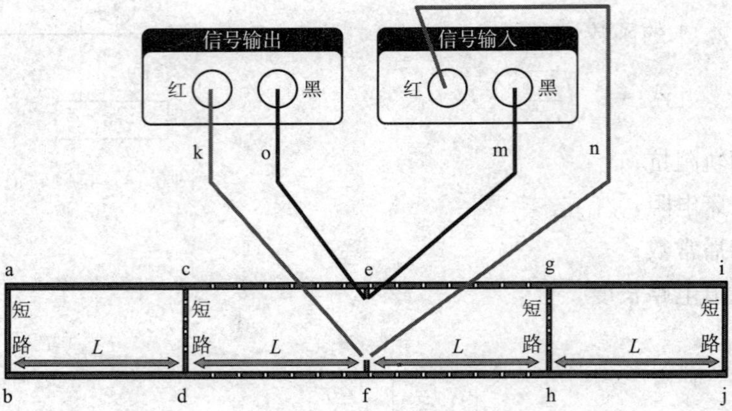

图 3-16　双短路测量接线

a. 以 e 和 f 点为中心，分别在两侧钢轨上测量出 4 等距所对应的 4 个点，L 长度不小于 50 m。

b. 将各个点所对应的钢轨底部下端的上表面打磨干净，去除铁锈，将钢轨卡具分别安装到 a,b,c,d,e,f,g,h,i,j 共 10 个点上，然后将 a—b,c—d,g—h,i—j 分别用短路线连接。

c. 连接设备测量输出到测试点，将非双绞的测试线，一端分别连接到设备的信号输出红黑端子上，一端通过输出插片分别连接到测量点 e 和 f 的卡具上。

d. 连接设备测量输入到测试点，将双绞线的测试线，一端分别连接到设备的信号输入红黑端子上，一端分别连接到测量点 e 和 f 的卡具上。

e. 确认测试线路的连接，短路线必须连接良好，输出输入信号连接线一端的红色插头必须接设备红端子，黑色插头的接设备黑端子，两测试线另外一端的红插头必须连接到一个卡具上，黑色插头连接在一个卡具上。同时输出和输入信号线尽量远离，不能缠绕在一起，以避免干扰。

④设置配置信息，输入测量轨道单段的长度，假设 4 等分每段为 50 m，点击测试区段长度对应的数值，输入 50 即可。

⑤点击“工作”按钮，调整扫描信号电压的幅度，使轨道两端的电压指示达到 500 mV 以上（扫描信号电压的幅度和轨道两端电压不是同一概念，扫描信号电压幅度等于内部串联电阻电压和轨道两端电压之和）。

⑥调整好输出电压后，等待 3 s 使输出稳定，点击“测量”按钮，启动设备测量。

⑦将钢轨上的短路线，按模式状态 2，去除中间的两个短路线后，再次点击“测量”。

⑧测量结束后，点击“计算”，软件根据两次测量的结果和设置，自动计算出钢轨电阻，钢轨电感。

注意：实际接线一定要和软件界面接线严格保持一致，否则测量结果是错误的。

(2)道床电阻测量

道床电阻测量是测量钢轨的道床电阻。测量结果显示单位为 Ω/km。假设实测某一段 100 m 的道床电阻为 0.5 Ω，那么软件最终的显示结果为 5 Ω/km。

测量道床电阻时，按以下步骤：

①打开道床电阻测量所对应的软件。

②参看上述双短路测试模式。

道床电阻在 0～20 Ω/km 内时显示具体的数学值，大于 20 Ω/km 显示“>20 Ω/km”。

7. 提高轨道电路的电气性能

轨道电路的电气特性由它的开路、闭路电阻和分路灵敏度来表征。

轨道电路的开路电阻受道床石砟清洁程度，道床排水良好与否，道岔区段各部件是否有碰连，各连接杆、轨距杆、转辙机大角钢绝缘良好与否等因素影响。如各部情况良好，开路电阻一定较大。道床太脏或排水不良，应请工务部门解决。道岔区段各部件发生碰连，也应请工务部门配合解决。各种连接杆、轨距杆的绝缘破损，应请工务部门立即更换，角钢绝缘则由信号工区更换。轨端绝缘安装应符合标准，尤其是鱼尾板螺栓不允许与鱼尾板沟通。

轨道电路的闭路电阻受塞钉线铆接或焊接良好与否，送受电钢丝绳是否接续良好等因素影响。如果区段内所有的塞钉线铆接紧固，不断不缺，送、受电钢丝绳不锈蚀，充分固定在箱、盒上，道岔区段的长跳线均铆接紧固，闭路电阻也一定较小。

如果轨道电路能做到以上两点，其分路灵敏度也一定符合要求。

第四节　轨道电路故障及处理

一、与轨道电路有关的故障及处理

1. 轨道电路常点红灯

轨道电路常点红灯，其轨道继电器落下，应先判定是室内故障还是室外故障，可先用轨道电路测试盘测量该轨道继电器线圈有无端电压。电压正常或偏高，可以判定为室内断线或设备器材故障。如无交流电压，测量分线柜处轨道电路发送侧电压正常，接收端无交流电压一般为室外故障，但也可能为室内混线故障。应断开室内连接软线，再测量电缆侧交流电压，如仍没有电压可肯定为室外故障，如电压恢复正常或偏高，则为室内混线故障。

(1)室内故障

轨道继电器烧毁或断线;轨道继电器未插紧,配线脱焊;微电子相敏接收器、防护盒等设备故障;室内连线断线或混线。可对症处理。

(2)室外故障

室外故障原因较多,判断和处理方法如下:

先测试送电端变压器箱内限流电阻电压,电压明显高于日常测试值,可以判定为室外设备混线或半混线故障,利用轨道电路故障诊断仪进行查找,查找电流从高到低突变点即为混线点;限流电阻电压明显低于日常测试值或0 V,判断为室外设备断线或半断线故障。测量轨道变压器Ⅰ次侧线圈有无交流220 V电压。如无电压,检查断路器是否良好。如送电端子也无电压,则为电缆故障。更换电缆芯线即可解决。如变压器Ⅰ次侧有交流220 V电压,就改测Ⅱ次侧有无电压。如无电压,可判定为变压器线圈断线或脱焊,或连接螺栓松动,查明原因后更换变压器或重新焊接即可克服。Ⅱ次电压正常,从送电端向受电端逐段测试,电压从高到低突变点即为断路点。

利用电压与电流的关系可快速判断故障在送电端方向或受电端方向,电压电流同步低于正常值,故障点向送电端查找;若电压低,电流高,向受电端查找混线故障点;若电压高,电流为0,向受电端查找断线点。

半断线、半混线故障比较难以判断,利用电压与相位关系,可快速判断性质。电压降低,相位降低,半断线概率大;电压低,相位高,多为半混线。

2. 轨道电路间歇性点红灯

轨道电路间歇性点红灯时,如果轨道继电器安插牢固,在红灯熄灭时交流输入电压偏低,一般为室外故障。如系方向性间断,例如上行列车驶过后红灯不熄灭,随后下行列车驶过后红灯不熄灭,可判定有方向性松动处。如果为无规律间断,可判定为道床电阻不符合要求,或轨道电路电源电压不稳定,或轨道电路送受电压调整不当,或轨端绝缘、轨距保持杆绝缘破损所致。出现轨道电路间歇性点红灯时的故障原因及处理方法如下:

① 轨道继电器未插紧,应重新插紧。

② 轨道电路送受芯线与相邻区段的芯线发生混线,必须更换电缆芯线。

③ 轨道电路电气特性调整不良,轨面电压处于临界点,勉强保持轨道继电器吸起,随着电源电压波动或区段开路电阻的变化,使轨道继电器间断落下。此时必须调整轨道电路特性予以解决。

④ 轨道电路绝缘件破损且松动,破损处与基本轨接触时,轨面电压下降,轨道继电器失磁,一有震动,破损处与基本轨不接触时,轨面电压又恢复正常,轨道继电器励磁。这时应查找破损的绝缘件,更换为合格的绝缘件。

⑤ 箱盒上钢丝绳端子松动,使轨道继电器间断落下。重新紧固联结螺栓即可排除。

3. 轨道电路闪烁性点红灯

应首先通过轨道电路测试盘确认是室内故障还是室外故障。室内故障原因有:轨道继电器插入松动,或轨道反复示继电器的缓放电容失效。室外故障原因是送受电设备接触不良,时松时紧。

4. 钢轨绝缘故障

站内轨道电路是按极性交叉原理布置的,安装扼流变压器的轨道区段,单组绝缘破损,必定出现红光带。不安装扼流变压器的轨道区段,两组绝缘同时破损或道岔区段的一组道岔绝缘破损时均会使轨道电路出现红光带。钢轨绝缘破损使轨道电路出现红光带的原因及处理方法如下：

①因轨条爬行或钢轨连接夹板(鱼尾板)与轨端眼孔不对等原因使钢轨绝缘破损,鱼尾板固定螺栓与两侧钢轨相接触,鱼尾板绝缘又同时破损。将万用表置于×10电阻挡,测量螺栓与钢轨、鱼尾板间的绝缘,如同时降至零,即可发现。此时须请工务部门配合,拉正爬行钢轨,增加防爬设备,防止鱼尾板固定螺栓中部弯曲,并在带片绝缘与螺栓之间加相同直径的铁垫片,然后加弹簧垫圈,拧紧螺帽。

②钢轨绝缘鱼尾板两侧道钉固定方向错误,道钉伸出口与鱼尾板相碰,通过轨底垫板使绝缘两侧钢轨有电气连接,本组绝缘即失去作用。此时应撬出道钉,将其伸出口改向外侧。

③两轨端接缝处道床捣固不良,列车通过时使两轨端错牙,日久磨穿绝缘,或者因轨条爬行使轨缝消失,日久挤压绝缘使之挤穿而导致绝缘失去间隔作用。此时应在两轨接缝处底部加设一段小枕木,减少两轨端错牙,或请工务部门协助增设防爬器。

④轨端表面出现肥边,使轨端绝缘上部短接,而使绝缘失去隔离作用。应请工务部门凿去肥边,并更换以良好的轨端绝缘。

⑤轨条爬行或前后轨缝消失,更换后的新轨端绝缘不要多久被挤坏,尤其是夏季更甚。应请工务部门加强防爬,轨缝消失并无法拉轨时,只好锯轨或更换短轨。

⑥鱼尾板内积存过多油垢铁屑,也会使该组绝缘失去作用。铲尽油垢铁屑,即能解决。

5. 轨距杆故障

轨距杆本身的绝缘件破损或其安装位置的移动都会造成轨道电路故障,故障原因及处理方法如下：

①轨距杆带片绝缘管套未完全进入铁爪孔内,紧固螺帽将绝缘管套挤裂、挤碎,而使之失去作用。此时应该请工务部门按要求安装轨距保持杆。

②轨距杆带片绝缘管套与固定螺帽间未加同样直径的铁垫片,直接加弹簧垫圈后拧紧螺帽,日久弹簧垫圈楔入绝缘片内使绝缘不起作用。处理方法同上。

③道岔区段的轨距保持杆顶端与另一轨距杆杆身或铁爪相碰,造成两区段或本区段轨道电路短路,此时应拧紧轨距杆,使其不能移动。

④轨距杆绝缘件埋入石砟、炉渣或油垢污泥内,长期积水使绝缘性能变坏。应请工务部门清理道床,不使轨距杆埋入道床内。

⑤轨距杆两固定铁爪松动,窜至钢轨连接夹板(鱼尾板)中部将两轨端短路使轨端绝缘失去隔离作用。处理方法同③。

⑥尖轨前的轨距窜动,其两铁爪与电动转辙机大角钢相碰而将轨距杆联通。处理方向同上。

6. 送、受电钢丝绳故障

送、受电钢丝绳故障将影响轨道电路的正常工作,其故障原因及处理方法如下：

①钢丝绳与塞钉之间脱焊使轨道电路中断,如存在虚焊则出现间断性点红光带。此时应更换钢丝绳,将焊口朝下并涂一层牛油。

②钢丝绳年久失修,雨露、脏物沾污腐蚀,一折便断,使轨道电路中断。应更换不良的钢丝绳,并加强防腐处理。

③钢丝绳固定卡钉过紧损伤钢丝绳,或涂塑钢丝绳钉得过紧使表皮破裂,日久蚀断。此时应注意更换良好的钢丝绳并按技术要求钉紧。

④钢丝绳塞钉与变压器箱连线松动而使送、受电中断,固定钢丝绳塞钉即可。

7. 轨道电路电气特性不良

轨道电路电气特性不良将影响轨道电路的正常使用，故障原因及处理方法有：

①送电端交流 220 V 断路器接触不良，使轨道电路电源中断。此时应使断路器与配线接触良好，并根治变压器箱渗水。

②送电端轨道变压器线圈引线脱焊，应重新焊接。

③限流电阻滑动簧片与电阻丝接触不良，应调整滑动簧片，使其有一定压力，擦亮电阻丝接触面，使滑动簧片与电阻接触良好。

④中继变压器特性变化、线圈断线，需更换变压器。

⑤轨道区段开路电阻过低，应测量区段内所有绝缘杆件绝缘，查出绝缘不良处更换绝缘。

⑥轨道电路送电端Ⅱ次侧电压过低，受电端收到的交流电压在 0.5 V 以下，轨道继电器端电压处于临界值。

8. 电气化区段轨道电路的故障及处理

除了和非电气化区段轨道电路相同的故障外，电气化区段轨道电路还有由牵引电流回流不畅、不平衡电流干扰、机车升弓电流引起的故障。

①牵引电流回流不畅引起的故障

造成电气化区段牵引电流回流不畅的原因是多方面的，除供电系统外，从轨道电路方面看就包括：轨端接续线、扼流变压器中点的引接线和负供电线（即吸上线和电缆）是否可靠连接；横向连接线是否连接良好和完整。这些都是造成回流不畅的主要原因。

发生牵引电流回流不畅，对电务设备，尤其是对轨道电路设备能否正常工作的影响是极其严重的。因为牵引电流一旦出现不畅通，几百安的强电流迂回到哪里都会烧坏设备，严重时可烧毁相邻设备，造成较大范围的设备故障。这是最严重，也是最应重点防范的电气化干扰故障。牵引电流回流不畅轻者可以使断路器脱扣，重者能使整个箱盒、整条电缆、成片设备全部烧坏，可以说对设备的安全使用威胁是很大的。但它又属结合部位的问题，也就是说造成的原因不是电务设备单方面的。所以要加强日常检查巡视，发现问题及时反映、协调，对供电等部门设备的问题要及时联系解决，以防止造成较严重的故障。就电务设备自身维修方面应采取以下措施：

a. 保证轨端接续线及线间和钢轨间接触线的完整和牢固，扼流变压器中性连接板、引接线和负供电线（吸上线和电缆）的可靠连接。

b. 在双线区间轨道电路加设线间横向连接线，并保证其完整和牢固。

②不平衡电流干扰引起的故障

电气化区段易发生故障的部位是轨道电路，这是因为轨道电路及其设备是直接受牵引电流的强电流冲击的。尽管已经采取了一系列的防护措施，但只要出现不平衡电流，哪怕是瞬间的，也会对轨道电路及其设备造成冲击。

常见的轨道电路受不平衡电流侵扰造成的故障现象，按其现象和影响的严重程度分可分为两种：第一种情况是轨道电路闪红光带，第二种情况是强电流侵入烧毁设备。

a. 轨道电路闪红光带

轨道电路闪红光带是常见故障，也是易发生的惯性故障，虽然发生的只是瞬间一闪或短时间，但对运输的影响很大。

电气化区段不平衡电流侵扰所造成的故障大多是瞬间造成的，故障发生时间较短便自动恢复，这就是轨道电路闪红光带故障。造成该故障的原因主要是不平衡电流侵扰造成的。在轨道电路中虽然有较严密的防护措施，但不平衡电流侵扰强度的大小难测，比较复杂，有可能是基波分量，也有可能是谐波分量，还有可能是基波和谐波共同合成影响的。有时可能是量值(电流高低强度)较大的侵扰，使轨道电路设备动作失常，也有可能是基波或谐波分量侵扰后使信号产生相移(相位变化)而造成轨道电路设备故障，更有可能是量值和相移共同侵扰造成的。

为了减少电气化区段牵引电流对信号设备的干扰，必须采用抗干扰设备，防止不平衡电流出现后损坏设备、器材如高容量扼流变压器、带适配器的扼流变压器、开气隙的扼流变压器、防雷轨道变压器、铅芯保安管、防护盒等，都能有效地防护不平衡电流的侵扰。同时应严防电焊机接入轨道电路。

b. 强电流侵入烧毁设备

强电流侵入烧毁设备，虽然发生的机会较少，但影响面大，发生后恢复时间长、损失大，对运输影响也就更大。

发生烧毁设备的电气化区段不平衡电流干扰故障，大多是不平衡电流过高或严重回流不畅造成的。因为过高的不平衡电流侵入设备后会直接使其发热烧损；而回流不畅时，造成牵引电流直接侵入设备某一处，数百安的高电流会直接使设备或电缆等设备烧毁，形成较大的故障范围和损失。

防范这样的故障发生，首先要提高轨道电路的传输性能，解决好牵引电流的回流问题，确保回流的畅通，减小或消除不平衡电流的出现，不使牵引电流在设备的某一处聚集而烧毁设备。比如对各种连接线、中性连接板、吸上线连接点的加固或焊接，加大各种连接线、接续线的截面积，采用等阻连接线调整轨道电路的传输特性等，都能提高轨道电路的传输性能。

③接触网短路等引起的故障

电气化区段中若出现接触网短路的状况，则数千安的牵引电流经钢轨回至牵引变电所，造成不平衡电流急剧增加(达数百安)，通过扼流变压器的半边线圈使Ⅱ次侧(信号线圈)产生很高的干扰电压，从而烧毁信号设备(在变电所跳闸以前)。主要为：烧毁接收设备(滤波器、轨道变压器)，烧毁轨道电路受端断路器或受端保护硒堆。以上情况虽极少，但较多出现牵引电网的瞬间闪络，这种闪络由于持续时间极短(变电所并不跳闸)，其瞬间电流脉冲经接触网支柱火花间隙导通后入单侧轨，使单侧轨中产生一个瞬间的极大不平衡电流，从而烧损设备接触网支柱的火花间隙损坏(短路)或接地线错误连接而出现的稳态较大的不平衡电流，也造成上述后果。

吸流变压器支柱有两组地线，其中护栏地线直接入地，水泥支柱地线经火花间隙接向单侧轨。这两组地线不应相混(相互接触)，更不能将两根地线合二为一后接入单侧轨。

另外，由于电力机车撒砂造成牵引回流不畅，撒砂又不可能均匀、对称，会产生瞬态的不平衡电流(一般为百安量级左右)而致。但由于电力机车的黏着性能好，此种情况仅是偶然事件。

④机车升弓电流引起的故障

机车升弓电流就是即将启动时的瞬间牵引电流，这一电流值一般是很高的，它的瞬间冲击对 25 Hz 相敏轨道电路继电器的正常工作影响也是较大的。例如某股道停靠列车，机车升弓即将启动，其瞬间电流的影响就可使相邻或不相邻区段的轨道继电器瞬间误动(还有可能使其区段轨道继电器的前接点颤动)，这就造成了某区段闪红光带，使开放的信号关闭。为了避免这个影响，现采用加装复示继电器的方法来防止误动，只把复示继电器接点用于联锁电路中。

另外还可以采用加装适配器的方法，来消除升弓电流的影响。

二、ZPW-2000A 型轨道电路故障处理

1. 故障处理程序

ZPW-2000A 型轨道电路故障处理程序如图 3-17 所示。

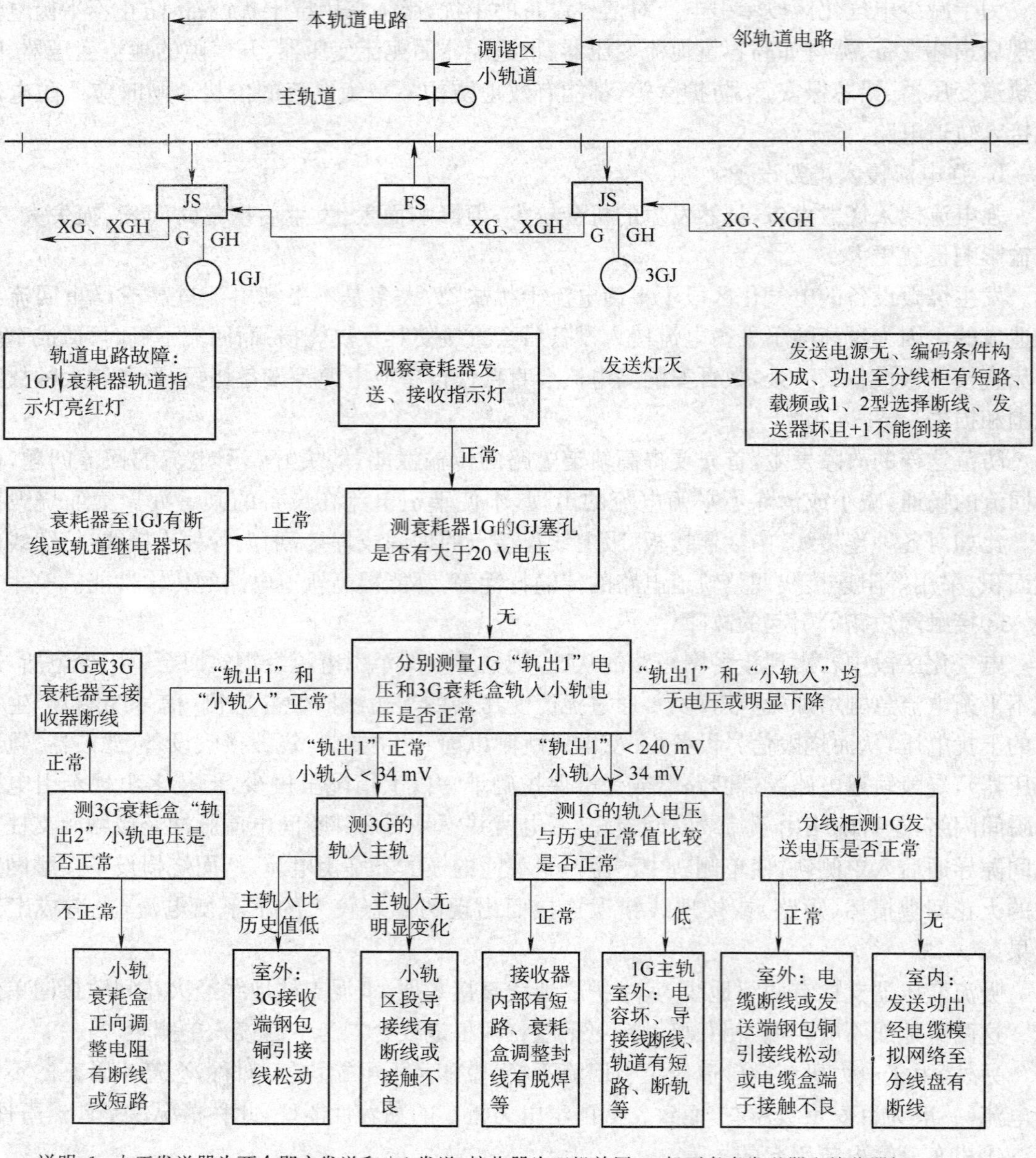

说明：1. 由于发送器为两个即主发送和＋1 发送，接收器为双机并用，一般不考虑发送器和接收器坏。

2. 本故障处理流程图只考虑一个轨道电路故障。

3. 若相邻两区段同时故障，一般为室外接收端引接线松、铜端头断、电缆断线或有短路。

图 3-17　ZPW-2000A 型自动闭塞电路故障处理程序

ZPW-2000A 型轨道电路故障的分析、判断、处理思路和车站联锁电路是相似的，可以在分线柜或电缆模拟网络进行室内外故障的界定。在分线柜发送和接收端测量发送和接收电平是否与调整表相近是一种有效的手段。接收端能测到的电压值与调整表的调整值相近说明轨

道电路故障在室内接收端，当接收端测不到电压或电压值很低，则可测试发送端的电平是否正常，发送电平正常则故障在室外、否则故障点在室内发送端。需要注意的是，在发送、接收回路中产生短路故障时轨道电路的送受电压都可能很低，此时分步将分线柜送受电端子线头断开，测试空载电压来进一步分析和判断。

2. 典型故障案例处理与分析

(1)钢包铜引接线故障

①塞钉及引接线接触不良

例 1： A 站 C_4G 红光带，原因为 C_4G 塞钉松动。

塞钉松动的故障在工程开通的初期最为普遍。主要原因是，施工中对塞孔的重要性认识不足，钻孔陈旧、钻头不利、钻孔不圆，造成塞孔安装后接触不紧密、塞孔进水锈蚀、塞钉面接触不良，而 ZPW-2000A 采用的是电流型电路，对塞孔的接触要求很严，反应十分灵敏，当接触电压超过 5 mV 时，就有可能造成区段红光带故障。

现场施工和维护工作中宜采用 DUBUIS 电气化铁路轨道连接系统，该系统由汽油引擎的 DP3TH 专用轨道钻孔机，配备 ϕ13.5 mm 一次成型空芯钻头、钻绞刀及倒角器，在钻孔的同时对钻面进行清理，去除钻孔边的毛刺，可确保钻孔的圆整光洁，塞孔孔径误差由原来的 3～5 mm提高到 0～0.2 mm。钻孔完成后立即将塞钉装上，并用专用扭力工具调定到 18 kN 进行安装和紧固，防止钻孔裸露过夜，造成钻面进水锈蚀接触不良。经过处理后塞钉接触电阻由最大的 6 Ω 降到 0.5 Ω 左右，塞钉头接触压降由 0～18 mV 降低到 0～2 mV。避免因塞钉接触不良造成轨道电路红光带故障。

例 2： B 站 $A_{11}G$ 红光带，原因为钢包铜引接线被偷。

发送端钢包铜引接线缺损，移频信号未发送至钢轨，影响本区段的主轨接收和邻区段的小轨接收，仅本区段出现红光带。而接收端塞钉接触不良，不仅影响本区段的主轨接收，同时影响小轨接收，使本区段和邻区段同时出现红光带。

钢包铜引接线在上道初期被偷盗现象严重。在日常维修过程中，钢包铜引接线加装一根普通的钢丝绳与钢包铜引接线并联使用，可有效提高接触可靠性，对防止钢包铜引接线被盗也起到一定的保护作用。另外，加强与铁路公安联防的打击力度，加大对铁路周边居民和废品收购部门的宣传，对事件多发地段进行立案侦查，使钢包铜被盗事件得到有效遏制。

例 3： C 站 9514G 红光带，原因为钢包铜引接线穿孔螺栓折断。

信号工区在测试过程中发现 9514G“轨入”下降至 117 mV，邻区段 9528G“轨出 2”下降至 26 mV，经检查 9514G 接收端钢包铜引接线螺栓折断，但螺栓尚未完全脱落。钢包铜引接线螺栓折断主要原因是引接线采用双套化冗余接续线后未重新钻孔，将双引接线用一个穿孔塞钉固定，致使塞钉穿孔螺栓受力加重，出现金属疲劳而造成折断。解决方法是对冗余接续线重新钻孔分开固定。

例 4： D 站 A_1G 红光带，原因为钢包铜接线头鸭嘴铜套折断。

钢包铜引接线与塞孔接触的铜头与线缆的连接是采用冷压接技术压接而成的，钢头在轨腰部连接时要应保持一定的平顺角度，不可硬性折伤成直角，使钢头产生金属疲劳而折断。另外，A_1G 在进站口机械绝缘节处，此处的空芯线圈与调谐单元在同一地点引接上钢轨，若全部加装钢丝绳双线引接，则造成有 8 根引线连接至钢轨，不仅对安装不便，而且钻孔过多，对钢轨也有损伤。一个简便的方法就是将两处的钢包铜引接线在防护盒上并联(图 3-18)后引至钢轨，实现互为备用冗余。

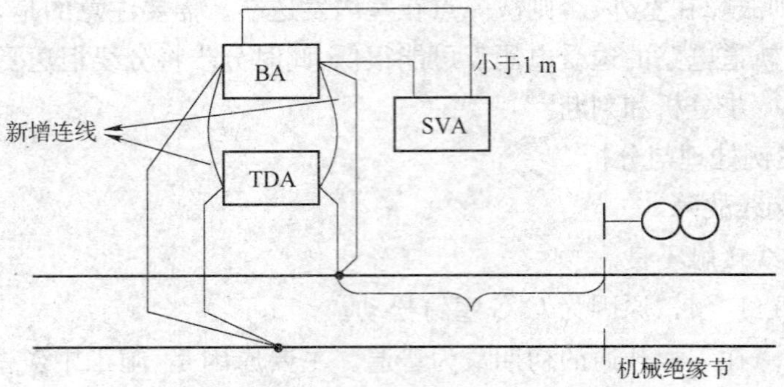

图 3-18　钢包铜引接线连接

例 5：E 站 0540G 红光带，原因为邻近闭塞分区 0526G 钢包铜接线头铜套接触不良。

0526G 受端钢包铜接触不良，此时该闭塞分区的主轨由于发送电平较高，影响不大，而邻近闭塞分区的小轨接收变化较大，电压下降到 60 mV，小轨电压为 0 V，使得 0540 闭塞分区 XGJ 不能吸起，出现红光带。因此，查找故障时不仅要测量主轨电平，而且必须清楚 XGJ 与邻近闭塞分区小轨的关系，才能较快判断故障点。日常维修中应注意钢包铜的铜套部位，压接应可靠，防止松脱。

例 6：F 站 100091 信号机红绿灯跳动，原因为邻近闭塞分区接收端塞钉接触不良。

由于该站设计中采集板信息位已满，控制台上仅设计了一、二、三接近和离去光带，其余区段光带未在控制台复示，故障现象表现为控制台的信号复示器红、绿灯来回跳闪。经查找发现 A_4G 衰耗器的 GJ 在跳动，测试主轨电源正常，再测试 XGJ 电压时有时无，邻近闭塞分区的小轨电压有时有无，经检查发现室外接近区段接收端塞钉接触不良。ZPW-2000A 区间信号机点灯电路中只检查轨道条件，受轨道条件控制直接开放。而站内塞钉接触不良造成区段红光带故障时，信号跳红灯将不闪绿灯。这是区间点和站内信号机的不同之处。

例 7：G 站 A_2G 红光带，原因为钢轨接续线接触不良。

钢轨接续线接触不良造成红光带的故障在轨面电压测试中是逐渐变化的，一般不会产生电压突降的情况，故障点不明显，查找比较困难。日常维护工作中应加强对轨道电路钢轨接续线的检查，异型接头、废弃胶接绝缘的连接线是检查重点，推行钢轨接续线双套化是一种有效的方法。

②维修不良

例 1：H 站 166G 红光带，原因为维修经验不足，塞钉紧固过头滑丝。

信号工区对塞孔头的维修必须立足于多测多检少动，钢包铜引接线的塞孔用穿钉连接，用扭力钳紧固，外部加装防松螺帽，在施工过程中应用专用扭力钳按 18 kN 力一次成型，日常维修中只需检查防松螺帽的外形是否异常，不得用普通活动扳手等非专用工具进行紧固。这起故障的原因是由于维修经验不足，用活动扳手对防松螺帽进行紧固造成螺帽滑丝，后信号工区又用红油漆进行刻画防松标记，由于油漆过多，顺着丝扣渗入钢包铜电缆压接头的接触面造成接触不良，由于故障点较隐蔽，一次故障发生时，经列车震动后自动恢复，信号工区检查防松标记未发现问题，造成故障反复。

例 2：I 站 0715G 红光带，原因为钢包铜引接线被列车带断。

钢包铜引接线线径较粗，硬度较强，如固定不良，靠近钢轨处易形成Ω形突起，在列车通过时容易被车辆走行部钩住挂断，室外固定时应将钢轨引线接至小枕木处的多余量尽量向箱盒侧整理，在地面处的引线摆放平整，卡固牢靠。

(2)补偿电容器故障

①补偿电容器缺损、短路

例1：J站C_3G红光带，原因为两个补偿电容器被盗。

区间补偿电容器损坏或遗失的故障较多。故障位置不一造成的故障表现各不相同，一般一个电容器损坏或丢失个别中间电容器不会出现红光带，但受端电压发生变化，会对机车信号发码产生影响，损失两个以上电容器时，主轨电压会明显降低出现红光带。电容器损坏部位越靠近送端，对邻近区段的小轨电压影响越大，进而影响本区段的GJ工作，如9399G送端第一个电容器容量下降为0 μF时，其接收器的"轨出2"电压较正常值上升了27 mV。

目前广泛采用电容枕嵌入或安装电容器，对防止电容器被盗有较好的效果。对电容枕式安装的补偿电容器维修的重点是注意检查电容器引线塞钉的接触情况。

电容器在线测试分析一般用CD-96A表测量引线的电流和轨面电压进行换算。当电容器换算测量值与标称值比较变化较大(>5%)时应进行更换。

轨检车装有区间电容测试仪，利用过电容器时对轨面波形峰值变化曲线判断电容器的好坏，是一种快速便捷的措施。

例2：K站S3JG红光带，原因为补偿电容器短路。

区间补偿电容器短路造成区间故障的现象较少发生，发生短路时受端的接收电压变化不大，但根据短路点的处所不同，送端回路中电流也不同，短路点离送端越近，电流较大，据此可加快对区间短路点的故障判断。

②天气影响

例1：L站A_1G等红光带，原因为大雨造成道床漏泄。

ZPW-2000A型轨道电路增设了很多补偿电容，下雨过程中，若补偿电容的有机塑料盒内进水，将大大增加轨道电路短路的几率，另外补偿电容器引接处相当于给轨道电路增加了分路点，补偿电容器越多，分路点越多，对雨天轨道电路的工作越不利。因此，在工程设计中应充分考虑这一因素，将长大(或排水不畅的整体道床、隧道)轨道区段进行分割，缩小单一轨道电路的长度，减少补偿电容器数量，有利于使轨道电路晴雨天的工作状态比较接近。另外，对易于积水的区间应督促工务部门进行清筛，适当调低发送端电平，增大工作电流，受电主轨的接收变压器的变比适当调高，有利于提高轨道电路的传输稳定性。

例2：M站$SK_{Ⅳ}$信号不能开放，原因为$K_{Ⅳ}$G轨道继电器不能可靠吸起。

ZPW-2000A型轨道电路叠加站内轨道电路时，ZPW-2000A型轨道电路的补偿电容器雨天对轨道电路的分路作用尤其明显。一般晴天调整状态下，站内轨道电路调整为15 V左右，一下雨就能迅速降低到8～9 V的临界值。$K_{Ⅳ}$G的长度为1 160 m，日常调整为14.8 V，下雨时降为8.1 V，造成轨道继电器处于前后接点不接触的状态，轨道电路既不出现红光带，信号也不能开放。因此对ZPW-2000A型轨道电路叠加站内轨道电路而言，后者的调整不能简单地套用相关技术标准，而应参照轨道电路的调整曲线表，以0.06 Ω标准分路线分路时残压小于2.7 V为前提，适当调高轨道电路的工作参数。$K_{Ⅳ}$G日常工作时调整为19.4 V，测试分路残压为0.3 V。在雨天调整状态轨道电压可确保12 V以上，使轨道电路工作有了保证。此调整方法对长大轨道电路区段十分有用。

(3)灯丝继电器故障

例 1: N 站 10091 信号机红灯、绿灯乱闪;1192 无车点红灯,3LQ 红光带。原因为信号机点灯回路电流调整不当。

区间通过信号机采用灯丝继电器来监督区间点灯电路的工作,其工作电流必须大于或等于 140 mA,才保证可靠吸起。而通过信号机距离信号楼一般比较远,工作电流较大则在电缆回路上会产生较大的压降。此时必须处理好两个问题:一是工作电流调整过大,在灯泡断丝时因空载电流过大易造成灯丝监督继电器不落下;二是灯端电压过低,则造成信号显示距离不足。

经试验,只要信号隔离变压器的输出电压大于 290 V 时,就能满足电缆长度为 18 km 时,信号机点一个灯灯丝电压为 12 V 的要求。

为了克服信号点灯电缆对灯丝电压的影响,通常采用提高信号隔离变压器Ⅱ次电压的方法。当信号机发生灭灯故障时,隔离变压器的Ⅱ次电压几乎全部加到信号变压器 BX_1-34 的Ⅰ次线圈,使信号变压器发生非线性饱和,空载电流急剧增加,其后果是室外灯泡双断丝而灭灯时室内的 DJ 也不能落下,区间不出现红光带,造成故障区段得不到防护。因此在区间信号变压器要考虑其Ⅰ次线圈输入电压为 300 V 时不能产生非线性饱和,以确保空载电流在电压变化时符合相关标准。

四显示自动闭塞还有绿黄的双灯位显示,其电压调整要兼顾点两个灯与点一个灯的情况。因为两者为同一电缆芯线回路,在绿黄显示时,负载加重引起信号隔离变压器输出电压下降,同时通过电缆线路的电流增加,电缆线路压降也显著增加,造成灯丝电压降低。在信号隔离变压器输出电压满足点一个灯丝电压 12 V 的前提下,信号变压器Ⅱ次电压应从 13 V 挡开始选取。因为选低(挡)信号变压器Ⅰ、Ⅱ次电压变比大,一次电流小,电缆压降小,灯丝电压较高。

例 2: P 站 9913 信号机灭灯,原因为 DJ 前接点接触不良。

P 站为 TYJL-Ⅱ型计算机联锁车站,采集信息位使用 DJ 第一组前接点,该接点不通时采集信号没有输入,信息位灭灯,此时区间灯丝监督与轨道发码光带条件是通过计算机联锁软件来实现的,控制台相应的显示为信号机灭灯,轨道区段红光带。而 DJ 用于区间发送通道检查的接点组接触良好,此时现场信号机显示正常,造成室内外显示不一致。

(4)电源故障

①整流电源容量不够

例: Q 站区间红光带,原因为 ZG-42/0.1 型硅整流器熔丝熔断。

既有站场改造过程中,为方便导通试验,对区间电路一般单独设立硅整流电源作为区间控制电路电源 QKZ、QKF 使用,以便实现与既有电路的有效隔离。开通后必须将该电源环入区间电源屏相应的控制电源,确保电源容量和使用稳定。本站开通时未对环路电源进行处理,硅整流器一直作为在用电源使用,由于整流器容量不够,温升增高,造成熔丝断路和电源故障。

②断路器跳闸

例: R 站 D_3G 红光带,原因为邻站站联小轨电源跳闸。

对于两个车站的管辖区分界处,由于轨道电路的送电端设在本站,而小轨的接收设在邻站,为确保 XG 条件可靠传递,避免长缆传输低电压造成的线路衰耗,一般不采用站联电缆将接收器的 XG 电压直接传递的方式,而是将 XG 的电缆条件动作站联小轨继电器(ZLXGJ),然后将该继电器条件复示到邻站,用该条件作为轨道继电器工作的 XGJ 条件,如图 3-19 所示。

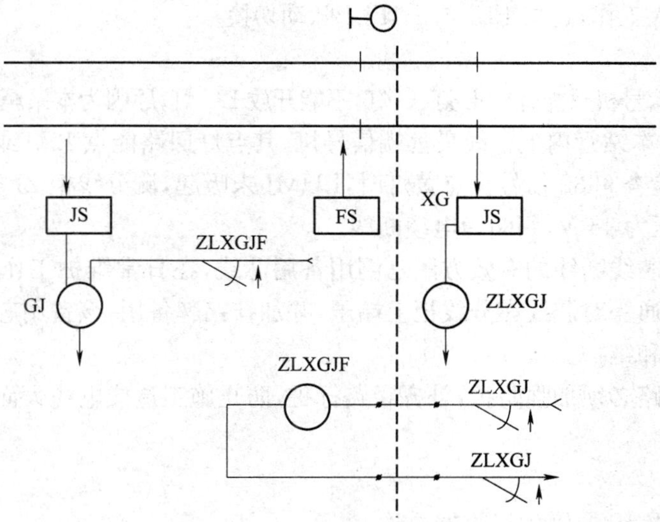

图 3-19 XG 站联电路

当管辖区分界处出现红光带时，应先测量主轨电压和观察 ZLXGJF 是否吸起，若 ZLXG 落下，则应检查站联电缆及邻站接收的 XG 输出，站联 XG 电缆等。

③智能电源屏故障

例：S 站区间红光带，原因为智能电源屏遭雷击故障。

智能化电源屏在使用中暴露防雷性能差等弱点，S 站“三改四”工程中采用区间电源屏，雷击打坏了区间站联的电源模块（QZ、QF 电源），由于输出端未采取有效隔离，使得输出端造成短路，+1 的模块不能实现故障切换，导致上、下行方面区间站联电源全部断电，出现红光带。

(5)电缆故障

①JS 芯线未成对使用

例：T 站 C_{11}G 闪红光带，原因为电源线电缆芯线未成对使用。

T 站区间遭雷击，区间接线盒被打坏，电源线间绝缘不良，故障抢修时临时倒用 C_{11}JS、C_{21} FS 电缆。抢修之后，车站值班员反映 C_{11}G 经常在无车状况下闪红光带。对 C_{11}JS 进行测试发现接收端的电压波动比较大，复查 C_{11}JS 电源为非对绞电缆，线间电容很大，更换为屏蔽四芯组的对绞芯线后，G_{11}JS 电平和频率趋于稳定，故障现象消失。

由于 ZPW-2000A 轨道电路选用的频段较高，1 700～2 600 Hz，因此在远距离传输中对线间电容耦合反应敏感。在日常维修和抢修施工中必须严格按芯线成对使用的要求进行，对禁止同缆使用的接收、发送端也必须严格按要求分设。

②电缆混线

例：U 站 0288G 闭塞分区闪红光带，原因为电缆混线。

检查 0288G 送端的 FBJ 与＋1FBJ 都在脉动互切，将＋1FS 发送器电源关闭，主发送 FBJ 仍然在脉动。恢复＋1FS，关闭 ZFS 电源，＋1FS 仍然在脉动。将 0288G 前一闭塞分区发送器电源关闭，此时＋1FS 顺利倒接，该闭塞分区＋1FBJ 吸起稳定，测试 0288 闭塞分区 FS 的功出电压正常，而分线柜的 FS 端电平明显偏低，断开发送端电缆，电压恢复正常，因此判定该故障为 0288G 闭塞分区的通道影响。倒接至备用电缆，闭塞分区红光带消失。对倒接下的电缆进行测试，发现 FS 的回线与区间另一电缆的备用芯线混线，造成 FS 电流被第三支路旁路，使 FBJ 落下切换到＋1FS 工作。由于＋1FS 工作时，发送电平也受到干扰，＋1FBJ 落下，此时

0288G 的 FS 又切入工作，造成 FBJ 与＋1FBJ 脉动切换。

③电缆断线

例：V 站 9996 信号机只能开放 L 灯、U 灯，不能开放 LU 灯，原因为本站至邻站站联电缆断线。

9996 信号机为本站管内上行线最远端信号机，其点灯回路能点 L 灯或 U 灯，说明信号点灯回路没有问题，检查 9982 信号机点黄灯时，LUMJ 未吸起，测分线柜 ZL3、ZL4 电缆无电，而邻站 ZL3、ZL4 电压为 44 V，判断为电缆断线。

处理电缆个别芯线断线的有效方法是倒用备用芯线，在日常维护工作中要将对绞芯线和普通芯线各全程贯通一对芯线在分线柜上端子，并加挂铭牌备用，该备用芯线需与使用电缆一样加强日常的测试和维护。

对区间电缆径路必须加强防护，补齐径路标桩，防止施工造成电缆大面积断线是关键。

(6)器材故障

①接收器故障

例：W 站移频报警，原因为接收器故障。

ZPW-2000A 发送器采用 $n+1$ 冗余，接收器采用 0.5＋0.5 的备用方式，器材不良造成的信号故障大为减少，日常检修中应加强发送器、发送器工作指示灯报警的检查。信号工区发现移频报警，检查室内设备发现接收器工作指示灯灭灯，更换后移频报警停止。

②衰耗器故障

例：X 站 9314 区段 GJ(Z)无输出，原因为衰耗器 B_{17} 端子断线。

这是一例日常测试中发现的故障，由于接收器采用 0.5＋0.5 的备用方式，衰耗器的测试塞孔对应有 GJ(Z)、GJH(Z)和 GJ(B)、GJH(B)两路测试孔，其引出线对应端子为 B_{16}～B_{19}，当主机测试孔输出线(B_{16}、B_{17})故障时，GJ(Z)测试无电压，而并机测试孔输出线(B_{18}、B_{19})故障时，GJ(B)测试无电压。但这一故障仅影响数据测试，对轨道电路的正常工作没有影响。

③匹配变压器故障

例：Y 站 B_1 G 红光带，原因为匹配变压器被雷击坏。

故障发生时，接收端室内接收电平由正常值的 684 mV 下降为 315 mV，幅度下降达 55%，轨道电路不能可靠工作。因雷害故障部位比较难以判断，因此将分线柜接收端断开，测电缆线电压明显下降，判断故障点在室外，沿着受端向送端查，发现匹配变压器变比不对(正常为 1∶9)，更换后恢复正常。

室外贯通地线是非常重要的防雷设施，贯通地线被盗缺损平时不易发现，而雷害发生时易使设备遭受雷击而损坏，日常维护中一般采用贯通电缆连接贯通地线测试环路电阻来判断地线的好坏。

④电缆模拟网络故障

例：Z 站 0752G 红光带，原因为送端电缆模拟网络故障。

为判断和区分区间故障的范围，送受电的电缆模拟网络上设“设备”“防雷”“电缆”三个测试孔。电缆模拟网络的性能可以通过上述三个测孔值直接分析即可判断。

(7)配线错误

①＋1 发送器载频选型错误

例：a 站 A_2G 红光带，原因为主机发送器故障，而＋1 发送器不能倒接。

ZPW-2000A 区间上、下行线各设一个＋1 发送器，实现发送器的故障倒机。故障倒机时，要倒接低频、载频(含 1、2 型选型)、发送功出(含电平)等三部分。本例中，ZFS 故障时，倒接到

＋1 发送器工作，由于＋1FS 的载频 2300 选用的是-2 型频率(ZFS 的载频为 2300-1 型载频)，相邻闭塞分区的接收器接收到 2300-2 型频率，其 XG 不能吸起，使得本闭塞分区缺少 XGJ 条件而出现红光带。

因此，在进行区间设备联锁试验时，必须严格校对各对应闭塞分区的 ZFS 与＋1FS 的载频、低频选型及发送电平等级一致。

②XG 电源配线错误

例：b 站区间红光带，原因为 XG 不工作。

此故障是由于主发送器电源因故跳闸引起的，当 ZFS 故障倒到＋1FS 工作时，由于该闭塞分区的 XG 电源由 ZFS 的零层断路器下端引出，断路器跳闸后小轨失去工作电源，此时＋1FS 即便切换工作，轨道电路也不能正常工作，可见小轨道电路的工作电源必须从断路器的上端引出。ZPW-2000A 的机柜配线图内对小轨的工作电源没有明确的配线设计，施工单位引入电源时未考虑故障的因素，造成故障的发生，因此在电路设计中必须对小轨的工作电源进一步规范。

③结合电路配线错误

例：c 站等反向发车进路不解锁，原因为站内与区间结合电路配线错误。

该故障多发生在区间自动闭塞与站内联锁设备分步开通的车站中。由于自动闭塞未开通时，站间按半自动闭塞运行，因此单线的进站口外方的解锁 13 线条件为 JGJ 后接点落下；改为自动闭塞后，正向发车口的条件应改为 1LQJ 后接点，若发车口 13 线网路未进行修改，在解锁过程中得不到相应条件，造成发车进路不能解锁。

(8)钢轨影响

①护轮轨影响

例 1：d 站 0540G 红光带，原因为大桥扣件短路造成。

有护轮轨的大桥在施工中应按照 ZPW-2000A 的要求将相应的护轮轨(不超过 200 m)进行切割和加装绝缘节，如图 3-20 所示。这样，一方面有利于防止基本轨上传输的信息通过护轮轨感应构成回路使基本轨占用得不到检查，另一方面避免护轮轨扣件短路时造成轨道红光带。

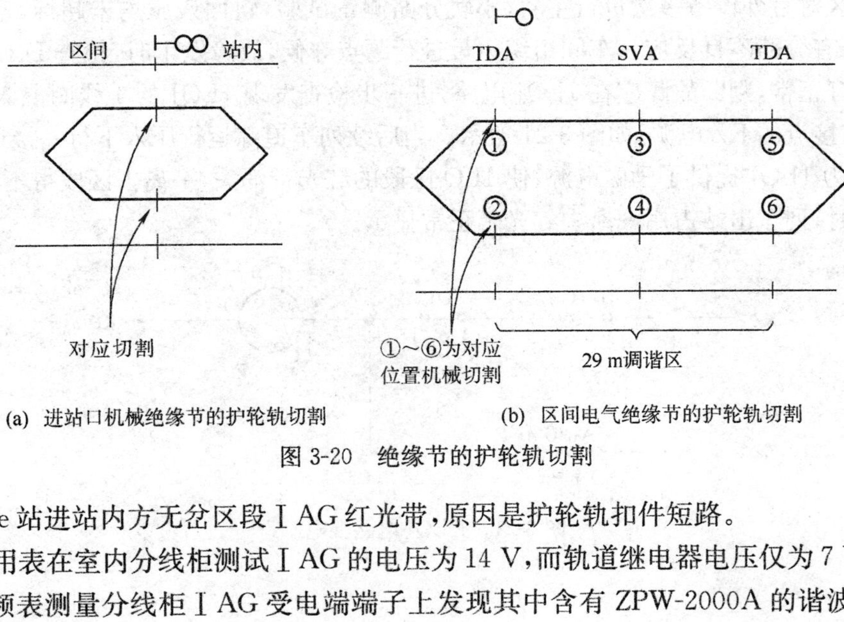

(a) 进站口机械绝缘节的护轮轨切割　(b) 区间电气绝缘节的护轮轨切割

图 3-20　绝缘节的护轮轨切割

例 2：e 站进站内方无岔区段ⅠAG 红光带，原因是护轮轨扣件短路。

用万用表在室内分线柜测试ⅠAG 的电压为 14 V，而轨道继电器电压仅为 7 V 左右，利用 CD-96 移频表测量分线柜ⅠAG 受电端端子上发现其中含有 ZPW-2000A 的谐波成分。进一步查找发现，Ⅰ AG 与下行接近区段 A_1G 相邻近，处于大桥上，由于护轮轨扣件的短路，使 A_1G 高频信息进入了Ⅰ AG 电路中，加上相邻区段的极性正好是相反的，造成轨道继电器的电压下降。因此，对护轮轨的扣件绝缘要加强检查，在做护轮轨切割施工时，将护轮轨的切割点与信号点的绝缘节对齐，可有效防止相邻区段干扰。

②钢轨断裂

例：f 站 $A_{32}G$ 红光带时有时无，原因为大桥伸缩轨断裂。

f 站至 g 站区间红光带时有时无，故障难以捕捉。一次，$A_{32}G$ 红光带持续了一分多钟，此时楼内测试发现主轨未接收到电压，通知室外人员注意检查轨面，当测试到 10111 至 10105 区间内大桥伸缩轨时，发现钢轨自轨底向轨面产生了严重裂纹，从而有效防止了一起可能发生的重大事故隐患。

(9)其他

例 1：h 站至 i 站反向区间红光带，原因为衰耗器反向 XG 调整不当。

反向 XG 平时得不到检查，只有在进行反向运行时才使用，因此反向 XG 调整不当将为区间反向运行埋下隐患，在日常维护过程中必须按检修周期改变运行方向对 XG 进行测试调整。

例 2：j 站反向大区间内有区段红光带时出站信号机能开放，原因为反向区间空闲检查不完整。

区间反向运行时应检查区间所有闭塞分区的 GJ 前接点，将它们串联起来构成检查整个区间空闲的 QGJ 电路。当反向区间出现红光带时，不允许开放出站信号机。

反向运行时站间空闲检查也可以采用另外一种方法，反向运行时，本闭塞分区发送电路检查相邻内方闭塞分区的 QGJ 前接点，相邻内方闭塞分区有车，则本闭塞分区 QGJ 落下。此时反向出站信号机开放只需检查 3JG 空闲，即可确定站间空闲。

而本例故障中，反向区间空闲检查不完整，此时反向发车的第一个离去区段 3JGJ 前接点只表示本闭塞分区空闲，不具备检查整个区间的功能，造成区间有红光带时出站信号机能开放。

例 3：k 站 X1LQ 经常在列车占用无红光带，原因为 1LQJ 线圈混入了 A_3G 的电源。

1LQ 区段阶段性出现红光带，待列车占用 1～2 min 后，经常使红光带消失，待列车进入 2LQ 时才恢复红光带，此故障发生概率为每 2、3 天出现一至二次。

信号工区对室外设备多次进行主轨、小轨分路测量试验，轨面残压均未超标，室外轨面状况也很好，未有分路不良反应。车间组织力量进行蹲点守候，故障发生时，检查 D_1G 的接收器轨道占用红灯正常，判断故障应在 1LQJ 电路，进一步检查发现 1LQJ 的 4 线圈混入了经 A_3G 的 HUMJ 前接点的 KZ 电源，如图 3-21 所示。当后续列车追踪运行压入下行一接近 A_3G 时，A_3HUMJ↑为 1LQJ 提供了励磁电源，使 1LQ 区段的红光带消失，一离去区段得不到检查，而无追踪列车时，列车出站占用一离去红光带正常显示。

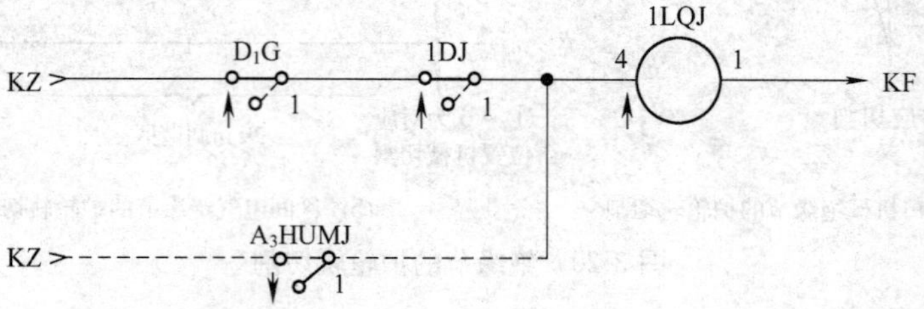

图 3-21　1 LQJ 电路混电

参 考 文 献

[1] 中国铁路总公司.普速铁路信号维护规则　技术标准.北京:中国铁道出版社,2015.
[2] 中国铁路总公司.高速铁路信号维护规则　技术标准.北京:中国铁道出版社,2015.
[3] 林瑜筠.铁路信号基础(第二版).北京:中国铁道出版社,2014.
[4] 林瑜筠.区间信号自动控制(第二版).北京:中国铁道出版社,2014.